Quand la Charité Détruit la Dignité

La Dépendance Parmi Les
Institutions Établies Par La Mission

Glenn Schwartz

authorHOUSE®

AuthorHouse™
1663 Liberty Drive
Bloomington, IN 47403
www.authorhouse.com
Phone: 1 (800) 839-8640

Published by AuthorHouse 11/14/2018

ISBN: 978-1-5462-2132-6 (sc)
ISBN: 978-1-5462-2133-3 (e)

Library of Congress Control Number: 2017919061

Print information available on the last page.

À propos de l'Auteur

Glenn Schwartz est né et a été élevé aux États-Unis, et a été missionnaire pendant sept ans et demi en Zambie, et dans le pays qui est maintenant le Zimbabwé. Il a une maîtrise en missiologie de la Faculté Théologique Fuller, connu comme l'Ecole de la Mission Mondiale. Glenn a été impliqué dans la mission depuis les 35 dernières années, et a visité des églises de six continents différents ainsi que des îles du Pacifique. Il était le directeur fondateur de World Mission Associates depuis 1983, et en 2012 il est devenu directeur émérite.

Produit par Le Ministère de Glenn Schwartz
Lancaster, Pennsylvanie,
Etats-Unis Traduit par Glenn Davis

TABLE DE MATIERES

Avant-Propos

Il y a beaucoup de choses difficiles dans la vie qui sont seulement des paroles pour nous – jusqu'à ce que nous les éprouvons nous-mêmes : une maladie terminale, une divorce, la faillite. Si ces mots ne prennent pas la forme dans l'expérience, en touchant nous-mêmes ou un proche de nous, ils sont seulement des choses infortunés qui se passent – surtout aux autres,et souvent loin de chez nous.

Une hémorrhagie cérébrale était juste un terme medical pour moi. Pas maintenant. Il y a quelques années, pendant une fête pour notre fille unique Stéphanie, elle s'est plaignée d'un mal de tête et elle voulait que je prie qu'il disparaîtrait. Horriblement, pendant que je priait, elle a perdu connaissance et elle est morte dans mes bras. Son mal de tête était actuellement une hémorrhagie cérébrale massive! A cause de l'expérience de notre famille, une hémorragie cérébrale sera plus toujours plus que juste une condition dans un livre medical.

Similairement, la dépendance était juste un mot pour moi jusqu'à ce que je l'ai fait face parmi le peuple que j'aimais – le Waodani d'Equateur. Quand j'étais un jeune garcon, j'ai perdu mon père et quatre autre missionaries par les mains de ces gens, que le monde appellait les Aucas. Plus tard, Dieu a appellé ma tante, Rachel Saint, et Elizabeth Elliott, et une femme chrétienne Waodani appellait Dayuma, pour vivre parmi ces peoples. Pendant les années, plusieurs Waodani ont découvert la vérité de la "gravure de Dieu" (la Bible) et se sont donnés à Jésus, mettant fin des années de l'effusion de sang parmi eux et leurs voisins. Pendant que je vivais parmi les Waodani comme garcon, eventuellement je suis retourné en Amérique du Nord, je me suis marié et j'ai réussi à commencer des affaires.

Pendant les années 90s, j'ai répondu à une appelle des Waodanis de retourner pour vivre parmi eux avec ma famille. C'était mon tour de faire l'expérience de la dépendance malsain. Des hommes fiers et capables que je connaissais comme garcon, maintenant vivaient sans dignité, sous l'influence et la protection des étrangers. Qu'est-ce qui s'est passé avec ces gens? C'était pendant cette période d'un examen de conscience, de colère et de désappointement que quelqu'un m'a donné une copie de Mission Frontiers qui contenait plusieurs articles sur la dépendance, écrit par Glenn Schwartz et d'autres.

Soudainement, j'ai realize que ce que j'expériençais, c'était quelque chose réelle – les effets terribles de la dépendance totale. J'ai été soulagé d'apprendre que c'était une maladie avec un nom – et un remède – ce que j'ai appris après. Pour la première fois, j'ai commencé à voir la Grande Commission comme la personne qui la reçoit au lieu de la personne qui la donne. C'était débilitant et déchirant de voir ce que la dépendance a fait à mes amis, le Waodani. Je me suis trouvé en colère avec ceux qui a laissé ces gens qui étaient une fois fier de devenir moins que je sais qu'ils pourraient être.

Je me suis rendu compte aussi que si je ne fais pas attention, moi, aussi, je peux répandre cette maladie débilitante. Nous sommes venus de l'Equateur par l'invitation des Waodani. Ce qu'ils me demandaient c'était de leur apprendre des competences pour les aider à prendre soin des besoins physiques et spirituels de leur propre peuple. Ils n'attendaient pas des cadeaux. J'avais besoin d'être très prudent comment je procèderais.

Vous entendez probablement, quelqu'un comme Glenn Schwartz ou moi parle de la dépendance, et c'est difficile de ne pas être désintéressé, especialement si vous ne connaissez personne qui a été dévasté par la dépendance. Mais vous vous intéressez aux gens qui sentent mal, de connaître Christ, n'est-ce pas? Alors, vous ne pouvez pas vous intéresser à la Grand Commission de Christ et pas s'intéresser à la dépendance malsain, parce que c'est un des plus grands obstacles qui nous empêche de réaliser la Grande Commission aujourd'hui. Le Docteur Ralph Winter a dit qu'il est l'un des problèmes les plus significant dans la mission de la 21ième siècle.

Un jour, on m'a demandé d'aider une femme enceinte pendant une accouchement difficile. Dieu m'a guidé à travers une experience pour laquelle j'ai eu peu d'instruction. Heureusement, les vies de la mère et le bébé ont été sauvés. Quelle bon sentiment pour moi! Mais j'ai bien compris que sans Christ, ces gens ont été condamné spirituellement. Et sans d'autres qui sont éduqué à faire ce que je viens de faire, plus de gens mourraient physiquement. Comment je pourrais donner l'education et les materiaux pour que les Waodani puissent aider leurs propres peuples qui ont des problèmes de santés similaires, et puis qu'ils utilisent cette connaissance comme un outil d'évangélisation n'importe où qu'ils vont?

Les dernières années de ma vie ont éte dédié à le faire dans la meilleure manière que je connais. Il y a maintenant des Waodani éduqué en santé de base et en dentisterie. Tementa, un ancien de leur église, a appris à voler un avion créé spécifiquement pour la jungle, payé par les Waodani, et construit sur place. Avec l'aide de Dieu, j'ai proposé de ne pas prolonger la dépendance, mais d'aider le Waodani, que j'aime, à se libérer de la dépendance et de d'avoir quelque chose à offrir au reste du monde.

Ignorer le problème de la dépendance ne le fait pas disparaître. Nous devons faire quelque chose. Christ n'a jamais voulu que le ministère d'apporter l'Evangile à un monde non-atteint devait être un sport des spectateurs, où beaucoup de ses partisans s'assoient dans les tribunes et regardent quelques Occidentaux construisent des églises, peintent des écoles ou distribuent des bulletins à Noël – pendant que les gens locaux s'assoient et les regardent. Il a voulu que la Grande Commission soient plutôt comme un engagement militaire – ramassant des recrues actives le long du chemin.

Est-ce que vous pouvez comprendre les sentiments d'être laisser à côté – d'avoir votre dignité détruite? Est-ce que vous comprenez les sentiments de devoir ceder la place aux "experts"? Et comment est-ce qu'on peut aider à surmonter les effets negatifs de la dépendance autour du monde, si on ne comprend pas la complexité des choses?

Ça c'est l'objectif de ce livre – décrire le syndrome de la dépendance et nous aider à trouver des solutions. Glenn Schwartz et d'autres sur l'équipe de World Mission Associates, sont dédié de nous aider à comprendre et surmonter la dépendance où il existe et aider à l'empêcher de developer ailleurs. Comme moi, Glenn admet qu'il faisait, à un moment donné, parti du problème. Mais il s'est dédié de lutter contre ce problème monumental et encourage les autres à faire la même chose.

Il m'a pris beaucoup de temps de commencer à comprendre ce maladie appelé la dépendance. Glenn l'étudiait et l'écrivait pendant des décennies. Il partage avec vous ce qu'il a appris à travers l'expérience et l'observation, pour que vous, aussi, puissiez aider à avertir ou surmonter le problème.

Glenn, j'ai dû sentir la douleur pour comprendre le problème. Je vous remercie pour m'aider à comprendre le remède.

Steve Saint
I-TEC
Ocala, Floride

Preface

Ce n'est un secret pour personne aujourd'hui que beaucoup d'églises établies par les missions sont devenues dépendantes du financementet du personnel étrangers. Beaucoup de leaders d'églises au sein des églises établies par les missions pensent qu'ils ne peuvent pas exister sans la subvention qu'ils reçoivent parfois pendant un siècle ou plus, même des églises récemment établies dépendent déjà de l'aide étrangère.

Le résultat de cette dépendance est que beaucoup de chrétiens dans les églises et autres institutions établies par les missions vivent en dessous de leurs privilèges accordés par le Seigneur. Les églises deviennent paralysées sans la subvention et, malheureusement, très souvent, elles trouvent qu'elles ne peuvent pas se reproduire à par leur propre évangélisation ou oeuvre missionnaire. Parfois, d'autres personnes construisent même leurs édifices d'églises.

Cette série de leçons cherche à décrire le syndrome de la dépendance et les questions sous-jacentes. Beaucoup de suggestions pratiques ont été données dans le but de promouvoir des actions vers l'autonomie.

L'AUTONOMIE, COMME UTILISEE DANS CES VIDEOS, NE SOUS-ENTEND PAS QUE LES CHRETIENS NE DEPENDENT PAS DE DIEU. Le mot a à voir avec le fait de briser la dépendance des ressources de ceux qui sont loin (généralement aux Etats-Unis d'Amérique, en Europe ou en Corée) plutôt que sur ce que Dieu a placé tout juste à côté.

Parmi les thèmes couverts il y a aussi des nom breuses histoires d'églises qui ont fait des progrès remarquables vers l'autonomie. CES EGLISES NE

SONT EN AUCUN CAS PARFAITES, et beaucoup de personnes dans ces églises admettent qu'elles ont encore beaucoup de choses à apprendre. Cependant, dans chaque cas cité, un pas remarquable vers l'autonomie a été fait. Ces histoires sont données pour encourager les autres leaders d'églises et les missionnaires occidentaux qui peuvent penser que la situation à laquelle ils font face est sans espoir et ne pourrait jamais changer. Il y a beaucoup de preuves qui montrent que le changement peut se passer et se passe.

Le contenu de cette série de vidéos est basé principalement sur des expériences et les conditions qui prévalent en Afrique de l'Est, Afrique Sud Centrale et Afrique Australe. Cependant, en parlant avec les leaders d'églises et les missionnaires de l'Afrique de l'Ouest, de l'Amérique Latine et de l'Asie, il est clair que le problème est répandu et ne se confine pas seulement à l'Afrique de l'Est, Afrique Sud Centrale et l'Afrique Australe.

Pour ceux qui s'intéressent à lire d'avantage, une collection d'ouvrages sélectionnés de l'auteur/présentateur (y compris les différents articles sur des sujets liés à la dépendance et l'autonomie) est disponible à travers le bureau de l'adresse mentionnée sur la première page de ce guide d'étude. Environ soixante-dix articles sur ces sujets et d'autres sujets y afférents sont disponibles sur le site web de Glenn Schwartz.

www.whencharitydestroysdignity.com

Glenn J. Schwartz

CHAPITRE 1

La Dépendance au Sein des Institutions Établies par la Mission: une Exploration des Questions

L e sujet devant nous s'agit des questions de dépendance et d'autosuffisance au sein des institutions établies par la mission. J'aimerais d'abord commencer par une définition de l'autosuffisance parce qu'elle crée souventdes problèmes pour certaines personnes.

La Définition de l'Autosuffisance

Le terme 'autosuffisance' tel que je l'utilise, ne veut pas dire que les gens ne dépendent pas de Dieu, mais que, au cours de la propagation de l'évangile et du travail que les missionnaires ont fait au fil des années, ceux qui ont reçu l'évangile sont souvent devenus dépendants des missionnaires qui leur ont apporté la Bonne Nouvelle; ils sont devenus dépendants pas seulement des gens mais aussi de l'argent qu'on leur a apporté et ils sont devenus dépendants des structures et de beaucoup d'autres choses comme des projets de développement qui ont accompagné cette propagation de l'évangile.

Ce dont nous parlons c'est : Comment les églises peuvent commencer à dépendre de Dieu qui leur fournira localement ce dont elles ont besoin pour faire le travail de Dieu? Pourquoi cela est-il si important? C'est important, parce qu'à moins que les gens soient capables de prendre les ressources que Dieu a mis à leur portée, non seulement ils ne pourront pas faire leur travail, mais ils n'auront rien à donner à quelqu'un d'autre. Ils dépendront des dons des autres et ils ne seront capables d'aider personne. C'est donc pourquoi je veux faire cette distinction à propos de ce concept d'autosuffisance. Nous sommes tous appelés à compter sur Dieu. Le problème que beaucoup d'églises ont, (les églises établies par la mission), c'est qu'elles dépendent des ressources d'autres personnes qui sont très éloignées.

La Propogation Historique de l'Évangile Chrétien

Maintenant, permettez-moi d'introduire à ce sujet d'autosuffisance. J'aimerais commencer par vous faire penser à la propagation de l'évangile chrétien. Pensez à l'évangile lorsqu'il a fait explosion hors de Jérusalem et de la Terre Sacrée, et qu'il a été amené jusqu'en Asie Mineure et jusque dans l'Empire romain, et ensuite en Europe du nord, en Scandinavie, mais ça n'est pas resté en Scandinavie, il a fait explosion à partir de la Scandinavie si bien que les norvégiens avaient la réputation d'envoyer plus de missionnaires par tête dans ces dernières années que tout autre pays au monde.

L'évangile est allé en Angleterre, mais il n'y est pas resté, il en est sorti pour aller en Amérique du Nord; il est sorti d'Amérique du Nord, il est allé au Brésil, en Corée, en Inde, au Nigeria, et maintenant il sort de ces mêmes pays. Il y a une société missionnaire au Nigeria qui envoie 1000 missionnaires transculturels; il y a une autre société missionnaire en Inde, la 'Friends Missionary Prayer Band', qui envoie 1000 missionnaires indiens avec des ressources indiennes-avec 30.000 personnes indiennes qui les soutiennent par la prière-qui sortent de l'Inde pour partager l'évangile avec ceux qui n'en ont jamais entendu parler.

La région d'Afrique dont il sera ici question est principalement l'Est, le sud centrale, et l'Afrique Australe. C'est la région dans laquelle j'ai servi comme missionnaire. La première fois que j'y suis allé était en 1961. En fait j'ai voyagé par bateau, depuis New York jusqu'à Capetown, je suis allé dans ce qu'on appelait alors la Rhodésie du Sud et aussi la Rhodésie du Nord maintenant respectivement le Zimbabwe et la Zambie; je suis resté là 2 ans, pour y travailler au sein de l'église. Au cours de ces deux années, j'ai commencé à avoir quelques préoccupations à propos de ce que je voyais se passer dans l'église et dans le travail de mission en Afrique Centrale. Je suis ensuite retourné aux États-Unis pour aller à l'université. Après avoir fini mes études, notre église nous a demandé, à moi et à ma femme, si nous considérerions de retourner en Afrique, et j'ai décliné leur invitation en les remerciant. J'ai dit : « Il y a certaines choses en Afrique qui m'inquiètent et je préfèrerais être envoyé autre part. Envoyez-nous au Japon » (parce que d'après ce que j'avais compris, ils mettaient en place des églises et faisaient de l'évangélisation là-bas, et je pensais que cela serait plus approprié à ma vocation).

Cependant, l'église a dit qu'on avait besoin de nous en Afrique; j'ai donc écouté l'appel de l'église à ce moment et je suis retourné pour y servir. Pendant les cinq années et demi qui ont suivi, entre 1966-1971, j'ai commencé à être préoccupé de plus en plus parce que je voyais dans les relations qui existaient au sein des églises et missions, et plus particulièrement dans la structure de l'église qui accompagnait le mouvement chrétien au moment où il avait pénétré en Afrique Centrale. C'était vrai, pas seulement dans l'église dont je faisais partie ou la Société missionnaire dont je faisais partie, mais beaucoup d'autres églises et de Sociétés missionnaires avaient un problème semblable dans cette partie de l'Afrique.

Cette partie de l'Afrique comprend le Kenya, la Tanzanie, le Malawi, la Zambie, le Zimbabwe, l'Afrique du Sud, le Lesotho, le Botswana, le Swaziland, le Mozambique, la Namibie, etc. C'est dans cette région, pour la plupart, que j'ai voyagé depuis les cinq ou six dernières années pour faire des séminaires et aussi pour apprendre beaucoup de choses au sujet de la dépendance et de l'autosuffisance.

Quand j'ai mentionné, il y a quelque moment, du mouvement chrétien en expansion globale, d'envoi de missionnaires (1000 du Nigeria, et ainsi de suite), l'un des problèmes que nous avons à affronter dans cette partie de l'Afrique est que ce mouvement ne se reproduit pas à travers l'évangélisation transculturelle.

Permettez-moi, tout d'abord, de dire quelque chose de très important : l'église est en train de grandir dans cette partie de l'Afrique. Certains missiologues de l'Afrique sous-saharienne-c'est à dire la partie au sud de Sahara-nous disent que l'église grandit au rythme de 20.000 conversions par jour. Donc il faut croire que l'évangélisation se fait d'une manière ou d'une autre, mais quand on cherche ces sociétés missionnaires qui recrutent, forment et envoient des missionnaires pour travailler trans-culturellement, on en trouve tout de même très peu. Il y a donc très peu de sociétés missionnaires indigènes dans cette partie de l'Afrique. Il y a également très peu d'instituts de formation indigènes qui préparent des missionnaires pour l'évangélisation trans-culturelle. Il y a, par exemple, quelques instituts de formation en Afrique de l'Est et en Afrique du Sud mais beaucoup d'entre eux ont été commencés par des personnes de l'extérieur. Ils ont été commencés par des missionnaires, avec l'argent des missions. Les professeurs étaient missionnaires. Dans certains cas, ceux qui sortent de ces instituts avec un diplôme ne s'apparentent pas au type d'évangélisation que les missiologues appellent « E3 » ou « trans-culturel ». Beaucoup d'entre eux vont vers les groupes ethniques qui sont semblables aux leurs, et c'est cela que les missiologues appellent l'évangélisation « E2 ». (S'il y a des termes que vous ne connaissez pas, comme « évangélisation E2 » ou « E3 », par exemple, je vous conseille de consulter le glossaire pour plus d'information.). Là où je veux en venir, c'est que dans cette partie de l'Afrique l'église ne se reproduit pas et qu'elle ne profite pas de sa place dans le mouvement chrétien qui est en expansion globale, comme elle devrait être capable de faire.

Quand je dis qu'il y a très peu de sociétés qui recrutent et envoient des missionnaires trans-culturellement, il y a quelques exceptions dans des endroits comme l'Afrique du Sud où SIM et OMF recrutent des sud-Africains de couleur qui partent en Asie. Cependant, on ne peut pas vraiment appeler OMF (Fraternité Missionnaire d'Outre-mer) et SIM (Société de Ministères Internationaux) des sociétés missionnaires autochtones d'Afrique du Sud. Elles ont été fondées ailleurs. C'est la vision de quelqu'un d'autre qui les a concrétisé. Par la suite, elles ont ouvert des bureaux en Afrique du Sud qui maintenant recrutent et envoient des missionnaires.

Ce dont je parle ici est donc la pénurie, en Afrique, d'organisations indigènes nées de la vision des africains, avec les ressources des africains, qui envoient leur propres missionnaires et qui le font d'une telle façon qu'on pourrait appeler ça un mouvement missionnaire qui est possédé et opéré localement.

La question qu'il faut se poser est celle-ci : pourquoi l'église ne se reproduit-elle pas dans cette partie de l'Afrique au moyen de l'évangélisation trans-culturelle? Pourquoi l'église dans cette partie de l'Afrique n'envoie-t-elle pas ses propres missionnaires vers la fenêtre 10/ 40, par exemple, (nous en parlerons plus tard), où 97% des gens ne savent même pas que Jésus est Seigneur et Sauveur, alors que dans cette partie de l'Afrique, il y a des endroits où l'évangile a été enseigné depuis 100, 150 ou 200 ans. Tout de même, dans ces endroits, les chrétiens reçoivent toujours des missionnaires, et ils reçoivent toujours de l'argent de l'extérieur. Mais ils ne retournent pas au mouvement chrétien de ce qu'ils en ont reçu. Il a été dit qu'en Afrique du Sud, ils reçoivent encore cinq fois plus de missionnaires qu'ils en envoient. La question est pourquoi cela en est-il ainsi? Dans cette leçon, je vous donnerai deux raisons qui pourraient expliquer ce phénomène.

L'analyse de la Nature de la Conversion Chrétienne

L'une des raisons se rapporte à la qualité de la conversion chrétienne que beaucoup d'Africains ont eu. En 1984 j'ai voyagé en Afrique, et j'ai commencé par l'Afrique de l'Ouest, j'ai traversé l'Afrique de l'Est et je suis descendu par l' Afrique Centrale, pour finir sur la côte sud de l'Afrique du Sud. Partout où j'allais, j'ai entendu des pasteurs se lamenter du fait que les membres de leurs églises ont une loyauté divisée, ce que les missiologues pourraient appeler le dualisme. Ils tiennent à la fois deux conceptions du monde. Ils ont la perspective du christianisme, celle qui représente l'église où ils fréquentent, et peut- être aussi certains aspects de leur éducation scolaire, et ainsi de suite. Mais leur autre perspective est souvent le paradigme original vers lequel ils se tournent entemps de crise. Ça se passe par exemple quand il y a un décès dans la famille ou une maladie fatale, ou une mère qui ne peut pas avoir d'efants, ou encore un étudiant d'université qui n'arrive pas à trouver du travail. Ces pasteurs, ces leaders d'église, se plaignaient à moi, et beaucoup l'ont fait depuis, en disant : «

les nôtres se tournent souvent vers le praticien de la religion traditionnelle locale, parfois appelé le sorcier; ils se tournent vers ce praticien traditionnel en temps de vraie crise. Ils ne sentent pas que ce qu'ils reçoivent à l'église leur suffit pour faire face aux questions fondamentales de la vie.

Jetons un coup d'œil sur les cercles concentriques dans cette illustration. Trop souvent le changement qui se produit au moment de la conversion des chrétiens africains ne se passe pas au niveau de la conviction profonde des cercles concentriques. Beaucoup de gens utilisent ces cercles et ils s'en servent de beaucoup de manières différentes. Les miens sont plutôt simples. À l'extérieur vous avez l'évidence des choses qui se passent. Ensuite, il y a

un comportement qui vient avec cette évidence. Si vous continuez vers l'intérieur, vous pouvez voir qu'il y a des rituels. Si vous appliquez cela aux chrétiens, vous pouvez vous rendre compte qu'il y a un bâtiment d'église et des personnes qui y rentrent et qui en sortent. Quand ils sont dans l'église, ils s'agenouillent parfois pour prier-cela fait partie

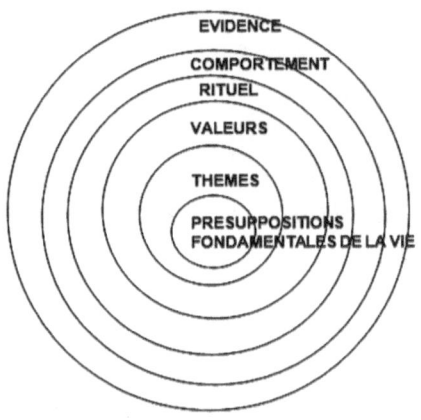

de leur comportement, et parfois ils prennent la Communion, ou se font baptiser, parce que c'est cela le rituel. Si vous continuez encore à suivre les cercles concentriques vers l'intérieur, vous trouverez qu'il y a un système de valeurs qui caractérise ces chrétiens. En fait, dans la société particulière où vivent beaucoup de ces chrétiens, il y a des thèmes qui se retrouve beaucoup au sein de la société, comme par exemple, les organisations bénévoles, comme la Croix Rouge, le Rotary Club, et d'autres encore. Toutes ces choses ont un but commun avec les chrétiens, c'est de servir les autres. Au centre des cercles concentriques, il y a une supposition, une des suppositions fondamentales de la vie, qui dit que si nous voulons plaire à Dieu, et si nous voulons aller au Paradis, nous devrons aider nos voisins, etc.

Il y a des centaines de choses dans la société qui peuvent être analysées à partir de ce simple diagramme et si vous aviez à analyser une société africaine, il y aurait là sûrement beaucoup à faire. J'y parlerai plus en profondeur de comment les cercles concentriques touchent cela.

Une partie du problème dont nous parlons est que beaucoup de chrétiens africains ont été convertis aux bords extérieurs des cercles, mais n'ont pas été convertis sérieusement au centre. J'appelle cela une conversion chrétienne marginale.

Mais attention, je ne veux pas dire par là qu'il n'y a pas d'individus qui ont été convertis en profondeur, il y en a même beaucoup. Dieu soit loué pour les missionnaires qui ont apporté l'évangile, et pour les 20.000 individus qui, chaque jour, rencontrent le Christ. Mais nous nous concentrons ici sur la profondeur de ces conversions. Je maintiens que dans beaucoup d'endroits et dans beaucoup d'églises il y a des individus qui ont été convertis à fond au centre. Cependant un mouvement missionnaire d'évangélisation vers la fenêtre 10/40 par exemple ne se construit pas sur des individus ici et là qui sont convertis à fond. Un tel mouvement est normalement bâtit sur une église chrétienne généralement énergique, qui est tellement pleine d'amour et de l'Esprit de Dieu qu'il y a quelque chose qui reste en terme de ressources et personnes qui apportent l'évangile dans des endroit où il n'a pas été prêché.

Je pense que les missionnaires sont en partie responsables pour cela. Si vous regardez mon graphique suivant, je me sers d'un concept élaboré par le Dr. Paul Heibert.

La bataille est avant tout spirituelle, nous savons cela. Nous luttons non pas contre la chair et le sang mais contre les principautés et les pouvoirs. Et non seulement ça, nos armes de guerre sont des armes spirituelles. Nous ne pouvons pas utiliser les armes du monde, nous savons cela. Mais le Dr. Paul Heibert nous a aidé à comprendre cela un peu mieux en disant ceci : ceux d'entre nous qui sommes des Occidentaux, nous avons un concept bien développé du Dieu haut et lointain, et nous avons un concept bien développé du Jésus qui marche avec moi jour après jour. Mais au milieu il y a un

| LE CONCEPT DU DIEU TRES HAUT |
| *LE MILIEU EXCLU:* ANGES, DEMONS, GUERISONS, SIGNES, PRODIGES |
| JESUS QUI MARCHE AVEC MOI CHAQUE JOUR |

domaine entier que nous avons plus ou moins laissé de côté, qu'il appelle le « milieu exclu. » C'est le domaine où il y a des anges et des démons, et des guérisons et des signes et des miracles. Beaucoup d'Occidentaux ont rejeté ce domaine en disant qu'il n'avait pas de valeur. Nous ne savions pas grand chose à son propos, et nous l'avons approché d'un point de vue scientifique, il nous faisait peur. Et cependant c'est ce domaine là dans lequel beaucoup d'animistes, de spiritistes vivent, et des africains y vivent aussi parce que c'est une partie de ce qu'ils ont à affronter jour après jour.

Ma conclusion là-dessus, c'est qu'à moins que les gens soient totalement convaincus que l'évangile chrétien est la meilleure nouvelle qu'ils aient jamais entendu, et qu'elle a des solutions à tous les problèmes de la vie, ils ne sont pas vraiment aptes à apporter ceci à d'autre parties du monde.

La deuxième raison pour laquelle je pense que l'église dans cette partie d'Afrique a des problèmes à se reproduire, est en rapport avec la structure qui a été importée en même temps que l'évangile.

La Nature d'une Structure Importée

Cette structure, que les missionnaires ont apportée, était une forme très coûteuse de gouvernement de l'église. Mon graphique qui se rapporte à cela montre que les missionnaires ont construit une très grande boîte. Cette boîte inclut beaucoup de choses fantastiques. Je vais vous montrer le genre de choses qui étaient dans la boîte. Il y avait par exemple : des églises, des écoles, des centres d'accueil, des fermes, des librairies, des hôpitaux, des cliniques, des projets littéraires, des puits, des barrages, des moto pompes, du bétail, des véhicules, des comités, des constitutions, des règlements intérieurs et des privilèges de crédit. Heureusement, ils ont aussi ajouté les privilèges de crédit parce qu'ils seraient nécessaires plus tard pour aider à soutenir tout cela quand ils auraient retiré leur apport financier. Mais maintenant regardez le soutien pour cela, regardez le grand poteau qui soutien la grande boîte. Ce poteau représente l'apport financier du Gouvernement et de la mission, des bourses du gouvernement, de l'argent d'outre-mer, parfois une aide financière de la part de 'World Vision', ou de 'Bread for the World', ou de 'Tear Fund'. Tout cela a contribué à la construction de cette boîte, cette boîte énorme. Et ensuite sur mon diagramme à gauche, vous verrez un poteau très mince qui s'appelle 'les offrandes de l'église locale'.

Alors, il y avait une mentalité derrière ces offrandes de l'église locale, les gens mettaient une très petite contribution dans la collecte de l'église, en partie parce qu'il y avait très peu de rapport entre ce qu'ils donnaient et la dimension énorme de la boîte et son coût. Permettez-moi de vous expliquer comment ça marchait.

Il y avait un système, partout à travers cette partie de l'Afrique, qui s'appelait le système du billet. Un individu mettait une petite quantité d'argent dans la collecte de l'église et cela serait pointé quand il l'avait donné. Dans notre région, un homme donnait deux shillings et six pence, une femme donnait deux shillings, et un enfant donnait six pence. Et cela serait marqué sur ce billet. Ce billet était en fait un système originaire d'Angleterre; je crois que c'était John Wesley qui l'avait introduit et qu'il y a même des méthodistes en Angleterre aujourd'hui qui se servent encore du système du billet. Mais en Afrique beaucoup d'églises l'utilisaient, pas seulement l'église Méthodiste, beaucoup d'églises, et quelques unes l'utilisent encore aujourd'hui. Mais même si un homme récoltait cent sacs de maïs pendant sa moisson de l'année, tout ce qu'il devait à l'église était deux shillings et six 'pences' et c'était ensuite pointé.

On a abusé de ce système. Il y a des endroits où on décidait que si le billet d'un homme avait été mis à jour, il serait autorisé à prendre la communion. Si une personne mourrait, et que ses billets avaient tous été payés, ils seraient déposés sur son cercueil pour montrer que ses billets avaient été payés et qu'il était prêt à aller au Paradis. Néanmoins, nous savons tous que cela est un mauvais usage du concept de comment on arrive au Paradis. Mais cela faisait partie de la mentalité venue avec le mouvement missionnaire.

Dans quelques régions, le 'penny' était connu sous le nom de 'monnaie d'église', dans la langue Sindebele on disait « Imali esonto » : « l'argent du dimanche »; ou en Zulu : « Imali ecawe » : la monnaie pour l'église, un « penny ». Même les femmes et les hommes d'affaires non-chrétiens savaient qu'un « penny » était appelé monnaie d'église. On pouvait aller dans un magasin et acheter quelque chose qui coûtait deux shillings et sept pence. Si on payait avec deux shillings et six pence le marchand, non-chrétien, qui aurait tout aussi bien pu être un homme d'affaires venu d'Inde, dirait, « Ngifuna imali esonto » : « j'ai encore besoin d'une pièce de monnaie d'église », parce que le 'penny' était devenu la monnaie d'église.

Maintenant, retournons à notre diagramme. Ce mince poteau d'offrandes au sein de l'église avait peu à voir avec le coût de cette boîte énorme. Ensuite on a commencé à prendre conscience de la dimension de cette boîte, et dans les années 50 et 60, les missionnaires ont décidé qu'il fallait faire quelque chose. Ils ont dit : « nous devons indigéniser ». Et alors, ils ont parcouru la boîte et ils ont commencé à remplir tous les postes les uns après les autres avec des gens locaux, et quand les postes étaient remplis avec des gens locaux, quelques-uns des missionnaires ont pensé qu'ils avaient maintenant indigénisé, qu'ils avaient des gens indigènes pour diriger ces postes. Cependant, cela n'est pas l'indigénisation, mais plutôt une sorte de « nationalisation »: l'attribution de postes à des « nationaux ».

Pour indigéniser ce système, il aurait fallu qu'il soit radicalement transformé; il aurait fallu qu'une restructuration importante soit mise en place. Mais malheureusement ceux qui ont repris la boîte après les missionnaires étaient les meilleurs amis des missionnaires. C'était ceux qui étaient les plus fidèles aux missionnaires, c'était ceux qui parlaient le meilleur anglais. Ils arrivaient aux réunions à l'heure, ils étaient les amis les plus fidèles et loyaux que les missionnaires avaient. Ils ont repris la boîte et alors les missionnaires ont installé un système destiné à réduire le soutien financier qui venait d'outre-mer, peut-être de dix pour cent par an, pour qu'en dix ans, un transfert progressif se soit fait et que les gens locaux aient au bout des dix ans une responsabilité totale.

Le problème, c'est que ces programmes de réduction du soutien des missionnaires sur dix ans n'ont pas produit une église autochtone. En fait, une église ne devient pas autochtone à 10% à la fois. Une église devient indigène quand les gens locaux en prennent la responsabilité et disent « C'est la notre. Elle nous appartient. Nous allons la changer. Elle va devenir notre église. Nous allons la diriger avec nos propres ressources. » Alors elle devient indépendante. Mais pas quand quelqu'un installe un système.

J'ai dit, sur un ton plutôt de plaisanterie, que quand les missionnaires avaient décidé qu'ils réduiraient leur soutien par tranche de dix pour cent, ils étaient des gens fidèles et honorables. Ils ont fait une promesse en disant « nous réduirons ce soutien de dix pour cent par an », et ils l'ont fait. Cela ne veut pas dire que le petit poteau à gauche a automatiquement pris sa place.

Donc qu'est ce qui s'est passé?

Le soutien extérieur a été réduit de 10% à la fois. Il y a eu beaucoup d'autres implications que je devrais aussi ajouter. Quand les missionnaires ont commencé à se retirer, certains d'entre eux avaient des salaires qui étaient utilisés pour soutenir la boîte. Un missionnaire gagnait peut être 100 livres par mois; il pouvait vivre sur 50 livres par mois, les 50 livres qui restaient étaient destinées à soutenir la boîte. C'était juste une des ramifications mais cela n'était qu'un des moyens d'enlever le soutien.

Les missionnaires eux-mêmes ne pouvaient donc pas diriger la boîte sans le soutien extérieur, mais leur système était destiné à réduire le soutien qu'ils apportaient, pour que les leaders des églises locales le fassent. Mais ce qui s'est passé, c'est que lorsque le soutien extérieur a été enlevé et que le soutien local n'est pas arrivé pour prendre la relève, les leaders d'église qui avaient repris cela ont cherché quelque chose à l'intérieur de la boîte qui puisse les aider; et voici, il y avait cette chose dont j'ai parlé tout à l'heure : les privilèges de crédit. Et donc les leaders d'église, les évêques, les présidents et les responsables, et ainsi de suite, (quel que soit leurs titres dans les différentes églises), ont commencé à emprunter de l'argent, parfois à la banque, afin d'assurer la continuité de la boîte. Et il y a quelques années je connaissais trois des églises qui avaient des découverts de l'ordre d'un million d'unités de leur monnaie courante, dont elles se servaient pour soutenir la boîte.

J'ai maintenant abouti à la conviction que ce n'est pas moral de créer une situation incontrôlable comme celle-ci, de la remettre entre les mains d'autres personnes, pour qu'ensuite elles soient blâmées pour avoir échoué.

Mais quelle est l'alternative?

L'alternative est que les gens locaux deviennent propriétaires à part entière. Qu'ils ne soient pas seulement propriétaires de l'administration, ça c'est une propriété légale. Qu'on ne leur donne pas seulement un poste, ça c'est une propriété fonctionnelle. Mais un transfert psychologique de la propriété pour que les gens puissent dire : « C'est notre église et nous allons en faire quelque chose! »

J'ai parlé du transfert de la propriété. Dans un de ces cas en Zambie le missionnaire a mis en place un système de réduction pour 10 ans. Ça marchait pendant environ trois ans. Quand les pasteurs de cet église ont dit: « Pourquoi est-ce qu'on doit attendre 10 ans pour prendre la responsabilité totale de notre église? » Ils ont dit : « Nous pouvons le faire maintenant. » Ils ont sabordé le plan de 10 ans et ont pris le soutien de leur église à 100%. Maintenant, qu'est-ce qui s'est passé à cette occasion? Je maintiens que ce qui s'est passe là-bas est que ces pasteurs ont pris la propriété totale à cet occasion et ils ont dit : « C'est notre église. Nous pouvons le faire. »

Permettez-moi de dire quelques choses sur la propriété. Il y en a plusieurs sortes. La première sorte de propriété, et probablement la sorte la plus répandue, est la propriété légale. Et a un moment les sociétés missionnaire ont décidés : « Celle-ci doit devenir, maintenant, l'église locale.» Incidemment, Dr. Alain Tippett disait : « Si une société missionnaire ne fait jamais face au problème d'un transfère de la mission à l'église, elle a dû fait un erreur parce que ça devrait été l'église nationale dès le début.»

La propriété légale était le transfère du travaille de bureau. Dans certains cas c'était fait même pendant que les missionnaires avaient la responsabilité. Il y avait une cérémonie. Quelqu'un de l'Amérique du Nord ou bien Angleterre est venu pour visiter. Un événement a été mis en place. Beaucoup de gens sont venus. La propriété légale a été transférée même si les places primaires était rempli par des étrangers, mais maintenant ça sera l'église locale, indépendante. Ça c'est une sorte de propriété.

La deuxième sorte est comme la sorte que j'ai décrite avant, dans laquelle toutes les places sont prises par les gens locales. Ça c'est comme la propriété fonctionnelle : « Ça c'est à vous maintenant. C'est à vous de diriger, à vous de gérer, et vous êtes responsables. » Et puis les gens locales ont pris la propriété fonctionnelle : « Et s'il échoue, c'est votre faute. » Quelque chose comme ça. C'est la propriété fonctionnelle.

Mais je maintiens que la troisième sorte de propriété, et beaucoup plus importante que ces deux autres, c'est ce qu'on peut appeler la propriété psychologique. La sorte dans laquelle les gens disent : « C'est NOTRE église, et nous allons le faire réussir. C'est ce que NOUS faisons qui détermine l'avenir de notre église. » Je vous donne deux exemples de ça.

L'église presbytérienne en Afrique de l'est, au début des années 70, ont élu un homme pour être leur modérateur, qui a hérité une situation comme j'ai décris il y a un moment, une très grande boîte. Il l'a appelé un chariot. Et il a dit : « comme modérateur, je tire un chariot qui est plein des choses que je n'ai pas mis dedans, et c'est très lourd, et je ne comprend pas pourquoi c'est moi qui doit le tirer, et puis cette église ne peut même pas payer mon salaire. Ça c'est quel sorte d'église qui ne peut pas payer mon salaire comme modérateur. Nous devons chercher l'argent d'outre-mer. » Et puis, parmi d'autres choses, ils ont demandé les gens d'outre-mer de garder leur argent, de garder leurs missionnaires et de garder leur processus décisionnels missionnaires, pour que l'église ait une chance de se soutenir elle-même, indépendamment. Ils ont très rapidement commencé à payer leurs propres pasteurs, à construire leurs propres bâtiments, et à acheter leurs propres véhicules. Ils ont planté des nouvelles églises. Il y a quelques années, ils ont planté neuf nouvelles assemblées, ils ont démarré une caisse de retraite pour leurs pasteurs, quelque chose que les missionnaires leur ont dit qu'on ne pourrait pas faire. Et un jour ils ont entendu dire qu'il y avait des enfants sans abris dans les rues d'Edinburgh, en Écosse. Et ils ont fait une collecte de 200.000 Shillings Kenyans pour les enfants sans abris dans les rues d'Edinburgh, en Écosse-l'endroit d'où leur argent était venu.

Je maintiens que ce qui c'est passé au début des années 70 était un transfère de la propriété psychologique. Ces gens ont dit : « Cette église est la NOTRE. Nous pouvons le faire. Nous pourrons le faire marcher. »

Maintenant une des choses qui est venu dans ce processus, durant des années, était une tentative sérieuse, de la part des expatriés missionnaires, d'enseigner l'intendance. Ils essayeraient, par tous les moyens, d'enseigner la dîme et toutes formes de dons, souvent sans effet. Et je maintiens que la raison l'enseignement de l'intendance a échoué est que la propriété n'a pas été transféré. Et le transfère de propriété doit précéder l'enseignement de l'intendance. Sans propriété, l'enseignement de l'intendance sera très, très difficile. Cependant, dès que la propriété psychologique transfère, l'enseignement de l'intendance deviendra beaucoup plus facile.

L'église presbytérienne en Afrique de l'Est est un exemple des églises qui a fait une transition qui a réussi. Permettez-moi de vous parler d'un autre. En Afrique du Sud il y avait une église qui s'appelait les Assemblées de Dieu, qui était dans une situation similaire. Ils avaient des gens dans leur église qui étaient très pauvre et qui n'avait pas assez de revenu, et chaque année un de leurs pasteurs aînés venait en Amérique du Nord chercher de l'argent pour son église. Son nom était Nicholas Bhengu. Il est très connu en Afrique du Sud. Il est décédé il y a quelques années, mais aujourd'hui, plusieurs gens se souviennent de lui. Pendant que Bhengu était en Amérique du Nord une fois, Dieu lui a parlé et lui a dit : « Bhengu, rentre chez toi et trouve l'argent parmi les tiens ». Et Bhengu a dit: « Mais Dieu, comment est-ce que je peux faire cela? Les gens de mon église sont des femmes et des enfants, les femmes sont au chômage et les hommes ne viennent pas. Comment est-ce que je suis censé obtenir de l'argent d'eux? ».

Dieu a parlé très directement à Bhengu et lui a dit quatre choses: « Rentre chez toi et enseigne aux femmes à s'occuper de leurs familles. Enseigne-leur à amener leurs maris au Seigneur. Enseigne-leur à se servir de leurs mains pour gagner leur vie. Enseigne-leur à rendre quelque chose à Dieu par des actions de grâce, autrement dit la dîme.»

Bhengu l'a fait. Il a écouté ce que Dieu lui a dit. Il a acheté des machines à coudre, et il les a enseigné à coudre, il les a enseigné à cultiver des tomates, et il les a enseigné à tisser des nattes. La question est, « Est-ce qu'ils ont eu du succès? »

Chaque année les femmes des Assemblées de Dieu se rassemblent pour une conférence de deux jours dans un endroit qui s'appelle Thaba Nchu. La dernière fois qu'elles se sont rassemblées, elles ont fait une collecte de 3,7 millions de Rands sud-africains, cela en un week-end! Cela fait environ un million de dollars américains dans une collecte, par ces mêmes femmes qui étaient au chômage. Et je leur ai demandé: « Comment ça marche? » Elles m'ont dit que ça marche très bien. Elles m'ont dit que quand une femme coud des robes, elle sait que quand elle en coud dix-il y en a une qui appartient au Seigneur; quand elle tisse vingt paniers, deux appartiennent au Seigneur. Et quand elle fait trente tapis, trois appartiennent au Seigneur.

Et donc le concept de gestion de ses propres ressources fait partie du procédé de gagner sa vie. Ce n'est pas la mentalité de gagner tous ce qu'on peut, et puis s'asseoir pour calculer combien il faut donner au Seigneur. Non. Bhengu a enseigné que le concept de l'intendance était intégré dans le processus de revenu. Et ce n'est pas rare, dans l'église des Assemblées de Dieu en Afrique de Sud d'avoir 3 ou 4 collectes les dimanches matin. Une est pour la dîme, une autre peut être pour construire un bâtiment. Une autre collecte pour les pauvres. Nous étions dans une telle église l'année passé, et tout le monde a quitté leur siège et ils ont marché devant le panier d'offrande trois fois pour les trois sortes d'offrandes qui ont été faite. Si je fais une séminaire en Afrique du Sud et il y a quelqu'un des Assemblé de Dieu qui est présent, je sais presque immédiatement, parce que dès que je commence à parler de Bhengu et l'intendance, et l'acte de donner, cette personne fait une sourire jusqu'aux oreilles, et il dira : « Oui, notre église est comme ça. »

Donc, la bonne nouvelle de ce que je dis est que les églises peuvent changer. Une partie de ce problème est la communication de cette bonne nouvelle, parce que le pessimisme, qui accompagne la dépendance, dit, par exemple, qu'on est pauvre, nous sommes comme ça, on ne peut pas changer. Ça va étroitement avec une forme de fatalisme dans le spiritisme en Afrique, dans lequel on ne peut rien contrôler. Les esprits contrôlent tout, et on ne peut rien faire.

Donc, moi, avec d'autres personnes qui travaillent sur ce problème, nous essayons d'injecter cette idée que le changement est possible. Il ne doit pas être comme ça. Il peut sembler que tout le monde est comme ça – pauvre et dépendant. Mais ce n'est pas nécessairement comme ça. Il y a des endroits où des gens ont découvert la joie de donner, et même dans leurs pauvretés ils ont découvert qu'ils peuvent retourner quelque chose à Dieu. Dieu les bénit. Ils peuvent avoir même d'autres choses à retourner à Dieu, mais la situation n'est pas sans espoir. Ça c'est le fatalisme africain. Laissez-moi parler du fatalisme occidental qui l'accompagne. Il y a une forme de fatalisme occidental qui dit :

« Ces gens sont pauvre. Ils ne vont jamais sortir du piège. Nous devrons leur donner, et nous leur donnons beaucoup d'argent. Parfois notre motivation n'est pas tout à fait honorable. Nous donnons de notre culpabilité. Mais parfois on voie la disparité entre leur niveau de vie et le nôtre, et nous disons :

« Dieu nous commande de donner. »

Je parle d'un problème qui caractérise des églises dépendantes, pas nécessairement des églises pauvres. Jésus nous a ordonné d'aider le pauvre. Nous devons le faire. Cependant plusieurs églises en Afrique ne sont pas pauvres mais elles sont dépendantes. Dans certains cas, les membres de l'église conduit des bonnes voitures, ils ont une maison en ville et une au village, leurs enfants vont aux très bonnes écoles, mais ils mettent des jetons dans l'offrande, partiellement à cause de la mentalité que j'ai déjà mentionné. Mais une autre raison très importante pourquoi ils sont dépendant, ils ont appris que si on s'assoit et ne fait rien, quelqu'un lui donnera de l'argent. En d'autres termes, les missionnaires, qui ont construit la boîte, ne laisseront pas la boîte tomber ou échouer. Ils vont mettre l'argent dedans et plusieurs chrétiens africains ont découvert que si on attend, pendant un temps de crise, quelqu'un viendra secourir et donner.

Donc je crois que l'argent étranger est comme un poison qui pollue le système. Il déforme la réalité. Il élève quelque leaders au dessus des autres parce qu'ils sont payé. Il fait penser à quelques uns qu'ils peuvent être des évangélistes parce qu'ils reçoivent l'argent d'outre-mer, et d'autres ne peuvent pas être des évangélistes parce qu'ils ne reçoivent pas l'argent. L'argent étranger est une malédiction. Et plus dramatique que ça est que l'argent a été utilisé pour attirer des gens au Royaume de Dieu et ils deviennent dépendant sur ça et ils croient qu'ils ne peuvent pas le laisser. Et cette sorte de dépendance long terme est un grand souci. Et pour ajouter à la complexité du problème, il y a des musulmans en Afrique qui ont de l'argent, l'argent du pétrole. Ils construisent des mosquées et ils donnent pour des projets de développement, et les chrétiens qui sont aux églises dépendantes, ont tenté de dire : « Pourquoi pas prendre de l'argent avec ces gens-ci? » En d'autres termes, s'il est découvert que quelqu'un peut être acheté avec l'argent, puis parfois n'importe qui, qui a l'argent, peut l'acheter. Et c'est quelque chose effrayante, particulièrement si la conversion au Christianisme n'est pas à ce niveau très, très profond.

Laissez-moi terminer par dire ceci. Il semble qu'il n'y a aucune relation entre l'autosuffisance et la richesse ou la pauvreté. En Tanzanie et au Malawi on nous a dit que des synodes pauvres ont plus de chances à être autosuffisant que des synodes riches, parce que des gens ont appris à retourner à Dieu de leur champs, de leur bétail, de leur maïs, etc. Et leurs pasteurs reçoivent ces dons et ils sont totalement soutenus par ces choses. Et dans les grandes villes, où on conduit des véhicules qui coûtent chères, ils sont souvent dépendants sur l'argent d'outre-mer. Donc, il paraît qu'il n'a rien avoir avec la richesse ou la pauvreté. Dr. David Barrett dit que si des chrétiens en Afrique donnent 2% de leur revenu, qu'ils peuvent payer toutes leurs factures. Ils peuvent payer pour leurs formations des leaders, leurs pasteurs, construisent leurs bâtiments, font leurs projets de développement, et achètent leurs ordinateurs avec seulement 2% de leur revenu. Et j'ai récemment demandé un leader d'une église s'il était d'accord avec Dr. Barrett, et il m'a dit : « Nous venons de calculé si les gens de notre église donnent seulement 1% de leur revenu nous pourrons payer toutes nos factures, avec 1%. Donc l'idée que l'Afrique est trop pauvre pour se soutenir est un mythe, je crois. Et il a créé un très grand problème de dépendance et il peut être brisé. La bonne nouvelle est qu'il peut être brisé. Je peux vous parler de 3 ou 4 autres églises qui l'ont brisé avec succès et ça c'est la bonne nouvelle.

QUESTIONS A DISCUTER
Chapitre 1

1. Réfléchissez sur votre propre expérience de conversion. A quelle distance se trouve-t-elle du centre des cercles concentriques ? Les choses changent-elles toujours au centre comme partie de votre croissance chrétienne?
2. Etes-vous d'accord avec l'illustration sur le milieu exclu ?

3. Votre église a-t-elle une grande boîte qu'elle est en train de soutenir ? Selon vous, que doit-on en faire ?

4. Comment les affaires dirigées par les églises affectent-elles la libéralité des membres de l'église ?

5. Quel est le niveau d'appropriation que les personnes dans votre église ont : juridique, fonctionnelle, ou une appropriation psychologique totale ?

6. Acceptez-vous l'idée que beaucoup d'églises dépendantes ne sont pas pauvres ? Pourquoi ou pourquoi pas ?

7. Discutez l'idée selon laquelle le financement extérieur déforme la réalité au sein de l'église ou des finances de la communauté.

LECTURE SUGGEREE

McGavran, Donald A. *Bridges of God*. New York Friendship Press, 1995.

McGavran, Donald A. *Understanding Church Growth*. Grand Rapids : Wm.B. Eerdmans, 1970.

Shorter, Alyward. *African Christian Theology : Adaptation or Incarnation*. Maryknoll, NY: Orbis Books, 1977.

Wakatama, Pius. *Independence for the Third World Church : An African Perspective on Missionary Work*. Downers Grove, IL : Intervarsity Press, 1976.

CHAPITRE 2

Histoires de Certaines Églises qui ont Fait des Progrès vers l'Autosuffisance

Dans cette leçon j'aimerais parler de quelques églises qui ont réussi à faire une transition vers l'autosuffisance. Je ne dis pas qu'elles sont devenus totalement indépendantes, parce qu'aucun de nous ne peut être ou ne doit être totalement indépendant, dans le sens réel du terme. Cependant, les églises dont je parle maintenant, et les histoires que je vais vous raconter, sont à propos d'églises qui ont reconnu qu'elles dépendaient excessivement sur les ressources d'autres personnes; et un changement s'est produit, lorsqu'elles ont declare:« Nous croyons que nous pouvons faireplus pour nous-mêmes que ce que nous avons fait jusqu'à maintenant. »

Ces églises sont-elles parfaites? Non, elles l'admettront elles-mêmes. Est-ce qu'elles ont résolu tous leurs problèmes? Non, ça aussi elles l'admettront.

Leurs leaders sont-ils parfaits et au-delà de tout reproche? Non quelques-uns d'entres eux se déçoivent et déçoivent les gens de leurs églises, et dans certains cas, Dieu soit loué, cela est reconnu, et on s'efforce d'oublier pour se concentrer sur d'autres choses.

Est-ce qu'il y a certains leaders d'église qui profitent de ces situations? Oui, comme en Amérique du Nord, et en Angleterre, ou autre part encore, nous avons ces évangélistes à la télévision, particulièrement en Amérique du Nord, qui semblent en profiter, certainement.

Donc ces églises dont je parle ne sont pas parfaites.

Est-ce que l'autosuffisance touche chaque partie de leurs vies? Pas forcément. Quelquefois cela touche leur vie d'église mais pas nécessairement les projets de développement dans lesquels ils sont impliqués, par exemple.

Une autre observation que nous devons faire ici, c'est que ce dont nous parlons est très différent selon les régions. Par exemple, ce qui marche avec succès au sein des Assemblées de Dieu en Afrique du Sud ne marchera pas forcément au sein des églises presbytériennes au Malawi, parce que l'Afrique est un continent énorme. Géographiquement c'est un grand continent, culturellement c'est un grand continent. Donc on ne peut pas s'attendre à ce que des choses qui réussissent ici réussissent automatiquement ailleurs. Mais mon but maintenant, est de partager certaines des bonnes nouvelles.

Parfois, on peut facilement être découragé par ce problème, et dire : « Eh bien, l'Afrique a un grand problème et cela ne changera probablement pas. » En fait, il y a deux sortes de découragement.

La première est une sorte de fatalisme de la part des gens locaux : « Nous sommes pauvres; nous le serons toujours; cela ne changera jamais. » Cela est une forme de fatalisme africain, et je parlerai de ce concept un peu plus loin.

La seconde est un fatalisme occidental de la part des donateurs, de ceux qui ont de l'argent : « Ces gens sont pauvres; ils ne sortirons jamais de cette pauvreté; qu'on les aide pendant 100 ans ou 1000 ans, ça ne changera rien. »

Donc nous avons ces deux formes de fatalisme à l'œuvre. Les histoires que je suis sur le point de vous raconter sont des histoires d'églises qui ont défié cette mentalité et qui ont dit, « Avec l'aide de Dieu, nous pouvons changer, et nous changerons. »

J'ai déjà mentionné les presbytériens de l'Afrique de l'Est. Permettez-moi de vous en parler plus en détail. Un des facteurs qui ont emmené à la transformation de l'Église presbytérienne en Afrique de l'Est, et à son progrès vers l'autosuffisance, était que le Saint-Esprit l'a préparée grâce au renouveau de l'Afrique de l'Est. Dieu est allé au devant d'eux. Beaucoup d'entre vous ont entendu parler du renouveau qui s'est passé en Afrique il y a 60 ou 70 années. Ce mouvement du Saint-Esprit a touché les vies des leaders de l'église. Et un des leaders de l'église presbytérienne en Afrique de l'Est m'a dit : « Remercions Dieu que le renouveau s'est passé en premier, parce que quand nous avons entrepris de restructurer notre église, il a souvent fallu qu'on se regarde dans le blanc des yeux, et qu'on se dise : 'Frères, avec la direction du Saint-Esprit, nous croyons que c'est là où Dieu veut nous mener. Prions, et demandons à Dieu de nous guider sur notre chemin.' » Et il m'a dit, « Remercions Dieu que le renouveau s'est passé en premier. »

Vous voyez, l'Église presbytérienne avait décidé de restructurer la boîte, et quand ils ont entrepris de le faire, cela voulait dire que certains postes ont dû être éliminés, et que d'autres ont dû être créés. Parfois, on a demandé à des leaders d'église de faire des choses pour lesquelles ils ne se sentaient pas prêts, et qu'ils ne voulaient pas vraiment faire. Quelques-uns ont été priés de prendre une retraite prématurée, et alors vous pouvez voir que sans la présence du Saint-Esprit cela aurait pu être une situation très difficile. Donc le premier facteur était la préparation du Saint-Esprit à travers le renouveau de l'Afrique de l'Est.

Le second facteur était cette question de restructuration. Ils ont étudié la boîte, et ils ont dit : « Il y a deux sortes de choses dans cette boîte. Il y a des églises, des assemblées et des synodes, il y a l'éducation théologique et l'évangélisation, il y a le baptême et ainsi de suite. Cela, c'est le travail de l'église-l'évangélisation, etc. Mais il y a d'autres genres de choses dans la boîte dont nous avons hérité des missionnaires. Il y a des centres d'accueil, des cliniques, des librairies, des écoles secondaires, et ainsi de suite. » Et ils ont dit : « Celles-ci sont des entreprises; elles font un profit ou un déficit. Mais elles ne sont pas comme l'église, qui est l'institution que Dieu choisit pour le partage de l'évangile avec les autres. Ces entreprises sont des institutions à profit ou à déficit. » Alors, quand ils ont fait la séparation entre ces deux choses au moment de leur restructuration, ils ont placé des hommes d'église pour s'occuper des églises, et des hommes d'affaires pour s'occuper du côté des affaires.

Le problème avec la grande boîte telle que je l'ai décrite il y a quelques instants, c'est qu'un évêque ou un président ou quiconque qui vient s'asseoir au sommet de cette pyramide devient responsable des profits et des déficits pour les fermes, les projets de développement, les centres d'accueil et les cliniques et ainsi de suite. Et donc les évêques se lèvent le matin en se sentant incapables de penser à planter des églises, de penser à évangéliser, à veiller au développement des nouveaux croyants et à conseiller leurs pasteurs, parce qu'ils pensent au découvert qui vient des entreprises.

Alors, les presbytériens ont séparé ces deux choses. En plus d'avoir fait la séparation et d'avoir placé des hommes d'affaires là où il fallait, ils ont mis en place la 'Fondation Presbytérienne' et ont invité des membres de l'église à y investir afin que ces deux questions d'église et d'affaires demeurent bien clairement séparées.

Une autre chose qui s'est passée dans ce processus c'est que les leaders d'église chez les presbytériens se sont rendus compte que Dieu bénirait leurs efforts s'ils géraient bien Ses ressources. Donc ils ont commencé à former des trésoriers. J'ai rencontré un homme d'une autre organisation missionnaire en Afrique de l'est, et il m'a parlé des presbytériens; il m'a demandé : « Est-ce que vous savez pourquoi Dieu leur a confié tant d'argent dans l'église presbytérienne? » Il a dit : « C'est parce qu'ils forment leurs trésoriers avec intégrité. » Et s'il y a une seule chose que les églises peuvent apprendre de cette transition vers l'autosuffisance, c'est que Dieu fait confiance à ceux qui se servent avec fidélité des ressources qu'Il leur fournit. Et quand cet argent est mal utilisé, quand il n'est pas utilisé correctement, quand il est dissimulé pour que les gens dans les églises ne le voient pas, évidemment Dieu ne peut pas bénir ce genre de chose.

Si vous rencontrez un pasteur presbytérien en Afrique de l'est, vous verrez sans doute autour de son cou un petit pendant ou une chaîne autour du cou. On peut y lire : « jitegemea », qui veut dire « autosuffisance » en Swahili. Le magazine de l'église s'appelle « Jitegemea », autosuffisance. Le thème de l'autosuffisance a été accepté et on peut le trouver partout. Je dirai de nouveau que cette église est loin d'être parfaite, ses membres l'admettent eux-mêmes, et celui qui cherche est sûrement capable de trouver des choses qui ne vont pas. Mais cette église a fait un grand pas vers l'autosuffisance, en partant d'une dépendance totale.

J'ai déjà mentionné les Assemblées de Dieu en Afrique du Sud; permettez-moi de dire quelque chose à leur propos. Ces églises ont découvert la joie de donner, pas seulement la loi de la dîme, et je parlerai de cela plus loin. Mais si je fais un séminaire quelque part en Afrique du Sud et je commence à parler des Assemblées de Dieu et que je mentionne le nom du Rev. Nicholas Bhengu, s'il y a des gens des Assemblées de Dieu dans la salle, je les remarque presque immédiatement parce qu'ils commencent à sourire jusqu'aux oreilles. Cela s'est passé plusieurs fois, et je leur dis, « Seriez-vous des Assemblées de Dieu par hasard? » Et ils disent, « Oui, et notre église est comme ça. » Cette transition a eu un si grand bénéfice pour les gens concernés que cela produit un sourire sur les visages des gens impliqués dans cette transition.

Les Assemblées de Dieu ont appris que de forcer les gens à donner la dîme n'est pas nécessairement la solution au problème de l'église : le secret est d'encourager les gens à donner du plus profond de leur cœur débordant, de l'abondance de ce que Dieu a fait pour eux.

Permettez-moi de parler un peu à propos de l'église Luthérienne en Tanzanie. De nouveau, ce n'est pas une église parfaite, ils l'admettent eux-mêmes ainsi que ceux qui l'étudient de près; mais ils ont appris à donner avec joie. J'ai appris que dans cette église en Tanzanie, il y a quatre sortes d'offrandes différentes; je ne me souviens que de trois. Une d'entre elles est l'assiette d'offrandes qui passe chaque dimanche; ce que donnent les gens dans cette assiette est destiné aux pauvres. La seconde est la dîme. La dîme est payée d'une manière unique : le trésorier de l'église va vers chaque membre, discute avec eux de leur revenu et de comment leur dîme sera payée. Et donc le trésorier va vers un homme et lui dit, « Quelle est votre profession? », et l'homme lui répond : « Je suis instituteur. »

Et le trésorier lui demande, « Quel est votre salaire? », et il répond, « Eh bien, je gagne 1000 par mois », par exemple.

Et le trésorier dit : « D'accord, alors chaque mois vous apporterez 100, c'est correct? »

« Oui. »

Il va vers un autre homme et dit, « Que faites-vous comme métier? », et l'autre lui répond : « Je travaille pour le gouvernement. » Et, « combien vous gagnez? »

« Je gagne 2.500 par mois. »

« D'accord, alors vous apporterez 250, d'accord? »

« Oui. »

« Nous pouvons écrire cela pour que cela soit officiel. »

Le trésorier va vers encore une autre personne, peut-être une femme, et lui dit : « Que faites vous comme travail? »

Et elle dit, « Je cultive le maïs. »

« Et combien de sacs est-ce que vous comptez obtenir cette année?

« Je compte obtenir 50 sacs de maïs cette année. »

« D'accord, alors l'église peut s'attendre à ce que vous lui apportiez 5 sacs au moment de la moisson, n'est-ce pas? »

« Oui, » donc ils l'écrivent dans leurs dossiers : « À la moisson nous comptons recevoir 5 sacs de maïs de Mme un tel. »

Puis ils vont vers un quatrième homme, et lui demandent : « Que faites vous comme travail? »

Il dit, « Je suis fermier. »

« Et qu'est-ce que vous élevez? »

Il dit, « J'élève du bétail. » Et donc le trésorier lui demande : « Combien de vaches comptez-vous vendre cette année? »

« Eh bien, je compte vendre 30 vaches cette année. »

« Oh, 30 vaches; c'est bien. Ça veut donc dire que 3 d'elles seront données à l'église, est-ce correct? »

« Oui. » Donc le trésorier lui dit, « Et quand est-ce que vous apporterez ces vaches à l'église? »

« Je les apporterai en août. »

Et le trésorier dit, « Non, je suis désolé vous ne pouvez pas les apporter en août; vous devez les apporter en janvier parce que le prix est trop bas en août. Janvier est mieux. » C'est donc ce genre de négociation qui se passe entre le trésorier et les membres individuels.

Le troisième genre d'offrande chez les luthériens est ce qu'ils appellent « l'offrande de reconnaissance ». Et l'offrande de reconnaissance se rapporte à une occasion où vous avez bénéficié d'un bienfait et vous voulez simplement dire merci à Dieu; et on le fait devant les autres, en mettant de l'argent dans la collecte. Disons, par exemple, que je fais un voyage et je pars d'ici pour aller quelque part de loin en train. Et quand je descends du train, alors que j'attends mon taxi, je remarque que ma valise a disparu; et je me dis, « Que s'est-il passé? Ma valise a disparu, mon argent, mon passeport, mes papiers pour les réunions auxquelles j'allais assister, ils étaient tous dedans. » Et donc je baisse simplement la tête et je prie, « Seigneur, aide-moi, s'il vous plaît, à retrouver cette valise. Merci. Au nom de Jésus, Amen. » Et quand j'ouvre les yeux, voilà que j'aperçois, un homme à coté de moi avec ma valise; et il me la donne en me disant, « Monsieur, est-ce que cette valise vous appartient? Vous l'aviez laissé sur le quai en descendant du train. » Et je lui dis, « Merci beaucoup, le Seigneur soit loué. » Et donc je me retrouve avec ma valise. Je regarde dedans, et tout y est encore. Il ne manque aucun argent, aucun des papiers ne manquent. Et donc je finis mes réunions et je vais retourner chez moi. Et la première chose qui je fais est de voir le pasteur et de lui raconter. « Pasteur, je veux vous dire ce qui m'est arrivé.

J'avais perdu ma valise, et j'ai prié; et quand j'ai ouvert mes yeux elle était là. Dimanche prochain, je veux me lever à l'église et je veux remercier Dieu devant les autres de m'avoir aidé à retrouver ma valise. »

Et le pasteur dit, « Non, je suis désolé, frère Glenn, vous ne pouvez pas dire merci à Dieu. » Et il sort son cahier et dit, « Cette semaine nous avons d'autre personnes qui veulent dire merci à Dieu; vous devrez attendre, » et il regarde dans son cahier et dit : « dans trois semaines vous pourrez dire merci à Dieu. » Et je dis, « D'accord, j'attendrai. »

Et donc trois semaines plus tard, mon tour vient, et le pasteur se lève et dit, « Maintenant c'est le moment de dire merci à Dieu, et le frère Glenn a quelque chose à dire. »

Donc il me demande de m'avancer, et je raconte ce qu'il m'est arrivé quand j'ai perdu ma valise et que Dieu m'a aidé à la retrouver. Et je dis, « Je suis tellement reconnaissant à Dieu de m'avoir aidé à la retrouver que je vais mettre 500 dans la collecte aujourd'hui pour dire merci à Dieu. Et j'ai arrangé avec mon frère James qu'il mette 200 en même temps que moi, et avec mon frère Larry qu'il mette aussi 200 en même temps que moi pour dire merci à Dieu de m'avoir rendu ma valise. Parce que si je l'avais perdu, il n'y a pas moyen de savoir combien j'aurais perdu si je ne l'avais pas retrouvée, et alors je dis merci à Dieu. »

Et les Luthériens en Tanzanie ont dit, « Quelquefois quand quelqu'un donne un témoignage et que c'est un incident dramatique comme la guérison d'une personne ou d'un enfant, ou autre chose, l'assemblée entière dit, 'Passez l'assiette de l'offrande, nous voulons tous dire merci à Dieu pour ce qui est arrivé' ».

Ce genre d'offrande est ce qu'on pourrait appeler l'offrande de reconnaissance, c'est rendre à Dieu quelque chose de ce qu'Il leur a donné. Cet aspect de donner à Dieu n'est pas le payement forcé de la dîme. La dîme est payée d'une autre manière, cela, c'est le don qui déborde d'un cœur plein de reconnaissance. Et je parlerai beaucoup plus du cœur plein de reconnaissance plus tard.

Je vais maintenant passer à un district anglican au Zimbabwe où un prêtre m'a un jour raconté son histoire. Il a entendu dire que je faisais des séminaires sur le sujet de l'autosuffisance. Et il m'a dit, « Je vais vous raconter mon histoire. J'ai repris un district de 65 églises qui étaient dépendantes. La première chose que j'ai faite est de rassembler tout le monde pour passer cinq jours dans un pensionnaire. Les deux premiers jours nous n'avons pas mangé, nous avons simplement prié du matin jusqu'au soir, rien mangé, ni le premier jour ni le deuxième jour, seulement prié. Le troisième jour j'ai commencé à leur enseigner. Je leur ai appris tout ce que je savais. Je les ai appris des choses sur comment devenir un bon disciple; je les ai enseigné sur l'intendance. Et la même chose le quatrième jour et le cinquième jour. Et le cinquième jour je leur ai dit qu'ils pouvaient rentrer à la maison. »

« Au bout de six mois, ils sont revenus. Encore deux jours de prière, trois jours d'enseignement. » Et, il m'a dit, «Très rapidement, les 65 églises dans notre district sont devenues indépendantes. » Il m'a dit, « Les autres pasteurs du district étaient devenus jaloux de moi. Ils voulaient venir prendre mon district parce qu'il était en bon état. »

Ce qui est très important de prendre comme point de départ le renouveau spirituel. Vous l'avez déjà entendu quand j'ai parlé des cercles concentriques, quelque chose doit se passer au plus profond d'un individu. Et ce pasteur, ce prêtre anglican du Zimbabwe, a découvert la même chose : il faut commencer par le renouvellement spirituel. C'est le seul endroit où commencer.

Je vais vous parler d'une autre église dans la province du Cape de l'Ouest en Afrique du Sud. Ils se servaient du système des billets, et les gens mettaient une petite quantité d'argent dans la collecte et leur billet était pointé. Leurs dons étaient ainsi enregistrés.

Ils avaient un évêque très âgé qui, à sa mort, a malheureusement laissé une dette de 600.000 Rands sud-africains à l'église, et un jeune évêque a été choisi pour le remplacer. Imaginez-vous ce jeune évêque arrivant pour reprendre ce district et ayant à commencer avec une dette de 600.000 Rands comme point de départ. La première chose qu'il a fait est d'abolir lesystème du billet dans les églises. Il a dit, « Le système du billet n'est pas ce que Dieu veut comme système pour que les gens donnent à l'église. Ça doit être par l'amour pour Dieu, les dîmes et les offrandes doivent venir du fond du cœur. » Et en moins de deux ans, la dette de 600.000 Rands-environ

200.000 dollars Américains à cette époque-avait été éliminée, parce que la mentalité du système du billet avait été remplacée par un désir de rendre à Dieu quelque chose de ce qu'Il leur donnait.

Les Adventistes du Septième Jour en Zambie ont appris quelque chose là dessus. Bien sûr, ils prennent très sérieusement l'Ancien Testament où ils parlent du payement de la dîme. D'après ce qu'un des pasteurs m'a dit à propos de cela, le pasteur va lui-même dans la bétaillère et aide à sélectionner 10% des vaches que le fermier donnera à l'église. Quand j'ai raconté cette histoire en Afrique du Sud, il y a un grand nombre de pasteurs sud-africains qui aimeraient pouvoir aller aux bétaillères, où il y a au moins 3000 à 5000 têtes de bétail, et en choisir 10% pour l'église.

On pourrait parler de la Mission Apostolique de la Foi au Zimbabwe qui, il y a plusieurs années, implantaient plusieurs églises par an. Puis les missionnaires ont décidé de changer. Et ils sont retournés en Afrique du Sud, et l'église a continué toute seule, et l'implantation des églises s'est arrêtée. Certains ont dit, « Vous voyez ce qui se passe, l'implantation des églises s'est arrêtée quand les missionnaires se sont retirés. »

Pendant deux ans aucune nouvelle église n'a été implantée. Ils implantaient deux nouvelles églises par an, si j'ai bien compris l'histoire, et puis soudain, ça s'est complètement arrêté. Deux années plus tard, quand la possession psychologique a été transférée, les gens locaux ont vu quel privilège ils avaient, et ils ont commencé à implanter des nouvelles églises; et ils ont commencé à implanter huit églises par an après cela, parce que la possession psychologique avait été transférée.

Dans le Transkei, une de ces régions controversées qu'on a auparavant appelé une patrie, les autochtones ont décidé d'aller vers l'autosuffisance dans l'église et dans la communauté. Les chrétiens ont mis leurs têtes ensemble. Ils ont commencé à reconstruire l'infrastructure de leur proper communauté. Ils ont commencé non seulement à construire des églises, mais aussi des bibliothèques, et des routes. Et ils ont fait une vidéo pour montrer aux autres comment ils ont procédé, et quand le transfert psychologique de possession s'est fait, la communauté en a profité aussi, grâce à la possession locale. Et ils ont fait tout cela sans aucune aide de l'extérieur. Ils en étaient très fiers. La vidéo qu'ils ont produit, malgré le fait qu'ils parlaient tous anglais, était dans leur propre langue parce qu'ils voulaient que ça soit la leur, et ils voulaient montrer que c'était la leur.

Je vais vous raconter quelque chose qui s'est passé en Afrique du Sud il y a plusieurs années. Je faisais un séminaire à Capetown, et un pasteur est venu me voir et m'a dit, « Permettez-moi de vous raconter ce qui m'est arrivé. J'étais en Amérique du Nord pour prêcher dans des églises, et une fois j'ai téléphoné à la maison pour prendre des nouvelles de ma famille. Ma femme n'était pas là. Ma belle-sœur a répondu au téléphone. Et elle m'a dit, 'Oh pasteur, je suis heureuse que vous avez appelé. J'ai un message pour vous. A propos, votre famille va bien, tout va bien ici; mais j'ai un message pour vous. J'ai eu un rêve l'autre nuit, et Dieu m'a dit de vous donner ce message. Et le message est que pendant que vous êtes en Amérique, ne faites pas la chasse au bisons.' »

C'était un message plutôt étrange, et le pasteur a raccroché le téléphone et a dit, « Merci Seigneur pour le message; mais je n'ai aucune idée de ce qu'il veut dire. » Donc il a continué à prêcher, et un dimanche soir il a prêché dans une église où on lui a donné l'argent de la collecte. Ils lui ont simplement donné l'argent qu'ils ont collecté. Donc il a ramené cet argent à l'endroit où il logeait, et il a commencé à compter. Et alors, pendant qu'il comptait, il est tombé sur une pièce de 5 cents, que nous appelons un nickel de bison en Amérique, et il a regardé le bison et il s'est dit, « Voilà la signification du message. Je ne suis pas ici pour obtenir de l'argent. »

Donc il a dit, « Merci, Seigneur. J'ai compris le message. » Mais il n'avait pas connu l'importance de ce message, parce que le matin suivant, il a été invité à prendre le petit-déjeuner avec un homme d'affaires riche. Il m'a dit, « Je ne sais pas à quel point cet homme était riche, mais en tout cas il possédait quatre avions. » Alors qu'ils prenaient leur petit-déjeuner, l'homme d'affaires lui dit, « Pasteur, j'ai vraiment aimé ce que vous avez dit à l'église hier soir. » Il a dit, « J'ai beaucoup d'argent, et j'aimerais vous en donner. Combien est-ce que vous voulez? Dites-moi simplement combien vous voudriez et je vous ferai un chèque pour ce montant. »

Le pasteur était en train d'être mis à l'épreuve; il ne devait pas 'chasser les bisons'. Alors il s'est tourné vers l'homme d'affaires et lui a dit, « Merci beaucoup, mais Dieu dans sa providence, s'occupera de moi et des miens à sa manière. » Et il a dit, « Je n'ai rien obtenu comme argent de ce monsieur. »

Il a fini de prêcher en Amérique du Nord, il a pris un avion et il est parti pour l'Angleterre. De Londres il a pris un avion pour Johannesburg et s'est trouvé assis à côté d'un homme d'affaires sud-africain blanc. Et l'homme lui a demandé ce qu'il faisait; et il lui a répondu, « Je suis pasteur à Capetown. » Et cet homme a dit, « Je suis membre de l'Église Réformée Hollandaise. » Et c'était dans le temps de l'apartheid. Il a dit, « Je ne suis pas d'accord avec la politique de mon église et de mon gouvernement, et je ne veux pas donner d'argent à ma propre église. Je préfèrerais le donner à vous. Combien est-ce que vous voulez? Dites-moi simplement combien vous voulez et je vous écrirai un chèque. »

Alors le pasteur lui a dit, « Eh bien, merci beaucoup, mais Dieu prend soin de moi et des membres de mon église à sa façon. » Le pasteur a dit, « Je n'ai pas obtenu d'argent de cet homme non plus. « Alors, » il a dit, « je suis retourné à Capetown, et la petite assemblée dont j'étais pasteur a décidé de construire un nouveau sanctuaire; et ils ont donné tout l'argent qu'il fallait pour construire ce nouveau bâtiment. Nous avons découvert que nous n'avions pas besoin des 'bisons' d'Amérique pour le faire. »

Je vais terminer ce chapitre en écrivant une série de phrases tirées du livre 'Les Torches de Joies.' Ce sont des leçons d'Irian Jaya sur la manière dont les missionnaires ont commencé des églises qui n'étaient pas dépendantes.

1. Aucun fond étranger n'a été utilisé pour le développement d'églises locales.
2. La mission n'a pas employé d'évangélistes salariés.
3. Les missionnaires n'ont pas accablé les églises d'une structure qu'ils ne pouvaient pas maintenir.
4. Les membres de l'Église ont payé leurs pasteurs en cultivant leurs champs.
5. Le principe de l'autosuffisance était pratiqué dans la vie d'églises et de la communauté.
6. Pour éviter le développement des « chrétiens de riz », aucun traitement préférentiel n'a été donné aux croyants qui étaient dans le travail médical ou communautaire.
7. La gestion leur a été enseignée dès le début.

Et je peux peut-être ajouter qu'en moins de 10 ans, à partir du tout début de cette église, ils ont commencé à envoyer leurs propres missionnaires trans-culturels vers d'autres parties de l'Indonésie. Et on pourrait aussi ajouter que les missionnaires qui y sont allés avaient une formation trans-culturell. Cela est un thème qui reviendra souvent dans les chapitres suivants.

QUESTIONS A DISCUTER
Chapitre 2

1. Quelle est votre attitude envers les églises qui déclarent leur indépendance financière ?
2. Parmi les pratiques de libéralité mentionnées dans ces histoires, laquelle vous inspire le plus et pourrait aider votre église dans sa libéralité ?

3. Discuter sur les implications de cette déclaration du Dr. David Barrett. « Les chrétiens africains pourraient payer toutes leurs factures avec seulement 2% de leur revenu. »

4. Les églises doivent-elles être parfaites avant qu'elles ne puissent aller vers l'autonomie ? Discutez.

5. Que diriez-vous à un missionnaire qui n'aime pas voir les gens rejeter son travail parce que c'était inapproprié ou trop coûteux à maintenir ?

LECTURE SUGGEREE

Cotterell, Peter. *Born at Midnight*. Chicago : Moody Bible Institute, 1973.

Dekker, John. *Torches of Joy*. Westchester (Illinois) : Crossways Books, 1985.

Schwartz, Glenn J. "From Dependency to Fulfillment". Evangelical Missions Quarterly, July 1991.

Schwartz, Glenn J. "It's Time to Get Serious About the Cycle of Dependence in Africa". Evangelical Missions Quarterly, April 1993.

Schwartz, Glenn J. "Cutting the Apron Strings". Evangelical Missions Quarterly, January 1994.

CHAPITRE 3

Les Caractéristiques du Syndrome de la Dépendance

J'aimerais traiter de quelques-unes des caractéristiques du syndrome de la dépendance tel que nous le comprenons maintenant.

1. **La première caractéristique que j'aimerais décrire est le fait que ce problème est omniprésent.** Il touche beaucoup de domaines au sein de la vie d'église et de mission dans la partie d'Afrique dont nous parlons. Il ne touche pas seulement les églises et le soutien des pasteurs de ces églises, il touche aussi la construction des bâtiments d'églises, les projets de développement, les projets médicaux et l'implantation d'églises. Il touche particulièrement la question de la distribution des Bibles. On pourrait démontrer que le problème de la dépendance est en grande partie la cause de la pénurie de Bibles dans le monde. Il touche l'aide alimentaire et les projets d'alphabétisation. Il touche aussi les gouvernements, parce qu'ils sont devenus dépendants du FMI ou de la Banque Mondiale, et ils ne sont pas capables de payer leurs propres factures, parce qu'il n'y a pas assez de revenu provenant de sources locales qui pourraient soutenir un gouvernement de manière autosuffisante. C'est donc un problème très vaste.

2. **Ce problème dure depuis très longtemps.** Il n'a pas seulement débuté hier, et il ne sera pas non plus résolu du jour au lendemain. Cependant, il y a des exceptions à cela. Il y a quelques temps, j'étais

au Zimbabwe. J'étais dans la maison d'un leader d'église et j'ai sorti un livre de sa bibliothèque de salon. Il était écrit par Robert Speer, le célèbre missiologue au début du vingtième siècle. Le livre s'appelait *Le Christianisme et les Nations*. C'était une analyse résultant de la conférence de 1910 à Edinburgh. Quelque part dans le livre il cite l'Évêque Tucker, l'anglican célèbre qui avait été en Ouganda. L'Évêque Tucker parlait lors d'une conférence de missionnaires à Brighton, en Angleterre, en 1901. Et à cette conférence, il avait dit:« en Ouganda nous avons 2,000 évangélistes, 27 qui sont ordonnés prêtres, nous avons entre 700 et 800 écoles et églises, et pas un sou n'est venu d'Angleterre comme soutien. »

Donc, je dis que le problème dure depuis longtemps, mais aussi loin que 1901 quelqu'un avait déjà une idée de son envergure. Et nous retournerons à cela plus tard, quand nous parlerons du développement historique de ce problème.

Souvenez-vous de l'histoire que je vous ai raconté à propos du peuple Dani en Irian Jaya-qui, dans 10 ans de son existence, envoyait ses propres missionnaires! Cela est une exception à ce problème de dépendance que nous avons rencontré dans cette partie d'Afrique.

En Inde nous avons la 'Friends Missionary Prayer Band', 1000 missionnaires soutenus par 30.000 personnes qui prient pour eux, et ils refusent tout argent provenant de l'extérieur parce qu'ils ont peur que cela affecte les 30.000 personnes qui prient pour les1000 missionnaires qui partent.

Voilà donc quelques-unes des exceptions à ce problème à long terme.

3. **Ce problème ne se limite pas à une seule région géographique.**

Dans cette partie d'Afrique, il touche presque chaque pays beaucoup, beaucoup d'églises. Un des problèmes que nous avons eu quand nous avons commencé à identifier cela, et quand j'ai commencé à en parler était que les missionnaires me disaient:

« Oui, mais ce n'est pas seulement nous. Les méthodistes, les anglicans, les wesleyens sont tous comme ça. » Et malheureusement c'est vrai; ce problème affecte beaucoup d'églises différentes et beaucoup de régions géographiques différentes.

4. **Le problème est actuel, autrement dit cela se passe en ce moment.** Ce n'est pas un problème qui s'est passé il y a 30, 40, ou 50 ans. Aucun missionnaire ne peut dire aujourd'hui, « eh bien vous parlez de quelque chose qui s'est passé il y a longtemps, et qui n'est plus vrai aujourd'hui. » Non, écoutez-moi.

En Tanzanie ils m'ont parlé d'une église dans laquelle cinq de ses districts laissent encore quelqu'un de l'extérieur gérer leur argent, un missionnaire blanc d'outre-mer, dans cinq districts d'une église. Cela est un problème actuel.

Malheureusement, pour certaines églises, cela est un problème tellement grave qu'elles sont retournées à accepter de l'argent d'outre-mer, et à recruter leur personnel d'outre-mer. Une des églises que nous connaissons est même retournée à se laisser diriger par un organisme d'outre-mer, parce que la boîte était si grande, si lourde qu'elle était mal gérée. Cela ne pouvait pas être fait localement, alors elle est retournée vers le soutien d'outre-mer; c'est donc un problème actuel qui est en train de continuer, même aujourd'hui.

Il y a quelque temps, j'ai entendu parler de trois églises en Afrique qui paraissaient devant les cours de justice pour tenter de résoudre leurs problèmes financiers. Une en Tanzanie, une en Afrique du Sud, une au Zimbabwe, devant les cours de justice pour essayer de résoudre leurs problèmes financiers. C'est pourquoi je dis que ce problème est actuel. Ce n'est pas quelque chose qui s'est passé il y a 30 ou 40 ans.

5. **Ce problème est chargé d'émotion.** Il y a deux groupes de gens en particulier qui seront le plus touchés par ce dont je suis en train de parler. Un de ces groupes est celui des missionnaires plus âgés,ceux qui ont construit le système et qui ont construit la boîte dont je parle. Ils y ont consacré leurs vies, et nous devons remercier Dieu pour leur service dévoué. Ils sont concernés, parce qu'ils disent, « N'appréciez-vous pas ce que nous avons fait? » Mais, le fait est qu'aujourd'hui les leaders d'église en Afrique ont un projet impossible à gérer sur les mains, sans aucun apport financier local pour le soutenir. Et cela ne veut pas dire que nous n'apprécions pas ce qui a été fait auparavant, mais nous avons un problème à résoudre et espérons que nous arriverons à le dépasser.

Le deuxième groupe de gens qui sont concernés par ce dont je parle est celui des leaders d'église dont le salaire est fourni, pour la plupart, par des fonds étrangers. Dans certains cas il y a des leaders d'église qui ont même créé des bureaux administratifs outre-mer, des bureaux en Europe et en Amérique servant à collecter des fonds de soutien, afin d'obtenir de l'argent pour leurs églises. Ils sont profondément concernés par ce dont je parle, parce qu'ils ont l'impression que je suis en train de détruire leurs efforts d'obtenir de l'argent en Amérique ou Angleterre ou Allemagne pour leurs projets en Afrique.

Je viens de rencontrer un homme qui m'a dit que son église avait ouvert un bureau en Amérique pour recruter du personnel et de l'argent pour son église en Afrique de l'Ouest. Et ce dont nous parlons est d'aider les églises à voir le privilège qu'elles ont à ne pas seulement recevoir de l'argent et du personnel de l'extérieur mais à également pouvoir donner au mouvement chrétien pour le mouvement en expansion globale dont nous parlions dans la première Leçon.

6. **Ce problème est la cause de beaucoup d'autres problèmes que l'église a à affronter.** Par exemple, le soutien financier venant de l'étranger semble être au centre des détournements d'argent

en Afrique. Si l'église met assez d'argent dans la collecte pour se soutenir elle-même, il est peu probable que cet argent soit une source de dispute comme l'argent qui vient de l'étranger, parce que l'argent venant de l'étranger vient souvent dissimulé. Il arrive sous la forme de montants importants. Souvent les membres de l'église ne savent pas combien d'argent est arrivé, ils ne savent pas combien est sorti, ils ne savent pas pourquoi l'argent est dépensé. Il y a ce mystère derrière, et il peut être si facilement détourné.

Là où les églises sont saines et ajoutent l'argent donné localement, et cela n'est pas toujours le cas, ces fonds locaux peuvent être mal employé, nous savons tous cela. Les fonds locaux peuvent être mal utilisés, mais si l'argent provient de ces gens (locaux), cet argent sera surveillé avec vigilance, ce que l'argent venant de l'étranger n'est souvent pas.

Ce problème est aussi la cause de beaucoup d'autres problèmes, comme je l'ai déjà dit. Il détruit la réputation des leaders d'église. Les leaders d'église qui reprennent cette boîte et qui échouent découvrent que leur réputation est détruite. Je viendrai à cela plus tard.

Ce problème les empêche d'envoyer de l'argent à d'autres endroits. Il les empêche d'envoyer des missionnaires, donc la raison pour laquelle ils n'envoient pas de missionnaires est liée à ce syndrome de dépendance.

Il paralyse également les efforts œcuméniques. Les associations évangéliques en Zambie, au Zimbabwe, en Afrique du Sud, ou encore les Conseils Chrétiens se battent pour obtenir assez d'argent pour se soutenir eux-mêmes parce qu'ils sont dépendant des églises qui sont elles-mêmes dépendantes de quelqu'un d'autre. Et si les églises n'ont pas assez d'argent pour se soutenir, alors ils n'ont pas assez d'argent pour donner au Conseil Chrétien ou aux associations Évangéliques. C'est pourquoi je dis que ce problème est la cause de beaucoup d'autres problèmes.

7. **Pour certains, cette mentalité de dépendance est devenue une manière de vivre à long terme.** Il y a quelque temps, en Angleterre, on disait que quand quelqu'un avait été au chômage pendant 3 à 5 ans, il lui était très difficile de se faire réemployer. Quelque chose se passe psychologiquement, et la re-formation ou la re-programmation de cette personne avant de retourner dans un emploi à plein temps peut être très difficile. Pensez aux églises qui ont été dépendantes et qui ont reçu de l'extérieur depuis 100 ans ou plus, peut-être 200 ans. Elles se sont faites à l'idée que « nous sommes pauvres, c'est comme ça et ça ne changera jamais, vous n'avez qu'à continuer à nous aider. » Ce sentiment de fatalisme devient un mode de vie à long terme.

Il y a quelques temps nous travaillions sur un projet en Zambie. Quelques-uns d'entres vous savent que nous faisons partie d'un projet de concordance de la Bible qui aide les comités locaux qui disent qu'ils veulent une concordance. Nous les aidons avec certains des aspects techniques liés à l'obtention d'une concordance de la Bible.

Nous avons eu une réunion dans une des villes principales de l'Afrique Centrale, et les leaders d'églises qui étaient là disaient,« Oui, nous voulons une Concordance de la Bible. » Et ensuite ils m'ont dit, « est-ce que vous pourriez nous obtenir une aide de l'étranger pour nous aider? » J'ai dit, « Mais pourquoi demandez-vous toujours des subventions d'outre-mer? » Et on m'a donné une réponse typique, que je n'oublierai jamais. Un des leaders d'églises m'a dit, « eh bien, nous demandons toujours d'abord, et d'habitude, on nous donne quelque chose. »

C'est un mode de vie à long terme : « nous demandons toujours et d'habitude on nous donne. »

8. **Cette mentalité est masquée ou elle circule dans une tenue très attrayante.** Est-ce que vous vous rendez compte qu'il y a maintenant des agences de financement d'Amérique du Nord qui

ont placé des bureaux dans des villes africaines dans le but de donner de l'argent aux églises qui le demande?

Il y a des gens en Amérique du Nord qui ont accepté l'idée que de soutenir des nationaux est mieux que d'envoyer des missionnaires Nord-américains, parce que les nationaux sont moins chers à soutenir, ils parlent déjà la langue, et ainsi de suite. Cela a l'air si merveilleux vous pouvez le faire pour $30 par mois. Je traiterai plus tard cette mentalité de soutenir des nationaux. Mais c'est sûr que cela a l'air très attirant. Cette mentalité est autant la cause du problème de dépendance que la plupart des autres choses dont nous parlons, parce que les personnes locales qui pourraient soutenir ces évangélistes locaux sont privées du privilège de le faire eux-mêmes. Et non seulement ça, l'évangéliste autochtone qui est payé à partir de l'extérieur est vu comme un agent salarié des américains, des anglais et des allemands, etc. Il est vu comme une personne étrangère salarié. Alors les gens diront : « Je ne peux pas être un évangéliste; je n'obtiens pas d'argent d'outre-mer. Cet homme, c'est son travail, il est payé par des gens de l'extérieur. »

Il y a des rapports entre les institutions qui perpétuent ce problème. Il y a quelque temps, un conseil de direction en Afrique était en train de se diriger vers l'autosuffisance. C'était une institution noble qui faisait un bon travail localement, et ils collectaient de l'argent localement. Et tout à coup, une subvention est arrivée de la part d'une organisation en Europe. Et le conseil a vu la taille de la subvention et combien c'était facile de l'obtenir, et ils ont dit:« Pourquoi est-ce que nous aurions à travailler si dur pour trouver de l'argent localement, quand c'est si facile de l'obtenir d'outre- mer? » Et c'est les rapports entre ces deux institutions qui ont détruit l'initiative qu'avait eu ce conseil de trouver leur argent localement.

Si vous retournez au terme « partenariat » que j'ai utilisé auparavant, je me méfie beaucoup de ce terme. Et la raison pour laquelle je m'en méfie est que la manière dont le partenariat est défini promeut le problème de dépendance, parce que ce terme 'partenariat', comme il est souvent employé, veut souvent dire l'argent de l'ouest plus la main d'œuvre locale dans le tiers-monde. C'est un partenariat inégal parce que ceux qui ont l'argent détermine la plupart du temps ce qui doit être fait. Il y a souvent des conditions bien précises. Ils donneront l'argent s'il est utilisé d'une certaine manière, et ils ne le donneront pas s'il ne l'est pas. C'est un partenariat inégal, je suis donc très méfiant du mot « partenariat ».

Peut-être que plus tard nous parlerons de partenariats qui marchent bien. Mais celui où il y a l'argent d'un côté et la main d'œuvre de l'autre est un partenariat qui n'est pas sain, et cela donne pourtant l'impression d'être merveilleux! C'est pourquoi je dis que cette mentalité est masquée de façon très attrayante.

9. **Ce syndrome donne aux leaders d'église une mauvaise réputation.** J'en suis venu à la conclusion que si on crée une situation impossible, une situation de gestion où, par exemple, la boîte est confiée aux bons soins d'autres gens, et où les subventions sont retirées pour qu'ils n'arrivent pas à la gérer, ces gens ont alors l'air de gérants incompétents. J'ai décidé que cela n'est pas moral. C'est immoral comme un homme d'affaire qui est propriétaire de son entreprise et qui charge ses employées de faire quelque chose qu'il sait qu'ils ne peuvent pas le faire, et puis, les renvoie pour ne pas remplir ses tâches. Ça serait immoral. Les missionnaires qui ont construit la boîte ne la soutenaient pas avec des ressources locales, ils devaient avoir l'assistance de l'extérieur. Ils le rendent en s'attendant à quelque chose magique se passera, et quand les leaders locaux échouent, les missionnaires diront : « Donc, vous voyez ce qui se passe quand on nationalise? » Et je suis venu à la conclusion que c'est immoral de rendre à quelqu'un une tâche impossible et puis le reproche quand il échoue.

10. **C'est un risque de traiter ce problème.** Si on n'est pas prêt à se faire mettre des bâtons dans les roues, (pour utiliser une expression de l'ouest), si on n'est pas prêt à être critiqué, alors il vaut mieux

rester éloigné du problème de dépendance dans les églises établies par des missions.

Il y a deux raisons. La première est que cela pourrait détruire votre réputation. On commencera à dire de vous que vous êtes quelqu'un qui crée de l'agitation afin que les choses changent. Les gens qui provoquent du changement suivent une vision. Ils rassemblent des gens autour d'eux, et le changement se passe. Mais si les cœurs des gens ne sont pas prêts au changement, alors la personne qui veut que cela se passe sera persécutée, elle sera éventuellement contenue, elle sera critiquée et sa réputation sera détruite. Peut-être que c'était une personne qui n'appartient pas à son époque et elle ne pourra pas opérer. Mais ce n'est pas seulement sa réputation qui est en jeu. Dans certains cas son salaire est en jeu. L'homme d'Afrique de l'Est qui a dit à des gens en Écosse : « vous pouvez garder votre argent, » disait « Non, merci » à son propre salaire. Et je me suis souvent demandé ce qu'il se passe quand un homme comme ça rentre chez lui et dit à sa femme, « Ma chérie, je leur ai dit de garder l'argent qui venait pour payer notre salaire. Qu'est-ce que tu penses de ça? »

Vous voyez, l'idée que l'argent étranger sert à payer un salaire, (cette idée en soi ne me dérange pas), veut dire que si on met ce système à l'épreuve, on met aussi souvent à l'épreuve son propre salaire.

Je suis allé un jour parler à la femme de ce pasteur de l'Afrique de l'Est, et je lui ai demandé de me parler de la situation. Et elle m'a donné un témoignage merveilleux de comment Dieu a pourvu à tous leurs besoins, quand ils ont pris la décision de se diriger, par la foi, vers l'autosuffisance.

Eh bien, cette idée de réputation est une des raisons pour laquelle certains leaders d'église sont partis des églises établies par des missions, pour créer des églises indépendantes. Cela est une question qui va continuellement refaire surface dans le traitement de ce problème. Mais c'est risqué d'en parler parce qu'une fois qu'un chef d'église est persécuté par ceux qui sont au pouvoir, il trouvera peut-être que la seul chose à faire, afin de sauvegarder son respect de lui-même et sa propre intégrité, est de partir du système et d'aller ailleurs pour le faire tout seul. Et il y a des dizaines de milliers d'églises indépendantes africaines commencées par des personnes qui ont été converties dans des églises établies par des missions.

11. **Pour certains, le moment est venu de traiter de ce problème.** Je suis content d'avoir pu observer en Afrique du Sud une nouvelle vision missionnaire. Les églises sont en train de se rendre compte. C'est une bénédiction. Nous devons simplement faire confiance en Dieu qu'au cours de ce processus, ils n'apporteront pas le problème de dépendance aux endroits où ils vont. Malheureusement cela peut arriver et d'ailleurs, cela arrive parfois. Il y a des histoires qui confirment que ce nouvel enthousiasme missionnaire est en train de perpétuer le problème. Mais il y a aussi une prise de conscience qu'on ne peut pas continuer à faire ce qui a été fait auparavant, et c'est cela qui m'encourage.

C'est maintenant le moment. J'ai rencontré des leaders d'église africains qui, les uns après les autres, ont dit, « Oui, nous en avons assez de quémander de l'argent de l'étranger. » Et j'ai vu des leaders d'église organiser des longues séries de réunions pendant lesquelles on parle de cela, on parle de comment communiquer cette idée aux gens des églises, parce qu'ils savent instinctivement qu'une dépendance prolongée n'est pas bonne pour leurs églises. Dans les régions de gouvernement, on voit qu'en Ouganda par exemple, il y a eu un mouvement important vers l'autosuffisance. Si vous voulez lire quelque chose à propos de cela, il y a un livre qui s'appelle *Quel est le problème de l'Afrique?*, écrit par le Président de l'Ouganda, Président Museveni.

Et à beaucoup d'endroits dans son livre, il promeut l'autosuffisance en Ouganda. Son gouvernement n'est pas parfait, tout comme beaucoup des églises dont je parlais tout à l'heure. Mais il y a quelque chose à apprendre dans la mentalité qu'il promeut.

Le Président Chiluba en Zambie (1991-2002) a aussi promu l'autosuffisance. Cela a été difficile, cela a été très difficile, surtout pour les gens en marge de société, les gens qui n'avancent pas au même pas que le reste du pays, parce qu'ils essaient de trouver un sens réel à l'économie. Et la nation lutte, mais dans un sens, à moins que la nation ne s'attaque à la réalité du problème de la dépendance, les choses ne peuvent qu'aller de pire en pire. Et alors, voilà quelques-unes des régions où je pense que cela est en train de se passer aujourd'hui.

12. **C'est une bénédiction quand le problème est résolu.** Les sourires sur les visages des leaders d'église qui disent, « Oui, nous étions comme ça, mais nous ne le sommes plus. » Il y a quelque temps, j'ai rencontré un homme de Tanzanie qui était un membre de l'église luthérienne et il travaillait dans les chemins de fer. Il nous a raconté de manière enthousiaste comment ils ont construit leur propre bâtiment d'église, comment ils ont mis une clôture tout autour, dans leur région urbaine. Il a dit, « Nous venons de la terminer, et nous sommes en train d'y installer l'électricité, et elle est A NOUS. »

Un des directeurs de la Société de la Bible en Afrique a décidé d'utiliser de l'argent local pour faire imprimer la Bible dans son propre pays. Et quand elle a été terminée, il a dit, « ça été très difficile, mais nous y sommes arrivés, et c'est LA NOTRE! ». Et c'est ce genre de satisfaction que nous aimons voir se répandre.

Et permettez-moi pour finir que je dise quelques mots à propos de la bataille spirituelle dans laquelle nous sommes. Cette bataille se caractérise par le fait qu'elle est spirituelle. Nous ne devons pas sous-estimer cela.

QUESTIONS A DISCUTER
Chapitre 3

1. Selon votre estimation, jusqu'à quel degré est répandu le problème de dépendance dans les églises ?
2. Combien d'autres problèmes sont-ils liés au problème de la dépendance ?
3. Que peut-on faire pour faire face aux effets à long terme de la dépendance chez les personnes sans emploi ? les personnes pauvres ? les églises dépendantes ?
4. Etes-vous d'accord/n'êtes-vous pas d'accord avec le fait que ceux qui aident à perpétuer la dépendance circulent souvent dans un « habillement attirant » ?
5. Connaissez vous des leaders d'eglise qui sont vus comme de mauvais gestionnaires à cause des structures d'église qu'on ne peut pas gérer ?
6. « La richesse ou la pauvreté a peu de choses en commun avec l'autonomie ». Etes-vous d'accord, oui ou non ?

LECTURE SUGGEREE

Schwartz, Glenn J. *When Charity Destroys Dignity : Overcoming Unhealthy Dependency in the Christian Movement.* Lancaster, PA : World Mission Associates, 2007.

CHAPITRE 4

Qu'est-ce que les Églises Riches Doivent Faire avec Leur Argent

Permettez-moi d'expliquer ce que je veux dire par là. Les églises blanches d'Afrique du Sud sont confrontées à ce problème. Elles ont accès à plus de ressources pour servir Dieu que ce dont elles ont besoin. Certaines églises en Corée, par exemple, ont découvert qu'elles pouvaient avoir accès à l'argent qui servirait à subventionner leur travail missionnaire. Mais le danger est qu'elles se mettent à perpétuer la dépendance. C'est pour cela que de dire « églises de l'ouest » ne résout pas vraiment le problème d'interprétation du terme « riche », et dire « églises riches » a l'inconvénient de pouvoir être mal compris. J'espère néanmoins que vous vous rendrez compte que je parle ici de personnes qui veulent se servir de ce que Dieu leur a donné pour le bien d'autrui.

Ce qu'il faut se demander, c'est : comment cela peut être fait, sans créer des problèmes de dépendance ou perpétuer ce qui existe déjà?

La première question à laquelle nous devons essayer de répondre est, (pour tout ceux d'entre nous qui ont des ressources à donner), d'où est venu l'argent en question? Autrement dit, comment l'avons-nous acquis? Comment cela se fait-il que nous en avons tant que nous sommes prêts à en donner aux autres? Et voici, vous découvrez que parfois les chrétiens de l'ouest ont autant d'argent que cela parce qu'il ne l'ont pas acquis d'une manière juste. Autrement dit, quelqu'un, quelque part, n'a pas reçu un prix juste pour avoir produit la matière première utilisée ensuite par quelqu'un d'autre pour en faire quelque chose qu'il pouvait vendre.

Si vous retournez à l'exemple de ce livre écrit par le président Museveni de l'Ouganda, dont je vous ai déjà parlé, vous y trouverez une histoire intéressante à propos de la relation entre la vente de graine de café en Ouganda et l'achat d'équipement comme des tracteurs dans les pays de l'ouest pour l'Ouganda. Il fait la remarque qu'auparavant, cela était possible d'acheter un tracteur pour, disons, 3.000 sacs de graine de café. Mais la qualité de vie à l'ouest s'est améliorée. Le déséquilibre entre le Nord et le Sud augmente, et de nos jours cela coûte peut-être 5.000 sacs de graines de café (je ne me souviens plus des chiffres exacts). Un fermier ougandais doit travailler de plus en plus dur pour pouvoir acheter son tracteur parce que l'Ouest demande plus de sacs de grains pour le tracteur.

Il y a quelques années, en Zambie là où le déséquilibre était si grand entre un fut de pétrole et une tonne de cuivre, il fallait envoyer par bateau une quantité beaucoup plus grande de cuivre pour obtenir plus de pétrole. Donc les gens qui extraient le cuivre sont de moins en moins rémunérés parce que ceux qui vendent le pétrole demandent de plus en plus de cuivre. Et donc, malheureusement, ceux qui profitent de ce déséquilibre se retrouvent avec plus d'argent que ce dont ils ont besoin pour vivre. Et ils le redonnent ensuite sous forme d'œuvres de bienfaisance. Pensez à cela pour le moment.

Le substitut à l'économie de justice, (et je veux dire par là payer un prix raisonnable pour la matière première), veut dire que les gens bénéficient de telle manière qu'ils ont plus que ce dont ils ont besoin et ils redonnent en bienfaisance. Et malheureusement, la personne réceptrice à l'autre bout apparaît comme un bénéficiaire de bienfaisance au lieu d'être un bénéficiaire d'un prix raisonnable.

Ceci n'est pas une leçon à propos de la justice en économie, et je ne suis pas qualifié pour en parler, mais il y a des chrétiens économistes qui peuvent en parler, et il y a également beaucoup de choses que vous pouvez lire à ce propos. Ce que je dis c'est que c'est à chacun de nous d'examiner ce que nous gagnons et de se dire : « Est-ce que cela a été gagné justement? »

L'exemple le plus dramatique de cela est probablement en Afrique du Sud, où des chrétiens Sud-africains, des blancs, étaient payés quatre fois plus que leurs homologues noirs pour le même travail. Après avoir été payés, ils se rendaient compte qu'ils avaient beaucoup d'argent et ils le donnaient pour le soutien des pasteurs et des églises noires. Ces pasteurs étant donc soutenus par le supplément de ce qu'ils avaient gagné. Dieu merci qu'il y a un processus de nivellement en cours avec les nouveaux changements qui ont lieu en Afrique du Sud.

Ainsi, la première question qui se pose par rapport aux gens qui ont de l'argent est celle-ci : Comment l'avons-nous obtenu? Est-ce que c'était de façon juste? Est-ce que nous l'avons obtenu grâce à un taux d'intérêt exorbitant dans les marchés internationaux, est-ce que nous nous sommes enrichis au dépend d'autres, pour pouvoir ensuite donner un pourcentage de cet argent à ceux qui ont obtenu bien moins que nous?

Maintenant nous en venons à la question de ce que les chrétiens dans ces églises riches, (en Amérique, en Angleterre, en Allemagne, et dans d'autres parties d'Europe, en Asie, au Japon, par exemple, et en Corée), peuvent faire avec l'argent que Dieu leur a donné, sans créer ou perpétuer la dépendance.

1. **La première chose à faire serait de l'investir dans l'enseignement de l'évangile là où il n'a toujours pas été enseigné.**

   Il faut se rendre compte que dans beaucoup de parties d'Afrique où il y a des gens qui attendent toujours qu'on les aide, l'évangile a été enseigné depuis 100 ans ou 200 ans ou plus.

   Il y a quelque temps, j'ai eu le privilège d'être en Tanzanie de l'Ouest, et nous avons fait une conférence pas loin de l'endroit où David Livingstone a rencontré M. Stanley.

Eh bien, il y a 150 années l'évangile a été prêché dans cette région. Et quelques-uns des leaders de l'église confessent qu'après tout ce temps, nous sommes encore en train d'entendre qu'on nous envoie des missionnaires et de l'aide.

Maintenant, prêcher l'évangile où il n'a pas été prêché - où est-ce? Regardez la fenêtre 10/40 : une partie de l'Afrique du Nord, le Moyen Orient, l'Asie du sud-est et quelques parties de l'Asie de l'Est. Et les missiologues nous disent que 97% des gens qui vivent dans la fenêtre 10/40 attendent encore d'entendre l'évangile pour la première fois. Voyez quelles grosses sommes sont envoyées par les églises occidentales à des églises où l'évangile a été prêché il y a 100 ans ou même plus. Donc, la fenêtre 10/40, les gens attendent pour entendre l'évangile, est un investissement valable.

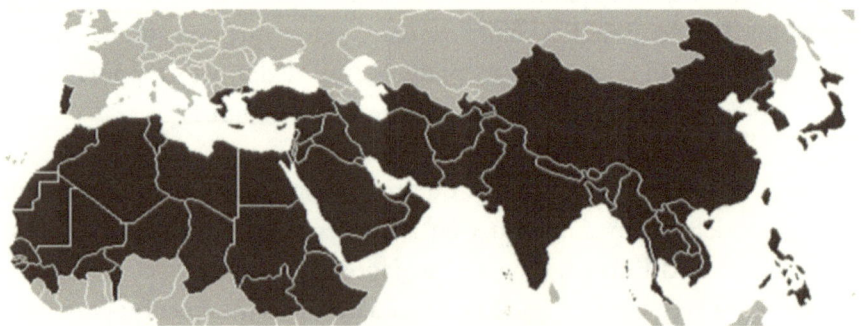

By Danthemankhan at English Wikipedia [Public domain],
via Wikimedia Commons

L'avertissement c'est que nous devons faire attention pour ne pas transporter de l'argent dans la fenêtre 10/40 pour commencer des églises qui deviendront dépendantes de cet argent. Il y a des évidences que cela arrive et c'est un fléau qu'il faut aussi éviter.

2. **Considérez comment pourvoir au soutien missionnaire entier pour les gens que Dieu appelle dans votre église.**

Vous savez ce qui se passe dans les régions comme l'Amérique du Nord et l'Angleterre. Dieu parle, les gens sont appelés au service votre soutien. » Et certaines personnes frustrées voyagent sur des milliers de kilomètres à la recherche d'églises qui vont les soutenir. Et bien qu'il y ait certains bénéfices à étendre sa base de prière si loin, il y a aussi des désavantages parce qu'on met tant de temps et d'effort pour lever son soutien. Et les églises qui ont les ressources pourraient soutenir un petit nombre de missionnaires avec un soutien complet plutôt que d'envoyer leurs propres membres en d'autres lieux.

Il y a quelques temps j'ai rencontré un missionnaire frustré qui est venu en Pennsylvanie où j'habitais. Et quelqu'un m'a dit : « Il vous faut le rencontrer. » Il était missionnaire dans une certaine localité, j'oublie le lieu, mais il a roulé en voiture depuis la Floride sur plus de 2000 Km pour parler dans une église en Pennsylvanie. Malheureusement, on n'était pas prêt à le recevoir, et on lui dit:« Nous vous avions dit de ne pas venir. N'avez-vous pas reçu notre lettre? » Il avait conduit sur cette longue distance pour prêcher dans cette église. Son rendez-vous suivant était à 2200 Km en Alabama. Je dis qu'une église locale pourrait soutenir ce missionnaire et lui épargner de courir à travers tout le pays s'ils ont tant d'argent.

3. Investissez dans la formation missionnaire transculturelle.

Vous rendez-vous compte que nous envoyons des missionnaires dont les cœurs sont au bon endroit. Ce sont des gens bien intentionnés. Ils peuvent avoir eu deux ou trois semaines de formation transculturelle dans un certain type de programme de candidat, mais ils n'ont pas une vraie formation transculturelle. Et nous les envoyons comme ça. Combien d'entre nous aimerait avoir un médecin bien intentionné dont le cœur est dans le métier, ou un chirurgien? Si le chirurgien pratiquait sur vous une opération, et que sa seule caractéristique était d'être un gentilhomme dont le cœur est au métier, avant qu'il n'ait fini de faire votre opération peut-être votre cœur ne serait pas au bon endroit.

Mais c'est ainsi que nous regardons les choses concernant les missionnaires. Nous pensons que la sincérité suffit pour nous faire passer par les expériences transculturelles vers les jours à venir, mais cela n'est pas exact. Donc une des choses que les églises peuvent faire est d'exiger une ou deux années au moins d'expérience transculturelle pour les gens qu'elles envoient. C'est un investissement valable.

Est-ce que vous savez que la dette de l'université ou du séminaire est l'une des choses qui empêchent les gens de devenir missionnaire? Ils se retrouvent avec tant de dettes qu'ils doivent travailler pour la payer et ils ne peuvent pas partir dans le champ missionnaire parce qu'ils ne peuvent pas payer leurs dettes. Avant qu'ils n'aient fini de payer la dette, ils sont trop âgés pour être acceptés par les sociétés missionnaires. Les églises locales peuvent concevoir un plan de formation pour des gens comme eux pour les aider dans le processus de leurs formations.

4. **Investissez dans les efforts de mobilisation**

Prenez par exemple le travail que je fais avec les églises en Afrique. En quoi se justifient mes aller et retour en Afrique de l'Est, du Centre et du Sud où l'évangile a été prêché depuis 200 ans en certains lieux? N'est-ce pas que mon effort est pour mobiliser le géant qui dort et qu'on appelle l'Église en Afrique, pour qu'il voie le privilège de sa responsabilité de porter la bonne nouvelle de l'évangile à la fenêtre 10/40 où il n'a pas été prêché? C'est là un effort de mobilisation.

C'est le genre de chose dans lequel il vaut la peine d'investir partout où il y a des chrétiens qui dorment, pour les réveiller ou les motiver pour faire du royaume de Dieu leur plus haute priorité.

Donc la mobilisation est l'un de ces lieux valables d'investissement.

5. **Vous pouvez investor dans des ministères qui n'ont pas une structure communautaire naturelle.**

Quand je dis cela, je me réfère à des choses telles que la radio diffusion, etc. L'alternative est d'investir son argent dans des églises qui doivent avoir leurs propres structures communautaires locales. Vous voyez, le problème de la dépendance est créé et perpétué dans les endroits où l'argent va détruire la libéralité locale. Et il s'agit d'une église qui doit donner pour se soutenir elle-même ainsi que son effort d'évangélisation et ses propres ministères. Nous le verrons plus tard quand nous parlerons des caractéristiques des églises indépendantes et autochtones.

Lorsqu'on investit de l'argent dans cette communauté naturelle, il détruit l'initiative de cette communauté, ou des croyants de ce groupe, à se soutenir eux-mêmes. Donc je suggère qu'au lieu de faire cela, on peut investir dans des organisations de campus, dans la diffusion radiophonique et des choses qui n'ont pas une communauté naturelle à l'exemple de église.

6. **Nous pouvons aider les réfugiés.**

Savez-vous qu'aujourd'hui il y a plus de réfugiés dans le monde qu'à une quelconque autre époque de l'histoire. Et ils ont besoin d'être aidés. Cependant, je veux vous rappeler qu'il y a deux manières d'aider les réfugiés.

Même les réfugiés ont un sens de dignité qu'il faut préserver. Et si on leur donne sans discernement sans attendre quelque chose en retour, nous allons soit créer le problème de dépendance soit le perpétuer.

Jésus a été très clair : nous devons aider les nécessiteux, nous devons aider les prisonniers, nous devons aider les pauvres, les veuves et les orphelins. C'est là la vraie religion. Mais je maintiens que même au milieu des difficultés, la dignité et l'intégrité de l'individu doivent être considérées comme prioritaire. Il y a quelques années j'ai lu guerres, la période de la guerre chez eux. Il ne s'agit pas de la guerre du Vietnam, mais avant celle-là, dans les années 1940 et 1950. Il y a eu une dévastation de la propriété de l'église, et les maisons ont été détruites. Les maisons des pasteurs ont été détruites. Et lorsque la guerre a été terminée, les missionnaires sont venus en hâte et ont tenté d'aider. Et les leaders locaux des églises ont dit : « Nous vous prions de ne pas nous aider. C'est notre privilège de reconstruire les maisons de nos propres pasteurs. » Ainsi, même au milieu de la dévastation, il est important d'essayer de préserver la dignité de ceux qui souffrent déjà pour d'autres raisons.

Les agents de développements nous diront qu'il y a un moyen d'imposer un prix social même pour la nourriture qui est distribuée, peut-être juste 10% de son prix, mais quelque chose quand même de telle sorte que ceux qui reçoivent peuvent contribuer pour qu'on ne leur donne pas le sentiment qu'ils sont totalement incapable de s'aider eux-mêmes.

7. **Investissez dans les programmes de santé préventive.**

Ici encore la médecine occidentale s'est jetée dans le piège de faire essentiellement la médecine curative. Dieu merci il y a maintenant un mouvement vers la médecine préventive, mais voilà quelque chose dans laquelle les églises peuvent s'impliquer. Je n'ai pas le temps de me tendre là-dessus maintenant mais il y a des manières de le faire en Afrique où l'utilisation de la narration promeut la médecine préventive de sorte que le nombre de gens qui viennent pour des soins urgents par exemple diminue à cause de l'éducation qui est faite dans l'environnement. Voici quelque chose de valable dans laquelle on peut investir.

Nous devons prendre conscience de ce que nous pouvons faire pour réduire les genres de maladies qui amènent les gens aux hôpitaux. Nous devons nous garder de faire pour les gens ce qu'ils peuvent faire pour eux-mêmes. Et dans ce cas même dans le domaine peuvent faire quelque chose pour s'aider eux-mêmes, ils doivent être encouragés à le faire.

8. **Investir pour briser la dépendance au lieu de la créer**.

Qu'est-ce qu'on veut dire par là? Il s'agit des projets d'emploi, les initiatives de création d'emploi, les prêts de fonds de roulement, les programmes d'alphabétisation. Voici les genres de programmes qui aident les gens à tenir debout eux-mêmes et faire quelque chose pour eux-mêmes ce qui leur rapporte un mérite personnel et les fait avancer au-delà de leur état de dépendance.

Quand vous regardez la scène économique globale, vous vous rendez compte que la banque mondiale, le FMI etc. font leurs plus grandes contributions quand ils aident un pays à établir une infrastructure – par exemple des routes, l'adduction, la fourniture de l'électricité – et quand ils font cela, la création d'emploi s'en suit. Cela est tellement préférable aux aides alimentaires gratuites et d'autres choses pour aider les gens qui vivent dans la dépendance parce que cela crée une infrastructure qui profite à la nation de manière à ne pas nécessairement perpétuer la dépendance. C'est un domaine complexe. Mais voyez dans le monde là où l'infrastructure est construite et les gens en ont profité sans devenir des indigents, sans devenir dépendants et sans créer la dépendance à long terme.

C'est là un domaine très difficile parce que certains des ajustements exigés par le FMI, la Banque Mondiale et d'autres institutions sont très difficiles à gérer par les pays; et c'est un domaine très controversé. Et je ne dis pas que c'est la réponse à tous les problèmes, mais ce que je dis c'est que cela peut être fait de la manière correcte et que cela va aider à briser le problème de la dépendance au lieu de le perpétuer.

9. **Ne faites jamais pour les autres ce qu'ils peuvent faire pour eux-mêmes.** Éviter la dépendance comme un fléau parce que c'est exactement ce que c'est.

10. **N'oubliez pas l'effort d'évangélisation dans votre proper communauté.**

Une des choses qui sont à la base de ce mouvement au début des années 1970 en Afrique de l'Est, c'était que les leaders d'églises (en Afrique) disaient : « Vous voyez, les gens d'outre-mer nous envoient de l'argent. Avec un esprit de sacrifice ils mettent 5 ou 10 dollars ou 5 ou 10 Livres dans le panier des offrandes pour nous les envoyer ici en Afrique et ils disent qu'ils ont fait l'œuvre de Dieu. Et leurs voisins dans le quartier ne connaissent pas l'évangile. » Donc ils disent que nous avons besoin d'un certain temps pendant lequel chacun examine comment il fait la mission. Nous avons besoin ici en Afrique de voir comment nous faisons le travail de l'église, et les gens d'outre-mer ont besoin de voir comment ils le font. Et ils ne doivent pas abandonner les gens dans leurs propres rues pour donner des offrandes en pensant qu'ils ont fait l'œuvre de Dieu.

Permettez-moi maintenant de mentionner quelques points auxquels je pense nous devons prêter attention:

Evitez ces choses chaque fois que c'est possible.

1. Nous devons éviter le programme de parrainage d'enfants là où il y a des familles étendue, intacte pour faire cela. Permettez-moi de le dire de cette manière. Dieu dans sa providence a ordonné les familles étendues pour s'occuper des enfants, pour s'occuper des infirmes, des personnes âgées, des veuves, des orphelins, des chômeurs, etc. Si le parrainage des enfants est administré dans un endroit où la famille étendue doit faire ces choses, cela peut créer un problème. Cela commence à créer la mentalité de dépendance.

   J'ai parlé avec quelqu'un qui était impliqué dans un programme de parrainage d'enfants en Afrique australe il y a quelques temps, et il m'a dit : « Est-ce que vous vous rendez compte que tout ce que nous sommes en train de faire ici, c'est ce que les familles devraient faire pour leurs propres enfants? Mais c'est l'une des voies par lesquelles nous pouvons gagner de l'argent de l'Amérique du Nord parce que nous pouvons lancer un appel aux gens pour parrainer cet enfant et nous les enregistrons pour dix dollars ou vingt dollar par mois. » Alors à l'autre bout il se peut que nous soyons – pas toujours – en train de ronger la fondation que Dieu à mise en place pour la famille étendue pour qu'elle s'occupe de ses propres gens. Je ne condamne pas le parrainage d'enfant parce que Jésus nous a dit de nous occuper des pauvres. Mais quand il y a des gens quelque part qui sont simplement dépendants et non pas pauvres, le parrainage d'enfant peut être une de ses choses que nous devons éviter.

2. N'envoyez pas de l'argent à des leaders d'églises individuels, parce que ce leader d'église individuel va recevoir cet argent pour lui, et les membres de son église ne savent pas combien il a reçu. Ceci est démotivant quand les gens dans l'église soupçonnent que l'argent vient de l'extérieur et ils ne savent pas combien, alors ils ne vont pas donner les offrandes parce qu'ils voient le véhicule qu'il conduit ou bien ils voient que les frais scolaires de ses enfants sont payés. Ils voient les beaux vêtements qu'il porte et ils dissent : « Il est évident qu'il n'a pas besoin de mon argent, » donc je dirais qu'il faut être très, très prudent dans l'envoi de l'argent à des leaders individus d'églises.

3. Ne subventionnez pas de la littérature, cela réduit sa valeur aux yeux de celui qui l'achète. Ceci est en rapport avec les bibles, avec la littérature chrétienne. Il y a quelque temps, quelqu'un qui devenait conscient du problème de la dépendance a dit, « Mais notre ministère tout entier est de distribuer la littérature » et ils renforcent l'idée que les gens sont trop pauvres pour l'acheter. Alors nous la donnons gratuitement, et le problème de la dépendance s'accroît et se perpétue.

4. Faites attention à l'octroie de bourse à des gens pour être formés en dehors de leurs contextes culturels. Il y a tant de gens qui ont été formés en dehors de leurs contextes culturels et ils ont trouvé impossible de revenir et servir parmi leurs propres peuples. C'est bien une des choses à éviter.

5. Évitez de construire des Églises pour les gens qui peuvent les construire eux-mêmes. La construction d'église est l'un des plus grands domaines sujets à des abus dans tout le syndrome de la dépendance. Il y a quelque temps j'ai fait un séminaire en Israël, et il y avait un missionnaire américain assis au fond de la salle. Et il a dit : « Je sais ce dont tu parles. Il y a quelque temps, nous avons pris 36 jeunes d'Amérique du Nord pour aller en Guyane en Amérique du Sud, et nous avons construit une église et l'avons remise aux gens. Nous avons tenu une cérémonie et nous leur avons donné et nous sommes retournés chez nous. Deux ans plus tard, nous avons reçu une lettre qui nous disait : 'Chers amis, le toit de votre église coule s'il vous plait, venez la réparer.' »

Il y a quelque temps à Capetown, je faisais un séminaire et un homme s'est levé et il a dit : « Je sais ce dont tu parles. Nous sommes allé en Namibie et nous y avons construit une église. Nous l'avons donnée aux gens. Pour faire cela, nous avons pris de l'argent et des gens de Capetown. Nous avons fait le travail, et nous avons remis église aux gens. Et après que nous avons quitté, ils ont diffusé l'église en quatre parties et quatre familles y ont déménagé et l'ont utilisées comme résidence. »

Et j'ai posé la question : « Si les gens de cette localité avaient construit ce bâtiment avec leurs propres mains et leurs propres argent, est-ce que vous pensez qu'il est probable qu'on l'aurait cloisonné et l'utilisé comme résidence pour des familles? » Pas du tout.

Les constructions d'églises, souvenez-vous de ce principe : Les gens peuvent se construire une église égale aux maisons qu'ils habitent. S'ils vivent dans une maison faite de briques séchées au soleil et de toit de paille, ils peuvent se construire une église de briques séchées au soleil avec un toit de paille. S'ils vivent dans une maison de briques de terre cuite avec un toit de tôle, ils peuvent construire une église avec des briques de terre cuite et un toit en tôle. S'ils vivent dans une maison climatisée au plancher tapissé, ils peuvent probablement avoir une église semblable – devraient-ils le faire, c'est une autre question – mais ils ont les moyens de la payer.

Le problème que les occidentaux ont c'est que nous regardons les gens qui sont dans ces maisons et nous disons : « Vous ne devriez pas adorer dans une église qui est comme votre maison »-et alors le problème de la dépendance commence et se perpétue.

6. Évitez les projets miroitants comme des antennes de télévision par satellite. Il y a quelque temps j'ai entendu parlé d'un Évêque auquel on a donné une antenne de télévision par satellite – c'est incongru pour sa communauté.

7. Faites attentions aux projets d'aides alimentaires qui peuvent faire chuter les prix. Il y a quelques années en Afrique de l'Ouest, un chargement d'aides alimentaires est arrivé en même temps qu'une récolte local de 110 % et le produit local a chuté de 90% à cause de la présence de l'aide alimentaire. Les fermiers ont levé les mains et ont dit : « Nous ne pouvons pas cultivez l'an prochain si nous gagnons seulement 10% sur la valeur de notre production. »

Alors quel est le défi? Je vous le rappelle. Le défi est d'éviter que l'amour de l'argent, qui est la racine de tous maux, ne ressemble pas à la bonne nouvelle de l'évangile parce que ce n'est pas ainsi que l'évangile doit être prêché jusqu'au bout du monde.

QUESTIONS A DISCUTER
Chapitre 4

1. Quelle partie est-ce que l'économie mondiale joue dans la dépendance du tiers monde ?
2. « Les standards de vie occidentaux sont un luxe que le tiers monde ne peut pas se permettre ». Discutez si toutefois vous êtes d'accord ou pas.
3. Connaissez-vous personnellement des missionnaires qui servent présentement dans la fenêtre 10/40 ? Donnez leurs noms si vous pouvez.

4. Quelle importance donnez-vous à la formation transculturelle pour les occidentaux ou d'autres missionnaires ? Les missionnaires du tiers monde ont-ils besoin de la formation transculturelle ?
5. Discutez sur la relation qui existe entre les approches préventives et curatives des soins médicaux.
6. Quand est-ce que le partenariat a une caractéristique malsaine ?
7. Etes-vous d'accord que les « gens peuvent avoir des églises qui correspondent aux maisons dans lesquelles ils habitent » ? Faites une discussion sur les implications.
8. Qui a donné l'argent pour la construction de l'édifice de l'église dans lequel vous faites le culte ? D'où vient l'argent pour les salaires dans votre église ?
9. Discutez sur les implications d'avoir des employés professionnels payés dans votre église.
10. Etes-vous d'accord que les évangélistes « nationaux » peuvent être soutenus par l'extérieur parce qu'ils reviennent moins chers que les missionnaires occidentaux ?

LECTURE SUGGEREE

Allen, Roland. *Missionary Methods : St Paul's or Ours?* London : World Dominion Press, 1960.

Bonk, Jonathan J. *Missions and Money : Affluence as a Western Missionary Problem*. MaryKnoll, NY : Orbis Books, 1991.

Wagner, C. Peter, et al, eds. *Praying Through the 100 Gateway Cites of the 10/40 Window*. Seattle : Y WAM Publishing, 1995.

Stearns, Bill and Amy. *Catch the Vision 2000*. Minneapolis. Bethany House Publishers, 1991.

Il y a aussi d'autres informations produites par le mouvement de AD 2000 and Beyond.

CHAPITRE 5

Développement Historique du Syndrome de la Dépendance

D ans la leçon 5, nous aimerions jeter un regard rétrospectif sur la façon dont le syndrome de dépendance s'est développé et nous l'avons appeléle développement historique du syndrome de la dépendance.

C'est intéressant de refléchir sur ce problème, qui a causé beaucoup d'inquiétudes pendant le vingtième siècle en Afrique. Il y avait des gens bien avant ce siècle qui en savaient sur ce problème et s'étaient prononcés dessus. Je vais mentionner en premier lieu la naissance de ce qu'on appelle les trois principes d'autonomie.

Les trois principes d'autonomie, beaucoup d'entre vous le connaissent : l'Église devait s'auto supporter, s'auto gouverner, et s'auto propager. Ces principes sont venus du 19ème siècle où les missiologues du nom de Henry Venn, et Rufus Anderson et John Nevius ont développé ce concept d'églises indigènes sur la base de ces trois autonomies.

Aujourd'hui, il y a une église en Chine appelée le Mouvement Patriotique trois fois autonome qui est en rapport avec ceci et l'un de leurs caractéristiques est qu'ils rejettent toute intervention extérieure dans leurs affaires.

Maintenant, beaucoup de missiologues pensent aujourd'hui que le principe de la triple autonomie est trop simpliste et qu'une église n'est pas nécessairement indigène bien qu'elle puise s'auto supporter, se gouverner et se propager et si vous êtes intéressés à suivre cela, je mentionnerai cela un autre moment. Il y a un livre appelé *Lecture et Indigénéité Dynamique* édité par Charles Kraft dans lequel est exposé le problème de la triple autonomie, est exposé plutôt sévèrement. L'un des meilleurs articles qui le constitue, est de Hans Kasdorf, qui en montre le développement et aussi pourquoi cela préoccupe les missiologues d'aujourd'hui. Certains le rejettent d'emblée, d'autres missiologues le rejettent comme étant tout simplement trop simpliste mais le point, c'est que depuis le siècle passé, les gens étaient conscients du besoin pour les églises de se tenir debout elles-mêmes, quelque soit ce que vous pensez du principe de la triple autonomie.

Une conclusion à laquelle vous pourriez parvenir est que les églises bien portantes ne sont pas des églises dépendantes. Alors si les trois autonomies s'appliquent et la mesure à laquelle ils s'appliquent, importe à cette mesure une église devrait présenter une santé qui lui est propre en terme de sa propre image et de celle de sa communauté.

Donc nous avons ici un concept qui était connu qui était développé, qui était débattu, sur lequel les gens avaient écrit comme le livre que j'ai déjà mentionner, le livre de Robert Speer. Il y a dans ce livre beaucoup de choses sur l'importance pour l'église de se tenir debout. Cependant, pendant presque tout le vingtième siècle, beaucoup d'églises en Afrique ne savent malheureusement pas le sens de s'auto supporter ou de s'auto gouverner, ou de s'auto propager. Surtout ce dernier point parce qu'elles n'en ont pas les moyens.

Donc, ici nous avons un concept qui n'est pas nouveau. Vous pouvez vous poser la question : Pourquoi aujourd'hui les missionnaires ont systématiquement évité même d'avoir cela comme leur priorité, ou, s'ils l'ont en priorité c'est seulement dans le langage et non dans la pratique? C'est une question intéressante à méditer et je ne voudrais pas l'approfondir à ce point.

Une autre personne qui écrivait sur ce sujet était un homme du nom de Roland Allen. Roland Allen a contribué à deux livres, *Méthodes Missionnaires : Celles de St. Paul ou les Nôtres?*

Quelqu'un a une fois dit : «Méthodes missionnaires? Celles de Roland Allen ou les nôtres». C'est une analyse sévère de la façon traditionnelle dont le travail missionnaire est fait et si quelqu'un veut une introduction profonde concernant les réserves sur l'utilisation de l'argent et l'implantation d'églises, alors ils devraient parcourir *Missionary Methods : St. Paul's or Ours?*, de Roland Allen. Un second livre qu'il a écrit est appelé *The Spontaneous Expansion of the Church* (*Expansion Spontanée de l'Église*), et vous pouvez voir, en fait, qu'il parle de la manière dont l'église s'accroît, comment elle va de l'introduction de l'évangile jusqu'a sa propre croissance et son extension et ainsi de suite. Quelque chose de très intéressant à la page 19 dans ce livre dit « mille millier (parlant des missionnaires) ne suffirait pas et une douzaine pourrait être trop ». Ce n'est pas la prolifération du nombre de missionnaires qui produit les églises les plus saines et les églises qui accroissent convenablement, cela a été maintenant prouvé dans ces dernières années.

Par exemple vers 1970 une étude a été faite sur l'Amérique latine intitulée:

« La croissance de l'église latino-américaine » et une des conclusions à laquelle les trois auteurs sont parvenus - Reid, Monterosso et Johnson - était que l'église grandissait mieux ou plus spectaculairement là où il y avait moins de missionnaires, et donc Roland Allen évoque le fait qu'un millier de missionnaires pourraient être incapable de faire le travail et une douzaine pourrait être trop nombreux.

L'histoire la plus récente que j'ai apprise sur ce fait était au Mozambique du Nord. C'était que, lorsque les missionnaires ont été forcés de quitter le pays, l'église s'est réveillée. Nous savons tous, qu'au tout début des années1950, lorsque tous les missionnaires occidentaux ont été forcés de quitter la Chine, ils avaient laissé après eux un million de fidèles et voici que quarante ans au plus tard, nous regardons et trouvons que l'église s'est agrandie d'un million jusqu'a 50 ou plus, 50 millions de fidèles sans la moindre présence de missionnaires occidentaux.

Alors, cela veut-il dire qu'on n'a pas besoin de missionnaires? Il n'en est pas ainsi assurément. On a besoin des missionnaires! Ils ont besoin d'aller et de faire ce que Dieu veut qu'ils fassent (ce que Dieu leur demande), et puis avec l'aide de Dieu, se déplacer ailleurs. Vous vous rendez compte que quelqu'un a observé que les plus grands problèmes de l'apôtre Paul, comme on le voit dans ses lettres aux églises dans le Nouveau Testament étaient là où il est resté les plus longtemps.

Donc, quand ces missionnaires se sont solidement implantées en grands nombres, établissant des grandes stations missionnaires, les gens deviennent dépendants de ces stations, ils deviennent dépendants de ces missionnaires, ils deviennent dépendants de leur argent et les missionnaires ne voient pas comment bouger. Plus tard nous dirons comment une telle mission ressemble à un échafaudage utilisé pour établir un immeuble qu'on ne peut pas démolir. J'en parlerai plus tard. Mais comme le dit Roland, ce que 1000 missionnaires n'ont pu faire le travail, et une douzaine pourrait être trop nombreux.

J'ai déjà parlé de l'Évêque Tucker, une personne qui savait, en 1901 qu'on pouvaient commencer des Églises, former des évangélistes, ordonner le clergé, (sans argent de l'extérieur) et je lirai encore cette déclaration pour vous rafraîchir la mémoire de ce qu'il a dit : « En 1901 en Ouganda nous avions 2,000 évangélistes, 27 clergés décrétés, quelque 700 écoles et églises et pas un franc de l'argent des Anglais n'est utilisé pour supporter quoique ce soit ». Une leçon qu'il avait apprise de lui-même et par son église d'alors.

Un autre exemple de l'histoire, d'une personne qui a comprit cela était le missionnaire J. O. Fraser et si vous voulez lire son histoire, c'est dans un livre appelé « Behind the Ranges ». Il a servi parmi le peuple Lisu et Fraser a su instinctivement qu'il ne devrait pas utiliser de l'argent pour attirer ces gens au christianisme. Il n'a pas payé les gens qui ont porté ses bagages comme il escaladait les montagnes car il dit : « Ces gens ne sont pas mercenaires dans leurs cœurs et je ne veux pas les enseigner à être mercenaire, pour qu'ils s'attendent à être rétribués pour ce qu'ils ont fait ». Puis, il leur dit que s'ils veulent un cantique ou un cahier ou un crayon, ils devraient l'acheter, car il était déterminé à ne pas laisser l'argent devenir la bonne nouvelle qui accompagnait l'évangile. Une leçon très importante. En fait, nous mettons tout cela dans le mélange de la période coloniale de l'histoire. Et en ce qui concerne l'Afrique du Sud, nous devons regarder la venue du peuple blanc en Afrique du Sud, c'est une période de 300 ans. Mais voyons la mentalité du colonialisme venu dans cette région, une partie du développement historique du syndrome de la dépendance.

Un groupe de missionnaire est arrivé en Afrique en 1897. Ils sont arrivé à Capetown. Ils étaient américains. Ils sont partis chez Cecil John Rodes, qui était le chef de la compagnie britannique Sud-africaine à cette époque. Il était responsable du territoire en Afrique Centrale et le développement de la Rhodésie, venu de son nom *Rhodes* comme on le savait déjà. Et ils ont demandé à Rhodes un lieu où faire un travail missionnaire et cela les a pris 6 mois pour avoir un rendez-vous avec lui apparemment. Et finalement, ils ont pu le voir et lui ont demandé si il y avait un lieu en Afrique centrale où ils pouvaient faire un travail missionnaire. Et alors Rhodes a appelé son conseiller et lui dit : « Donnez à ces missionnaires 1.500 hectares de terrain dans les collines de Matapo car un missionnaire vaut mieux que 300 policiers quand il s'agit de maîtriser les autochtones.

Aussi incroyable que cette déclaration semble, et aussi affreuse qu'il le soit pour certains d'entre nous de l'entendre, elle me donne des frissons en la répétant tout simplement. Je dois vous dire en toute honnêteté que des missionnaires ont fièrement répété cette déclaration à travers l'histoire. Ils l'ont citée dans les églises pendant leurs congés en Amérique du Nord. Parce qu'ils estiment que Rhodes dit qu'un missionnaire vaut 300 policiers lorsqu'il s'agit de maîtriser les autochtones.

Je peux voir Cecil John Rhodes dire cela, mais je ne peux pas voir les missionnaires fiers de ça. Les 1.500 hectares ont étés accordés, et ils sont là-bas aujourd'hui faisant partie de la grande boîte. C'est une réalité.

Ian Smith, des années plus récentes comme beaucoup d'entre vous le savent, chef du gouvernement de la minorité blanche en Zimbabwe, a apporté sa contribution en disant : « En 1000 ans (ou c'est une centaine, je ne suis pas sûr) ces gens ne pourront jamais diriger leur propre gouvernement. » Il parlait, au temps de sa génération, dans les années 1960, de ce qui était l'esprit colonial. Il s'agissait de former un gouvernement d'une minorité qui dirigerait le territoire - peut-être pour toujours - car les gens étaient incapables de le faire eux-mêmes.

Probablement, la plus grande stratégie de notre époque et la forme la plus distinctive du colonialisme que notre génération a vu était *le système de l'apartheid en Afrique du Sud*. Au début, il n'était pas aussi défini comme il est devenu, mais au milieu de ce siècle - vers 1948 - dans cette région, il était formellement accepté comme étant la politique du gouvernement Sud Africain. C'était l'entreprise de la part des étrangers, les Européens qui sont venus là-bas établir un gouvernement et maintenir la suprématie blanche, ou le gouvernement de la minorité blanche sur la base de la politique de gouvernement. La tragédie du système d'apartheid était qu'il avait le soutien de l'église de cette localité. Il n'a pas eu le soutien de toutes les églises, mais il a eu le soutien de l'église et beaucoup de fois, lorsque le gouvernement voulait défendre ce qu'il faisait, il faisait recours aux théologiens. Les théologiens leur montraient dans la Bible que ce qu'il faisait était juste, que les noirs étaient maudits et qu'un mandat était donné au Européens blancs d'aller et de soumettre le monde et de le conduire sous le royaume de Dieu. Ce n'était pas entièrement différent du destin manifeste en Amérique du Nord où les gens avaient le désir d'apporter cet hémisphère, Amérique du Nord et Sud sous le règne de Dieu et d'amener les indigènes sous le règne de Dieu. Le destin manifeste est devenu un plan décrété par Dieu d'amener les gens à la soumission.

Et bien, cela est une partie de l'histoire du développement du colonialisme, c'est une partie de ce dont nous faisons face aujourd'hui. Quel a été le résultat de l'apartheid? Quel est l'héritage qu'il a donné à l'Afrique du Sud? Permettez-moi de vous dire ce qui m'est arrivé.

Je faisais ces séminaires en Afrique Orientale, Centrale et Australe, durant les 5 dernières années et j'ai fait la plupart de ces séminaires en Afrique du Sud. La plupart de ces séminaires que j'ai conduits étaient en Afrique du Sud. Mais un jour, j'ai reçu une lettre d'un pasteur non blanc en Afrique du Sud et il m'a écrit cette lettre : « Glenn, vous devez ajouter une autre partie à votre sermon, » il a dit. « Vous avez trois bons points, mais vous avez besoin d'un quatrième» et je ne savais pas de quel sermon il parlait parce que je ne suis pas spécialisé dans un sermon à trois points. Mais de toute façon, il dit : « Ce que vous ne dites pas, ce sont les effets de l'apartheid à long terme sur la mentalité de ceux d'entre nous qui ne sont pas blancs en Afrique du Sud». Il a dit : « On nous dit pendant 300 ans de ne pas penser, que nous n'avions pas à penser, que quelqu'un d'autre le ferait pour nous. Nous devrons seulement écouter, obéir, travailler et quelqu'un d'autre devait penser. Maintenant, » continue-t-il, « l'apartheid est en train d'être enlevé comme la politique officielle et nous avons la liberté de penser, mais nous ne savons pas comment penser ». Et il dit encore : « Certains de mes amis et moi, nous avons rompu ce syndrome pour nous-mêmes - et nous sommes devenus heureux mais beaucoup de nos compatriotes vivent encore avec cette mentalité selon laquelle ils ne doivent pas penser, quelqu'un d'autre le ferait pour eux, cela est l'un des legs de l'apartheid ». Maintenant, continuons.

Dans les années 1940, comme le colonialisme était en train de se développer, l'église se développait aussi parallèlement. Et les missionnaires se développaient aussi. Il y a eu un mouvement missionnaire dans notre partie d'Afrique Centrale, particulièrement là ou je vivais et servaits en Zimbabwe et Zambie. Il y a eu une poussée en direction de meilleures attitudes d'agir, plus d'argent, plus de gens, plus d'institutions. Vous vous rendez compte que pendant les premières années du mouvement missionnaire dans cette partie de l'Afrique, le missionnaire se promenait à pied, ou à vélo et il devait quitter son domicile et aller passer une journée à rendre visite dans ce village et y passer la nuit. Et puis, il devait passer la nuit dans un autre village, et y passer une autre journée, et en fin de semaine, il rentrait à la maison.

Mais la période dont je vous parle, coïncide avec la venue de la voiture. Et la voiture a permis d'aller passer la journée et de revenir à la maison et sortir le lendemain, et revenir à la maison. Donc, une distance commençait à s'installer entre les gens qui apportaient l'évangile au village et ceux qui le recevaient. Les gens du village ne les voyaient plus manger et passer la nuit. Et comme quelqu'un le dit qu'ils ne les voyaient même plus aller à la toilette, parce qu'il n'y avait aucune possibilité de voir cela, tout était fait chez eux à l'intérieur de la maison. Donc, cet intervalle s'élargissait de plus en plus. Et comme cet intervalle est devenu plus large, le lieu ou les missionnaires habitaient est devenu de plus en plus large, et après un moment, les gens commençait à venir au lieu que les missionnaires sortent. Donc, vous avez cette transition des missionnaires qui sortaient, se déplaçaient et dormaient et mangeaient et priaient et prêchaient aux autres. Les gens rentraient, venaient à la mission pour l'église, venaient à la librairie, à l'école, acheter des choses au champ de mission ainsi de suite. Le missionnaire, dans cette transition est devenu un lieu de service ou les gens viennent au lieu que le missionnaire sorte.

Si vous êtes intéressés à lire sur la place de la voiture, le petit livre d'Adrien Hastings qui a écrit sur le Zaïre, raconte la venue de la voiture comme étant la transition, il la décrit. Et donc, si vous pouvez, procurez ce petit livre de Adrien Hastings, qui s'appelle *Church and Mission in Modern Africa*.

L'étape de la consolidation était alors quand ceci venait unanimement de la mission. Maintenant il est temps de construire des écoles, des pensionnats, les construire plus spacieuses, commencer l'école secondaire, ainsi de suite. La boîte qui agrandissait à cette période, est en train de prendre du poids. Puis c'était l'étape de le faire et il y a eu une prise de conscience dans les années 50 et 60, peut-être, de construire la boîte plus large, et plus large n'est pas la solution, alors les missionnaires ont commencé à réfléchir. Oh! Comment allons transférer cette chose et comment allons réduire le support et comment pouvons-nous retourner le leadership et le personnel aux leaders indigenes? Et dans les années 50 et 60, vous avez des gens qui venaient avec des projets. Et l'un des projets les plus en vogue pour le faire était le plan de réduction en 10 ans. Dans lequel la subvention est très lourde, 100% venait de l'extérieur, mais l'année suivante seulement 90% arrivera et l'église locale fournira les 10%. Puis 80% l'année suivante et 20%, puis 70% et ensuite 30 ainsi de suite et donc, on pensait que la possession serait éventuellement transférée et les autochtones seraient à100% en charge. Et ils payeront leurs propres factures au terme des 10 ans. C'est une forme de gradualisme en résolvant le problème dont nous parlons.

Il y a peu d'exemples que nous connaissons, où cela a marché. Je connais un lieu où on avait commencé un plan en 1962 et en 1990, ce plan de 10 ans continuait encore.

Pourquoi ce gradualisme n'a-t-il pas fonctionné? Pourquoi le transfert n'a-t-il pas eu lieu? Parce que la propriété ne se transfert pas nécessairement. Je l'ai souligné avant, que dans un tel projet où les missionnaires disent qu'ils vont supprimer les 10% de soutien, c'est des gens honorables et ils le feront, ils respecteront leurs promesses. Et s'ils vont supprimer le soutien de 10% d'alors, ils le feront. Il n'y a pas de garantie que la propriété sera transférée et le soutien local s'élèvera de 10% en une année.

Quand ce soutien est supprimé les dirigeants d'église restent avec un découvert essayant de faire fonctionner la boîte.

A moins que le transfert de la propriété a lieu, il y a donc peu d'espoir pour un tel plan, mais lorsqu'un tel transfère se passe, des choses dramatiques peuvent arriver.

Un pasteur Zambien nous racontait il y a quelque temps quelque chose sur son église. C'était une Société Américaine de Mission. Leurs missionnaires ont établi un plan d'une dizaine d'années pour réduire le projet et en 10 ans, leur église devrait être indépendante. Et il dit que 3 ans dans le projet, comme pasteurs, nous nous sommes regardés et avons dit : « Pourquoi devons-nous attendre 10 ans pour prendre entièrement possession de notre Église? » Alors ils ont fait échouer le plan et immédiatement ont pris entièrement possession.

Alors je maintiens que ce qui est arrivé à ce point c'est que ces pasteurs se sont appropriés leur église psychologiquement. Ils ont dit : « C'est notre église, nous pouvons le faire ».

L'année dernière quand je l'ai vu, et il m'a raconté cette histoire il y a cinq ou six ans, il se rendait a l'étranger, en Amérique du Nord, et j'ai dit : « Quel est le but de votre voyage? » et il a dit : « J'ai été invité a une conférence » et j'ai dit : « Qui paye le billet d'avion? » et bien, a-t-il dit : « Nous insistons à payer au moins la moitié de chaque billet quand nous sommes invités quelque part. Maintenant, comparez cela avec les jours anciens quand je ne pouvais voyager si vous ne payiez pas mon bien. »

Et il a dit pour préserver leur dignité, ils étaient au point où ils insistaient à payer au moins la moitié du prix du bien, et nous savons qu'il est possible pour les hommes d'affaires des églises en Afrique de voyager extensivement sans demander de l'argent à quelqu'un et ils peuvent envoyer leurs pasteurs, s'ils veulent. Le fait étant que pour préserver leur dignité ils insistent à écrire certaines règles, il a dit qu'ils ne retourneront pas à ses jours où ils recevaient tout.

Ils étaient donc dans ce processus. C'est une église parfaite? Non. Tous leurs problèmes résolus? Non. Ont-ils fait du progrès vers l'autonomie? Oui et ils s'en sont sentis bien.

Il y avait un autre phénomène dans cette partie de l'Afrique qui était la naissance des églises indépendantes et d'où sont-elles venues?

Avant tout il y en avait beaucoup. David Barrett dans son livre : « *Schisme et Renouveau en Afrique* » écrit vers 1972, dit que en ce moment il y avait dix mille dénominations indépendantes en Afrique australe. Il y avait une prolifération des dénominations. Une observation intéressante est qu'elles étaient prévalentes où il y avait un problème de terre où des étrangers, des colonialistes, ont pris les terres et ont exigé certaines choses, etc. Barrett dit que c'est là où la plupart des églises indépendantes se situent. Par exemple dans certains endroits de l'Afrique de l'Ouest où il n'y a pas de problèmes grave de terre, il n'y a pas beaucoup de ces églises indépendantes

Mais d'où sont-elles venues?

Ces églises ont été initiées par des gens, souvent des hommes, parfois des femmes, qui sont venus à connaître le Seigneur dans des églises établies par la mission, mais ont trouvés qu'ils étaient un milieu où ils ne pouvaient pas vivre. En d'autres termes, ce n'était pas un endroit où on se sentait à la maison, parfois je le décris comme un principe du bas plafond.

A cause de la structure et de la manière dont elle est faite, toute personne qui y entre et qui a des initiatives et veut faire des choses à la manière africaine, se cogne la tête sur le bas plafon. Et quand il a cogné sa tête assez souvent, il comprend le message que ce n'est pas là le lieu de se sentir chez soi. Alors il sort et il commence une église indépendante, et comme je l'ai dit il y a des milliers de ces églises. En 1976, il y avait une nouvelle église indépendante qui commençait au Kenya chaque deux semaines. Ce sont là des gens qui sont venus au Christianisme dans des institutions établies par la mission, mais qui ont dû quitter à cause de leur dignité, le respect d'eux-mêmes, pour leur sens d'intégrité.

Alors ces églises sont-elles parfaites? Non. Sont-elles toutes Évangéliques? Non. Certaines ont-elles des pratiques dans lesquelles les bons chrétiens ne devraient-ils pas s'engager? Oui. Cependant, cela reflète que cette atmosphère intolérable sous laquelle beaucoup d'entre eux étaient forcés de fonctionner, ne peut plus être tolérée, et ils sont allés ailleurs pour sauver leur dignité.

Maintenant il y a un phénomène intéressant en rapport avec ses églises indépendantes. L'un d'eux est que dans la seconde génération de certaines de ces églises, elles regardent autour d'elles, et voient ses projets de développement d'autres églises. Elles regardent les églises anglicane où une autre église et elles disent : « Comment est-ce qu'elles obtiennent ces projets de développement? Comment est-ce qu'elles construisent ces appartements pour les exploiter et avoir de l'argent? Peut-être nous pouvons faire cela. » Et ce que ces leaders d'églises de seconde génération de certaines églises indépendantes voient devant eux, c'est le fait qu'ils ne savent pas de quoi ils ont été délivrés, et ils regardent avec envie par dessus de la clôture et ils disent « peut-être pouvons-nous avoir de l'argent de l'Europe ou de l'Amérique du Nord ou d'autres horizons? »

Au début des années 1970, comme partie intégrante de ce développement, il y avait un mouvement de prise de décision unilatéral en Afrique de l'Est dans lequel les gens disaient, assez c'est assez! Nous ne voulons plus être dominés, nous ne voulons plus que les gens fassent les décisions pour nous, nous ne voulons pas leur argent, nous voulons nous tenir sur nos propres pieds. J'ai fait référence à cela auparavant. On l'appelle parfois le mouvement du moratoire. Il a eu une si mauvaise presse parce que les missionnaires ont senti qu'ils étaient menacés par cela en premier lieu. Mais quand vous regardez en arrière et voyez le progrès que certaines de ces églises ont faites, églises qui déclarent qu'elles veulent se tenir sur leurs pieds, c'est spectaculaire. Et c'est toute une grande question, on pourrait passé beaucoup de temps à parler des bienfaits et des méfaits de ce mouvement. Il y a un élément de seconde génération à cela aussi. Certaines des églises qui ont été délivrées trouvent qu'aujourd'hui elles regardent envieusement au-dessus de la clôture et se disent 'peut-être la voie à prendre est celle du partenariat'

Permettez-moi de vous parler d'un mouvement intéressant, et je ne sais pas ce qu'il va en sortir. Mais il y a un groupe d'africain qui font la promotion de l'autosuffisance, un mouvement d'autosuffisance. A quoi est-ce que cela va ressembler?

Quelle en sera la nature? Je vais vous avertir d'une chose. Si ce mouvement d'autosuffisance – conduit par des africains est un peu senti comme anti-missionnaire ou anti-occidental ne soyez pas surpris parce que c'est là une partie de leur effort de ce tenir sur leurs deux pieds, de faire leurs propres décisions, et ils ne sont pas prêts à se laisser dominer par quelqu'un d'autre dans le processus. Eh bien, le partenariat a-t-il une place dans la nouvelle autonomie? C'est possible, mais parce que nous connaissons des partenariats malsains, les partenariats bien portants prennent du temps à ce développer.

QUESTIONS A DISCUTER
Chapitre 5

1. Etes-vous d'accord ou pas avec le principe à trois voies ? Pourquoi ?
2. Etes-vous d'accord avec Roland Allen que trop de missionnaires peuvent empêcher la formation saine d'une église établie par une mission ?
3. Discutez sur le rôle du colonialisme et de l'apartheid par rapport au problème de la dépendance.

4. Quand est-ce qu'un plan de dix ans pour réduire un financement extérieur, est valide ? Quand est-ce qu'il n'est pas valide ?
5. Discutez sur les forces et les faiblesses des Eglises Indépendantes Africaines.
6. Quels sont les avantages et les pièges liés au partenariat dans le développement des sociétés missionnaires du Tiers Monde.

LECTURE SUGGEREE

Allen, Roland. *Spontaneous Expansion of the Church and the Causes which Hinder It.* Grand Rapids : Wm. B. Eedmans, 1962.

Barrett, David. *Schism and Renewal in Africa.* Nairobi : Oxford University Press, 1968.

Nevius, John L. *The Planting and Development of Missionary Churches.* Philadelphia : Presbyterian and Reformed Publishing Co, 1958.

Speer, Robert E. *Christianity and the Nations.* New York : Fleming H. Revell, 1910.

Taylor, Mrs Howard. *Behind the Ranges : Fraser of Lisuland, South West China.*, London : China Inland Mission, 1944.

Tucker, Ruth A. *From Jerusalem to Irian Jaya.* Grand Rapids : Zondervan Publishing House, 1983.

CHAPITRE 6

Qu'est-ce que les Missionnaires Peuvent Faire pour Éviter ou Briser le Syndrome de la Dépendance?

Les deux chapitres suivantes, 6 et 7, sont élaborées en série de suggestions pratiques, dans le premier cas, chapitre 6, pour les missionnaires, et dan le deuxième cas pour les leaders d'églises, de la façon dont ils peuvent faire face à ce problème soulevé. Donc je nomme le chapitre 6 utilisant le titre d'une question : Qu'est-ce que les missionnaires peuvent faire pour éviter ou briser le syndrome de la dépendance?

Faisons un recul et appuyons-nous sur une citation du Professeur Alan Tippett. Il était missionnaire de l'église méthodiste en Fiji pendant plus de 20 ans. Il est devenu plus tard un professeur en missiologie au Séminaire Théologique Fuller.

Dr. Tippett avait l'habitude de dire : « Si jamais vous faites face à un problème de quitter la mission pour l'église, c'est que vous avez dû commettre une erreur quelque part; ça devrait être l'église depuis le début. »

Alors, la question est la suivante : Qu'est-ce qu'on fait quand c'est trop tard de bien commencer? Parce que beaucoup d'entre nous ont hérité d'une situation que nous n'avions pas créée, alors nous nous trouvons pris. Et maintenant la question est : allons-nous être capable de faire quelque chose?

Je vais vous raconter quelque chose qui est à la base de cette question. Il y a un phénomène curieux en liaison avec tout cela, et c'est lié à l'impression que nous avons des missionnaires. Surtout ceux d'entre nous qui ont grandi dans les pays occidentaux. Nous arrivons dans une mission. Nous regardons la dimension de la chose, nous regardons les infrastructures, on nous a conduit au lieu le plus solennel, c'est le cimetière, on nous montre les tombes des morts des générations passées.

Et soudain, l'énormité des implications de cette choses nous saisit et nous nous disons : « Ma foi, voyez ceci! ». Ces missionnaires étaient là seulement 2 à 3 ans et ils sont morts de la fièvre ou d'autre chose. J'ai vu de ces tombes. J'ai vu les tombes des colons près de Livingstone, où la fièvre a décimé complètement la communauté des immigrants dans peu de temps. Mais nous considérons cela et nous disons : « Ces gens ont donné leurs vies et voyez ce qu'ils ont construit. Ils ont construit cette église en 1906 ou 1915. » Et soudain l'histoire nous tombe dessus et nous avons eu l'impression d'être en terre sainte. Et il va être difficile de changer quelque chose ici étant donné l'histoire de cette localité.

Alors que peut-on faire quand c'est trop tard de bien commencer? En fait, ce que l'église d'aujourd'hui a hérité est une grande meule qu'elle traîne à son cou et elle l'empêche de devenir une assemblée ou une dénomination qui se reproduit et qui envoie ses propres missionnaires ailleurs dans le monde. Quelqu'un quelque part doit changer.

Le sens de l'histoire et la crainte révérencielle qui en découle, doivent être mis en perspective parce que si le changement doit s'opérer, la meule doit être reconnue. Et ce n'est pas assez de s'en aller et commencer quelque chose de nouveau. Parce que si quelqu'un doit initier quelque chose de nouveau, il est clair qu'un jour cette institution doit être renouvelée.

Donc le renouvellement doit être pris en compte. La restructuration doit être pris en compte aussi, car toute institution, toute organisation quoi qu'elle soit, en a besoin. L'organisation dont je fais partie a commencé à faire quelque chose qui progressait bien. Mais à un certain moment dans notre histoire de 13 ans seulement, nous nous sommes rendus compte du besoin de changement et de renouvellement pour rester en vie. On ne peut pas admettre qu'une institution comme une église chrétienne en Afrique avec toute sa grande boîte n'ait pas besoin d'être restructurée un jour.

Maintenant, venons au problème de l'attitude dans la motivation. L'un des problèmes que nous avons ici en traitant ce thème est le niveau d'attente que les occidentaux ont introduit. J'en ai déjà mentionné un : l'attitude de leurs précurseurs. Mais quand vous arrivez à cette longue histoire du colonialisme, les missionnaires malheureusement cadraient trop souvent dans ce système. Les missionnaires venus d'ailleurs, car leur peau était blanche dans cette partie de l'Afrique, avaient des privilèges que les autochtones n'avaient pas. Dans la Rhodésie, en Afrique du Sud, il était permis à la population blanche d'occuper certaines parties du train où la population non blanche n'était pas autorisée.

On leur permettait d'aller dans des restaurants où les non blancs n'y étaient pas admis. Donc les missionnaires qui veulent sérieusement considérer cette question doivent faire face au fait qu'ils le veulent ou non, ils sont vus par les autochtones comme faisant partie du système étranger, le système colonial qui a confisqué leurs nations.

Beaucoup de missionnaires ont usé de ces avantages, ont aimé ces avantages. Et ils n'ont pas tellement beaucoup montré qu'ils n'y étaient pas favorables.

Malheureusement, comme je l'ai dit plus tôt, on justifiait certaines de ces choses sur des bases bibliques. Les missionnaires qui ont changé leurs attitudes et motivations commencent à voir différentes manières d'utiliser la Bible et une différente façon de vivre dans une société comme celle-ci. Donc, on doit faire face au problème d'attitude et motivation.

Il y a quelques années, j'ai entendu l'histoire d'un Nigérian qui a rencontré un jeune missionnaire en Amérique du Nord, et quelqu'un a demandé au Nigérian : « Que diriez-vous à ce jeune missionnaire qui va partir dans votre pays? » Le Nigérian réfléchit pendant un moment et dit : « Eh bien! Je lui dirai tout simplement : 'sache que vous n'amenez pas Dieu en Afrique de l'Ouest, c'est Dieu qui vous y amène. » Cela exprime le problème d'attitude et de motivation. En mettant cela en perspective, Dieu m'emmène là-bas.

Mais voyez comment cette alternative est vérifiée. L'attitude de supériorité se reflète de plusieurs manières. Elle ressort dans la prédication occidentale, lorsqu'une personne se met debout et dit : « Les pauvres villageois plongé dans l'ignorance, ils vivent dans les ténèbres, etc. » et nous nous trompons dans cet esprit et nous oublions que là où Dieu peut nous amener, il y a une présence chrétienne depuis longtemps, et il y a là des dirigeants chrétiens matures qui pourraient nous enseigner. Mais nous nous sommes soumis à cet enseignement pendant longtemps.

Souvent l'expérience de notre conversion nous fait dire : « Dieu, merci que je ne suis pas comme ça. » Et alors nous allons vers ces « pauvres gens dans les ténèbres » avec cette attitude : « Dieu merci que je ne suis pas comme ça! » Quelques fois notre appel au ministère est basé sur cette sorte de supériorité occidentale : « Dieu m'a appelé d'aller et de faire cela! »

Considérons le recrutement, les services de consécration. Combien de fois les missionnaires sont assis sur une plate-forme de consécration et quelqu'un se met debout et dit : « Ces gens vont aller pour faire ceci et cela, etc. » C'est un casse-tête pour ces jeunes hommes assis là-bas parce qu'ils vont faire quelque chose et ils le savent. Et ils vont avoir une position de pouvoir et d'autorité une fois arrivés là-bas. C'est ce que je veux dire quand je parle au sujet d'attitude et de motivation.

Il y a quelque chose de prestigieux d'aller aider « les pauvres gens dans les ténèbres » dans des coins reculés du monde. C'est comme ça que les occidentaux lèvent les fonds pour aller faire ce qu'ils font, et à moins que cet esprit ne soit défié, le syndrome de dépendance va continuer, parce que nous allons partir rendre les gens dépendant des bonnes choses que nous pouvons fournir.

L'alternative est un esprit brisé et le cœur contrit qui dit : « Dieu m'amène là-bas et même si je n'ai pas une place de pouvoir et d'autorité et de responsabilité, je serai l'homme de Dieu, et je ferai ce qu'il veut que je fasse. »

Je n'ai pas le temps d'en parler dans cette leçon mais la différence entre « Faire » et « Être », la différence entre être un homme de Dieu et avoir le sentiment que je dois Faire quelque chose pour justifier ma position... ça c'est un important équilibre à comprendre.

Maintenant, je vais faire des suggestions pour les occidentaux à propos de la manière de rompre cette situation de dépendance.

1. Il faut reconnaître que Dieu est au travail et nous sommes considérés comme faisant partie de ce qu'il est en train de faire. Nous n'avons pas à proposer un plan et puis dire « Seigneur, aide-moi à faire cela. » Non. Dieu est là. Dieu est à l'œuvre, Dieu parle aux Africains. Dieu est en train de parler déjà aux dirigeants de l'église. Comment puis-je faire partie de ce que Dieu est en train de faire déjà? Je ne dois pas exiger que Dieu fasse partie de ce que je pense.

2. J'ai déjà parlé de cela avant. Je le renforcerai en disant qu'il n'y a pas d'excuses pour les occidentaux de cette époque d'aller sans une formation missionnaire. Il n'y avait pas beaucoup d'institutions de formation missionnaire en Amérique du Nord et en Europe qui préparaient spécialement les gens pour un ministère transculturel il y a 30, 40 et 50 ans. Mais cela n'est plus vrai. Il y a des institutions à travers toute l'Amérique du Nord. Il y a de très bonnes institutions en Angleterre, il y en a en Allemagne, il y en a travers tout le monde occidental qui s'occupent de la formation des gens pour un ministère transculturel et il incombe à nous tous de se faire former.

   Vous verrez un petit triangle dans lequel j'ai essayé de vous montrer l'importance d'une formation transculturelle. En haut du triangle, il y a l'élément spirituel. Nous ne penserons pas à envoyer une personne qui n'est pas spirituellement mature. Et quand à la formation professionnelle, nous ne penserions pas à envoyer un docteur qui n'a pas une formation médicale, ou un enseignant qui n'est pas formé à faire l'enseignement. Mais l'autre côté du triangle, le côté interculturel, là nous tombons souvent et nous disons : « Ce n'est pas nécessaire, c'est une perte de temps ».

CONSIDEREZ L'IMPORTANCE DE LA FORMATION TRANSCULTURELLE:

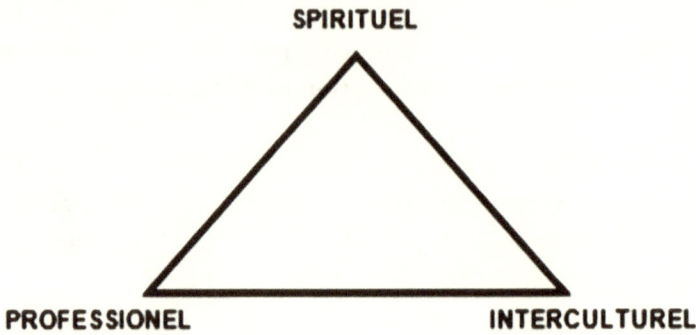

Un plus grand souci pour moi est « le programme de trois semaines de formation missionnaire » parce que cela représente pour moi une immunisation. Des gens m'ont dit : « Ah oui, j'ai été formé : j'ai reçu trois semaines de formation d'école missionnaire ». Je n'appelle pas cela formation. C'est l'immunisation, parce qu'ils pensent qu'ils ont été formés. Ce que la vraie formation missionnaire implique est une personne étant assez profondément impliquée dans cette chose au point de battre en brèche ses propres conceptions. Une formation qui le fait remettre en cause les hypothèses sur lesquelles sa vie est bâtie, parce que beaucoup de ces hypothèses ont besoin d'être examinées car elles sont plus propres à notre culture qu'a notre christianisme. Nous reviendront à cela un peu plus tard, aux chapitres 13-15.

J'ai un petit diagramme qui montre que si je viens d'une société dans laquelle j'habite une maison carrée et les gens à qui je rends service habitent des maisons rondes c'est de mon devoir de me placer dans ce cadre de référence pour travailler. Pour les gens dans ces maisons, ce n'est pas leur devoir de se mettre dans mon cadre. Si je travaille parmi les gens qui habitent des maisons qui ressemblent à un triangle c'est de mon devoir de me mettre dans ce cadre, ainsi de suite. Je pense que la leçon est claire. Je passerai plus de temps là-dessus.

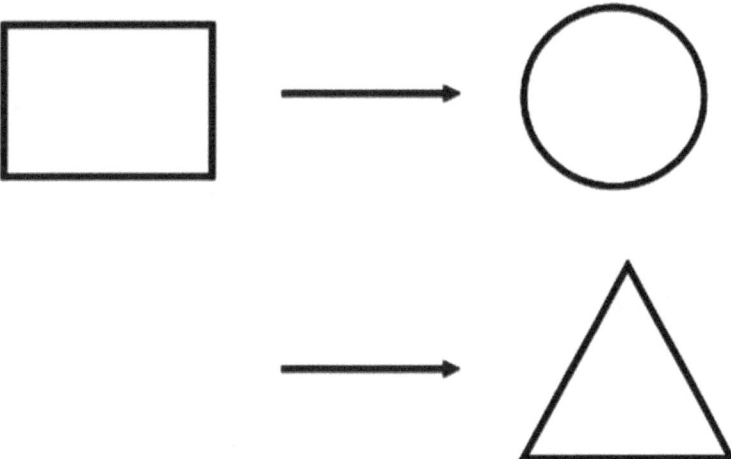

Malheureusement, beaucoup d'entre nous pensent que les gens viendront automatiquement dans notre cadre de référence. C'est pourquoi ils doivent apprendre l'anglais parce que ça c'est la langue que nous parlons et beaucoup de missionnaire ne se donnent pas le temps de se mouvoir dans l'autre cadre de référence.

3. J'aimerais suggérer que tous les missionnaires considèrent sérieusement le cadre de référence psychologique dans lequel ils vivent. Posez-vous ces questions:

• D'où vient votre communion primaire? Vient-elle de la communauté missionnaire au tour de vous, ou vient-elle des autochtones parmi lesquels Dieu vous a appelé à servir? Si vous vivez dans un choc culturel, cela affectera beaucoup de choses que vous faites quotidiennement. Si cela vous intéresse, j'ai un article sur les étapes de l'ajustement culturel dans mes oeuvres que j'ai compilées et qui sont disponibles à travers les bureaux de WMA. Toute cette affaire de culture est un essai pour une personne de donner un sens à tout le changement autour de lui. Et malheureusement, beaucoup de gens, au lieu de s'adapter à la société dans laquelle ils vivent, se retirent et deviennent étrangers à la situation locale dans laquelle ils vivent. La plus grande tragédie est, lorsqu'une personne dans la deuxième étape de la désillusion culturelle quitte et dit : « Je n'aurai plus jamais affaire à cela de nouveau ».

Nous revenons à cette question : mon identité va-t-elle avec ma position, ou est-elle liée à ce que je suis en Christ? Est-elle liée aux responsabilités que j'assume, ou est-elle en rapport avec le fait que je suis en sécurité en ce que Jésus a fait de moi par le sang versé sur la croix. Les missionnaires feraient bien de reconnaître cela, car c'est dans ce « faire » que l'attitude se développe selon laquelle les gens ont besoin de moi et ils ne peuvent se passer de moi, etc.

• J'aimerais suggérer que les missionnaires ne devraient jamais chercher ou accepter une position qui devrait être occupée par un autochtone. Il y a quelques années, j'étais en Afrique de l'Ouest, et j'étais dans une rencontre où il y avait un débat sur la polygamie. Je l'ai trouvé fascinant. J'étais simplement assis en train d'écouter ce débat alors que les gens de ce pays parlaient de polygamie. Et pendant que le débat se poursuivait, un jeune missionnaire s'est approché et m'a tapé sur l'épaule, et dit : « Puis-je vous parler dehors? » Alors je suis sorti avec lui et nous sommes allés au bout du bloc des salles de classes et nous nous sommes assis sur le ciment. Alors il dit : « Voyez-vous, j'ai un grand souci. J'ai un problème et vous pouvez peut-être m'aider à le résoudre. » Il m'a dit : « Êtes-vous vraiment intéressés par ce qui se passe là-bas? » J'ai répondu : « Eh bien! C'est un débat sur la polygamie, et tu sais que les missiologues s'intéressent à cette sorte de chose. Mais quelle est votre problème? » Et il dit : « Eh bien! Je suis le Président du Comité d'Évangélisation de ce district ». Je l'ai interrompu et dit : « Vous êtes quoi? » Il dit : « Je suis le Président du Comité d'Évangélisation. » Et je dis : « Attendez un instant, comment pouvez-vous être Président? Vous êtes missionnaire! »

Il dit : « Non, non, non. Ils m'ont choisi. »

Je dis : « Que voulez-vous dire par cela 'ils m'ont choisi?' »

Il dit : « Eh bien, ils ne pouvaient pas trouver quelqu'un d'autre. Donc, ils m'ont demandé de le faire. »

Et je dis : « Attendez un instant, vous avez dit 'oui'? » Il dit : « Eh bien, oui, ils m'ont demandé... »

Et je dis : « je veux bien comprendre. Vous avez été assez sage d'accepter, mais pas assez sage pour refuser. »

Il m'a demandé : « Qu'est-ce que vous avez dit? »

Je lui ai répondu : « Vous avez été assez sage pour faire le travail, mais pas assez pour dire non? »

Il a secoué un peu sa tête. J'ai rencontré ce missionnaire trois jours plus tard et il secouait toujours sa tête en disant : « Assez sage de le faire, mais pas assez pour refuser; assez sage pour le faire, mais pas assez sage pour refuser. »

Je pense que les missionnaires n'ont pas bien appris cette leçon. En fait, beaucoup de missionnaires que je connais cherchent des places. Ils veulent être présents quand les décisions se prennent. Ils se sentent à l'aise quand ils sont en activité.

- Déclinez toute invitation à prendre en charge toute chose qu'un autochtone pourrait faire. Et lorsqu'un missionnaire dit « non, merci » à cette position de dirigeant, il y a un message important qui est émis. Pourquoi les autochtones sollicitent d'abord les missionnaires? Il y a une longue histoire en dessous... ils doivent demander, les missionnaires sont là pour ça. Les missionnaires doivent être utilisés, et les missionnaires doivent être nommés. Et quand vous avez un missionnaire pour le faire, peut-être vous n'aurez pas à payer de salaire. Les missionnaires doivent pouvoir dire : « Non, c'est votre privilège de nommer un des vôtres pour faire cela. »

- Je suggère que les missionnaires se fassent excuser des réunions d'affaires chaque fois que c'est possible. Encore une fois, la plupart des missionnaires que je connais veulent y participer parce qu'ils veulent savoir ce qui se passe, et ils veulent aider à influencer l'issue.

Il y a quelques année, un frère chrétien de l'Afrique Centrale me disait:

« Vous savez que lorsqu'un missionnaire est présent, nous votons de la manière dont il veut qu'on le fasse, même s'il ne parle pas, parce que nous regardons ses yeux et nous savons comment voter. » C'est pourquoi je dis que les gens représentent ce que les missionnaires représentent, la longue histoire de la colonisation, la source d'argent qu'ils représentent, etc. Il vaut mieux qu'ils soient absents de la salle, sinon la décision sera en fonction de ce que le missionnaire pense.

C'est à cause de cette énorme ressource que représentent les occidentaux, cet argent et toutes ces choses derrière, que j'encourage les missionnaires de se passer des rencontres. Cela ne veut pas dire qu'ils sont déloyaux, qu'ils ne sont pas disposés à servir, mais cela exprime un message puissant lorsqu'un missionnaire dit : « Merci beaucoup pour l'invitation, mais c'est le privilège de l'un de vous de le faire. »

Maintenant, revenons à Alan Tippett. Alan Tippett avait l'habitude de dire : « La mission doit mourir avant que l'église ne naisse. » Alors, j'aime poser la question aux missionnaires : « Comment vous percevez l'idée de faire des funérailles de votre mission, de laisser la mission mourir? »

Ce que le Dr. Tippett dit c'est qu'il arrive un temps où la mission est supposée avoir achevé son ministère et elle devrait aller ailleurs. Le mot de Dr. McGavran pour cela est « échafaudage ». Il dirait que la société missionnaire est comme l'échafaudage utilisé pour faire la construction et éventuellement on l'enlève, ça ne reste pas pour toujours, parce que vous ne pouvez même pas vraiment voir à quoi cette construction ressemble si elle est toute couverte d'échafaudage. Mais plus important est le genre d'échafaudage que représentent beaucoup de sociétés missionnaires, est qui tient la construction debout.

Avez-vous jamais vu les gens construire un pont en béton et mettre les armatures tout en dessous et puis couler le béton en dessus parce qu'il y a une route qui passe dessous et il y a une route qui passe en dessus dans cette direction? Supposons que les ingénieurs et ceux qui construisent aient fait cela de telle manière que le béton était trop faible et vous ne pouvez même pas enlever cette armature car il va tomber. C'est une raison que les sociétés missionnaires dépendent de la manière dont ils font. Parce que la structure qu'ils ont bâtie est liée à la mission. Et si vous prenez la mission, ils ont peur que la structure ne tombe.

- Une suggestion pour les missionnaires : Éviter d'avoir un programme personnel de chose à faire avant de retourner chez vous.

Souvenez-vous que le programme des étrangers, des choses que les missionnaires désirent voir se passer, est souvent la racine du problème de la dépendance. C'est la création des choses qui ne peuvent pas se maintenir avec l'argent qui n'est pas reçu localement, ça c'est derrière le problème de la dépendance. Ces choses créent et développent la dépendance surtout lorsqu'elles représentent tout l'argent qui vient de l'étranger.

Il y a quelques années, je faisais un séminaire et les dirigeants d'église me racontaient des problèmes qu'ils rencontraient. Alors pendant le séminaire, j'ai commencé à traiter ce sujet de plan d'action personnel. Et j'ai demandé à tous ceux qui étaient présents qui participaient au séminaire de faire la liste des choses qu'ils désirent que Dieu les aide à accomplir.

J'ai dit aux missionnaires en particulier « avant de partir d'ici, mettez par écrit tout ce que vous désiriez voir accomplir ». Et certains d'entre eux ont prudemment fait une liste, et un homme, en particulier, à faire une longue liste des choses qu'ils désirent voir accomplies, car il lui restait 4 mois avant de quitter. Et il avait une longue liste des choses qu'il voulait voir accomplies. Il avait fait des notes soigneusement et copieusement.

Je ne me suis pas occupé de ces papiers spécialement. Je les ai laissé continuer le séminaire pendant deux jours, et j'ai commencé à parler de la liste. Je dis en substance : « Vous rappelez-vous de la liste que je vous avais demandé de préparer il y a deux jours? J'ai une suggestion pour vous, ceux d'entre vous missionnaires qui ont fait une telle liste, déchirez-la, jetez-la car ces choses que vous espérez accomplir avant de quitter ce lieu seront probablement des problèmes à résoudre pour quelqu'un un jour. »

Et ce pauvre type, il a fait un travail soigné. Et tout juste un an après qu'il a quitté ce lieu, j'y suis retourné pour rendre visite aux gens, et ils ont commencé à me raconter ce qui s'est passé. Ils ont dit : vous rappelez-vous ce moment où vous avez demandé aux gens de faire une liste? Eh bien, cet homme a essayé d'accomplir tout ce qui était sur sa liste. Nous le ferons revenir ici pour résoudre certains des problèmes qu'il a créés pendant les six derniers mois qu'il était avec nous. Que c'était sérieux! C'était en rapport avec une dépense colossale d'argent que les autochtones n'avaient pas sanctionnée. Il aurait été mieux s'il avait jeté la liste.

Alors, qu'est-ce qu'on doit faire? Quelqu'un a peut-être 15 ou 20 ans de service missionnaire et soudain, ces six derniers mois, c'est comme si le temps manque. Si je ne fais pas ça, que va-t-il se passer? Je veux accomplir tout cela.

Je suggère de ne pas ruiner votre réputation pendant les six derniers mois. Peut-être vous avez eu une réputation décente à moitié pendant les 15 ou 20 dernières années. Jetez la liste sacrée. S'il est nécessaire, quittez six mois en avance, avant que tout ceci ne se passe, parce que les six derniers mois du temps d'un missionnaire peut être dévastateurs en terme de réputation s'il n'est pas prudent.

Et puis, bien sûr, le missionnaire dira : « Mais je ne peux pas rentrer précipitamment. Les gens se demanderont pourquoi je suis rentré aussi tôt. » Et je réponds : « D'accord, ne rentrez pas précipitamment. Allez voir les leaders d'église et demandez à être réaffecté pour l'évangélisation dans la rue ou quelque chose comme cela où vous ne serez pas impliqué dans aucune affaire de rencontres et vous vivez simplement les six derniers mois de votre temps. »

Et puis, soyez prudents, soyez conscients, comme missionnaire, que vous pouvez être choisis pour votre position à cause de votre salaire.

Il y a un phénomène dans cette affaire de mission dans laquelle les missionnaires sont intéressants parce qu'ils viennent avec un salaire et les dirigeants de l'église locale diront : « Si nous choisissons un des nôtres, nous devrons chercher localement des fonds pour le payer. Peut-être le trésorier ou quelqu'un d'autre ». Et je dis à tout missionnaire « Attention.

Si vous soupçonnez que vous êtes choisis à cause de votre salaire, aussi gracieusement que vous le pouvez, retirez-vous de cela, et ne permettez pas que cela soit une raison. »

Comme je l'ai dit, je ne rentrerai pas dans tous les détails, mais je vais faire cette observation. Le secret d'une transition paisible pour un missionnaire, pour un étranger, n'est pas de prendre ou même de sentir propriétaire des projets locaux.

Tout ceci devrait être étendu au pieds de la croix et dire : « Ce n'est pas à moi, c'est la propriété du Seigneur. Et ça peut être changé lorsque je quitterai, le projet peut s'arrêter. Quand je quitte ça appartient au Seigneur. Ce n'est pas à moi. » Mais le secret d'un transfert couronné de succès est, pour un missionnaire, d'abandonner ces droits de possession.

QUESTIONS A DISCUTER
Chapitre 6

1. Etes-vous d'accord avec le Professeur Tippett que « La mission doit mourir pour que l'église puisse naître ? ».
2. Quelles sont les étapes qu'une société missionnaire peut faire pour déplacer l'échafaudage ailleurs ?
3. Menez une discussion sur comment la Bible a été utilisée pour défendre le colonialisme et l'apartheid.
4. Comment un missionnaire peut-il d'une manière gracieuse décliner une position quand il connaît que le salaire à l'étranger est derrière la demande de servir ?

5. Menez une discussion sur la relation entre « être » et « faire ».
6. Menez une discussion sur l'importance de « mobiliser » comme étant d'une importance capitale dans l'évangélisation du monde.
7. Menez une discussion sur ce que ça signifie d'avoir une résidence psychologique dans le cadre local de référence. Que disent les stations missionnaires sur la résidence psychologique des missionnaires ?

LECTURE SUGGEREE

Allen, Roland. *Missionary Methods : St Paul's or Ours ?* London : World Dominion Press, 1960.

Dekker, John. *Torches of Joy.* Westchester (Illinois) : Crossway Books, 1985.

Lingenfelter, Sherwood G. and Mayers, Marvin K. *Ministering Cross-Culturally.* Grand Rapids : Baker Book House, 1986.

McGavran, Donald A. *How Churches Grow : New Frontiers of Mission.* London : World Dominion Press, 1959.

Steffen, Tom A. *Passing the Baton : Church Planting that Empowers.* La Habra (California) : Center for Organisational and Ministry Development, 1993.

Tippett, Alan R. *Church Growth and the Word of God.* Grand Rapids : Wm B Eerdmans, 1970.

Tippett, Alan R. *Introduction to Missiology.* Pasadena : Wm Carey, 1987.

Tippett, Alan R. *Verdict Theology in Missionary Theory.* Pasadena : Wm Carey Library (2nd Edition), 1973.

CHAPITRE 7

Que Peuvent Faire les Dirigeants Locaux pour Éviter ou Rompre le Syndrome de la Dépendance?

Le chapitre7 est la 2è dans une série de suggestions pratiques, et celle-ci fait des suggestions pratiques pour les dirigeants d'église. Et je l'ai intitulé : Que peuvent faire les dirigeants locaux pour éviter ou rompre le syndromede la Dépendance?

Les observations que je vais faire ici viennent des quatre ou cinq dernières années de voyage à travers l'Afrique de l'Est, du Centre et du Sud écoutant les leaders d'églises et essayant de comprendre simplement ce qui se passe lorsqu'une église devient indépendante ou quand elle veut se prendre en charge, compter sur elle-même. Et j'ai écouté ce que les Pasteurs et d'autres dirigeants d'église ont vécu et j'ai essayé de distiller cela et les rassembler pour que cela puisse être un encouragement pour ceux qui font toujours face à un énorme défi de promouvoir l'autosuffisance pour leurs églises.

Je suppose que l'une des premières questions qui doivent être posées par tout leader d'église qui veut aller dans ce sens est : Quelle est la motivation de devenir autosuffisant? En nous examinant nous-mêmes, nous pouvons tous trouver les choses qui nous posaient des problèmes dans le passé, comme le problème de colonisation. Vous savez que les dirigeants d'églises n'étaient pas les seuls qui ont souffert sous la colonisation. Certains d'entre nous ont pris position dans ce domaine et nous avions refusé de faire ce que beaucoup d'autres faisaient. Nous avons résisté au temps et certains d'entre nous ont eu les mêmes problèmes et ont abouti aux mêmes résultats que beaucoup de dirigeants d'église locale.

Je dois suggérer dès le début ici que cette affaire de motivation et attitude est en rapport avec la manière dont nous serons capables de résoudre les problèmes soulevés dans le processus et cela est très, très important. Nous ne pouvons pas laisser le passé nous détruire. Nous ne pouvons pas laisser le passé nous contrôler au point de produire en nous de l'amertume contre l'église ou contre la mission et même contre la foi chrétienne. Nous ne pouvons pas permettre cela. Si cela se passe, ce sera une victoire pour Satan, et nous ne voulons pas que cela arrive.

Les dirigeants d'église étaient blessés et aliénés dans le passé, et s'ils portent ces bagages et ne font rien pour le résoudre, ils le transporteront dans le futur et cela affectera tout ce qu'ils font. Quelle est donc ma suggestion? Ma suggestion est que toutes les blessures du passé soient transportés au pied de la croix et déposées là pour toujours. Ensuite nous nous levons, nous ne restons pas prostrés devant la croix, et nous nous mettons en route. Nous avancerons avec le Saint-Esprit comme notre guide dans ce processus.

La critique viendra évidemment, quand nous commençons à descendre par ce chemin. Et ce ne sont pas toutes les critiques qu'on doit prendre au sérieux. On doit écouter évidemment certaines critiques, mais sous la direction du Saint-Esprit.

Parfois, face à certaines critiques, nous devons simplement dire : « Si je passe par cette voie, il y aura des gens à qui cela va déplaire, et il me faudra accepter cela.» Cela ne veut pas dire que la vision doit être abandonnée. Ça ne veut pas dire aussi que nous voulons exaspérer les sentiments des autres. Puisque vous pouvez avoir fait partie de ces gens qui adhéraient à l'ancien système pendant une certaine période, il peut y avoir d'autres membres, des dirigeants d'églises, des Pasteurs qui adhéraient aussi au système. Ils l'ont trouvé très sécurisant. Ils ont trouvé par exemple que l'argent venait d'outre-mer, et cela était très rassurant. Ils ont pu ainsi prendre soutenir leurs familles. Quand vous vous levez et vous commencez à parler du besoin de changement et de la suppression de ce financement, etc. vouspouvez parler à des gens qui sentent venir l'insécurité. Et si vous comprenez cela, c'est utile.

Les suggestions dans le sens du mouvement vers une autonomie organisationnelle

- **Faites un engagement solide au processus,** sachant que des difficultés surgiront. Mais il doit y avoir la détermination de les surmonter. Si vous pouviez parler à des gens en Afrique de l'Est qui, vers les années 1970, ont pris la décision d'aller vers une église indépendante, ils vous diraient qu'ils ne savaient pas où cette voie les conduirait. Je me rappelle avoir entendu un de ces hommes dire lorsqu'il a demandé aux gens d'outre-mer de retenir leur argent pendant cinq ans, mais il a commencé à se rendre qu'il ne savais pas combien de temps cela va durer. Il ne savait pas s'ils peuvent atteindre l'objectif en 2 ou 5 ans, ou peut-être cela prendra plus longtemps. Ou peut-être ils abandonneront complètement la chose. Ce qui était une évidence de l'incertitude avec laquelle il vivait en expérimentant le processus. Et malheureusement, certaines des difficultés qu'il rencontrait pendant qu'il passait par le processus ne se sont pas arrêtées même aujourd'hui, parce qu'il a été critiqué d'avoir mené son église vers l'autonomie.

- **Gagnez l'équipe entière au processus si possible. Peut-être tous ne vont pas y souscrire.** Certains des membres plus âgés de l'église pourraient dire « Eh bien! Notre époque est révolue, des gens plus jeunes vont prendre la relève. » Mais, ayez l'accord d'autant de gens que possible. Dans ce domaine on ne peut pas faire le cavalier solitaire. Vous ne pouvez pas faire fi de l'opinion de tout le monde et mener ce processus vers l'autonomie. Donc, on doit essayer d'intégrer les gens au processus et les éduquer dans la direction que la personne prophétique sent que l'église devrait prendre.

- **Alors, si certaines des vieilles personnes estiment qu'elles ne peuvent pas faire partie du processus, encouragez-les d'aller**

vers une chose moins stressante et de ne pas être actifs au centre du processus. Peut-être certains devront prendre une retraite anticipée, encouragez-les dans ce sens, mais faites-le de telle manière qu'ils ne se sentent pas comme s'ils sont rejetés à cause de la nouvelle direction à prendre. Surtout ne laissez pas Satan prendre place dans ces relations inter-personnelles parce que la chose que Satan désire le moins, nous en parlerons plus tard – la chose que Satan désire le moins, c'est une église saine, indépendante, envoyant joyeusement ses propres missionnaires ailleurs.

- **Soyez sensibles à ce que pensent les étrangers.** Mais ne soyez pas paralysés par ce qu'ils pensent. Ce serait possible pour le dirigeant d'église d'encourager sa communauté sur cette voie d'autonomie et découvrir que les gens d'outre-mer qui fournissent l'argent, qui fournissent le personnel et ainsi de suite, ne sont pas contents. On doit écouter toutes ces appréhensions. Mais on doit aussi être en mesure de dire, sous la direction du Saint-Esprit : « C'est notre époque. Nous croyons que notre temps est venu, et nous vous demandons de ne rien faire qui puisse nous empêcher d'aller dans cette direction ». Après tout, le but du processus est d'apprendre comment se tenir debout seul. Et mon encouragement pour les leaders d'église est de dire qu'en prenant cette position ça peut être nécessaire de dire aux étrangers « ne nous donnez pas d'argent, ne prenez pas des décisions à notre place. Nous voulons apprendre comment prendre des décisions pour nous-mêmes ».

- **Une suggestion très importante. Commencez par un renouvellement spirituel.** Seules les armes spirituelles peuvent être utilisées dans ce processus, et vous verrez dans le chapitre 9 comment certaines de ces choses ont une influence quand j'y parle de 3 choses importantes. Mais le renouvellement spirituel... Souvenez-vous du prêtre au Zimbabwe qui a rassemblé ses fidèles pour 2 jours de prière et 3 jours d'enseignement, puis à une autre occasion, 2 jours de prière et 3 jours d'enseignement. Il ne s'est pas tout de suite plongé dans la restructuration de l'église, il a commencé par interpeller les gens sur leurs obligations spirituelles devant le Seigneur et cela pendant 2 jours de prières et 3 jours d'enseignement. Commencez avec le renouvellement spirituel.

- **Souvenez-vous de Néhémie, le prophète qui a reconstruit les murs autour de Jérusalem.** Regardez les caractéristiques de cet homme. Il a commencé par une vision dans le pays où il vivait. Il a commencé alors par la prière. Il a fait une sérieuse planification. Vous verrez cela si vous lisez ce récit dans Néhémie du chapitre 1 à 4. Il a inclus dans son processus les négociations avec le Roi. Il est allé voir le Roi et lui a raconté son histoire. Il a négocié et on lui a remis des lettres, etc. Tout cela faisait parti de la préparation qu'il faisait. Il a fait une bonne gestion. Il s'était consacré lui-même à la négociation au point qu'il a eu ce dont il avait besoin quand le moment était venu. Il a aussi inclus de durs travaux dans le processus. Ce n'était pas un itinéraire facile. Et souvenez-vous qu'il a souffert de l'opposition.

  Il y a eu des gens qui ont dit : « Cela ne peut pas se faire et ne devrait pas se faire, et ce n'est pas normale. » Il s'est levé au-dessus de cela et a continué à faire ce que Dieu voulait qu'il fasse.

- **Prêtez attention à la restructuration de la boîte.** Si vous êtes un dirigeant d'église en Afrique et vous êtes confrontés à cette énorme boite qui devient de plus en plus lourde et vous ne savez qu'en faire, et vous ne savez pas comment la gérer, et vous ployez sous son poids et il semble que les gens n'y prêtent pas attention, considérez la restructuration. Et là vous verrez comment les gens de l'Afrique de l'Est ont divisé les 2 types de choses qui sont dans la boîte. Ils ont mis d'un côté, les congrégations, les synodes, les sacrements, faisant des disciples, l'évangélisation, les questions prophétiques et l'éducation théologique. Et ils ont responsabilisé les hommes d'église. Puis, de l'autre côté, ils ont mis les centres d'accueil, les librairies, les cliniques, les imprimeries, les écoles, les collèges, les projets de développements, les projets d'alphabétisation, et ils ont appelé tout cela le domaine des affaires et ils doivent être gérés par des hommes d'affaire.

Donc, s'asseoir et prendre des décisions sévères libère l'église à être l'église et cela remet les bénéfices et les pertes entre les mains des hommes d'affaire qui savent mieux comment s'en occuper.

Maintenant, quelques suggestions pratiques pour un changement vers l'autonomie financière

1. **Laissez libre cours à l'opinion des autochtones.** Je vous donne une illustration de l'Afrique Orientale. Un jour, ces presbytériens dont je vous parlais ont décidé de payer un nouveau véhicule pour un de leurs Pasteurs. Et la congrégation a donné l'argent pour payer le véhicule parce qu'ils devaient avoir un nouveau Pasteur. Et ils ont dit à l'ancien Pasteur : « Vous partez dans une autre église, et il n'y a pas de véhicule là-bas. Vous prenez ce véhicule et nous allons payer un nouveau véhicule pour le pasteur qui arrive ». Alors ils ont cotisé l'argent, acheté le nouveau véhicule et l'ont présenté au nouveau pasteur. Et le jour où ils étaient allés le présenter au nouveau pasteur, ils se sont tous mis en cercle et quelqu'un a fait une déclaration et dit : « Eh bien! Frères et sœurs, nous avons payé ce véhicule et c'est totalement payé. Nous n'avons pas besoin d'argent pour cela, vous en avez donné déjà assez. Mais vous savez tous, qu'il faut de l'argent pour l'assurance, pour les réparations et le carburant. Et donc aujourd'hui, nous aimerions que vous apportez tous quelque chose dans ce sens. » Et ils ont descendu la vitre d'une porte et ils ont demandé aux gens de s'avancer et de jeter l'argent dans la voiture. Et ce jour, ils ont dit qu'ils ont jeté 30.000 Shilling à l'intérieur de la voiture. Ce qui équivalait à

1.500 dollars US à l'époque. Et ils ont dit que le trésorier devait descendre sous les sièges pour enlever chaque shilling et compter combien ils avaient reçu.

Alors, quand je dis de laisser libre cours à l'imagination locale, c'est la sorte de chose dont je parle. Je n'ai jamais vu cela se passer dans les églises que je fréquente en Amérique du Nord.

Il y a quelque temps ma femme et moi avons eu le privilège de participer à un harambee. C'est une coutume en Afrique de l'Est où les gens se rassemblent, donnent de l'argent, apportent et vendent des produits, chantent et donnent, donnent et chantent encore, font des témoignages, et donnent et chantent encore. Et voici, ce matin de dimanche ils ont collecté 490.000 shilling kenyan pour le démarrage d'une nouvelle église dans une communauté voisine. Au taux d'échange de l'époque, j'estime que c'était 9.500 dollars US. Et ils donnaient des dons avec une grande manifestation de joie. Cela a été tellement amusant ce jour qu'on peut dire que grâce à l'imagination locale, ces presbytériens en Afrique de l'Est avaient appris quelques choses concernant la libéralité avec joie. Je me suis retourneé vers ma femme et lui dit, « Est-ce qu'il semble qu'ils ont été forcés à payer la dîme? » et nous avons conclu que non, ils donnaient avec joie. Et elle s'est retourné vers moi et me dit,« Je n'ai jamais vu de ma vie une telle libéralité avec tant de joie! »

Quand tout était terminé, j'ai fait l'erreur de dire à l'un des leaders:« Je n'ai jamais vu tant de gens qui étaient si heureux et si fauchés après avoir tant donné. » Et il dit, « Détrompe-toi, ils ont encore de l'argent après avoir donné tout ceci. »

2. Une suggestion concernant les objectifs financiers : **Il y a deux manières d'équilibrer le budget**. L'une est de diminuer les dépenses, l'autre d'augmenter le revenu. Et parfois on a besoin de faire la première chose et parfois la seconde. Mais je voudrais quelque chose de très important concernant la diminution des dépenses.

Un des problèmes qui est venu dans ce mouvement, une des choses qui sont restée de l'époque coloniale, c'est l'apparence qu'il y a beaucoup d'argent. En fait, je suggère quelque chose concernant l'argent : le plus grand problème en Afrique concernant la collecte de l'argent c'est l'apparence de richesse, parce qu'on a l'impression que l'église, à travers la mission, a tant d'argent que mon petit peut est insignifiant.

Cela arrive parce qu'il y a des sources invisibles de revenus qui pourvoient à des choses que nous ne pourrions pas avoir autrement. Il y a une provision pour des véhicules, de beaux bâtiments et parfois le salaire des pasteurs, pour les imprimeries, etc. Pour avoir l'attention des autochtones, qu'ils sachent que l'église nous appartient et que nous pouvons la soutenir par notre revenu, certaines de ces grandes dépenses doivent être interrompues. Et lorsqu'elles sont réduites, lorsque ces programmes établis par les étrangers avec l'argent de l'extérieur, etc., sont terminés, alors les autochtones comprennent : cette église peut utiliser mon argent parce que l'autre argent ne leur vient plus.

Tout leader qui arrête ces projets exorbitants, envoie un message puissant aux autochtones. Et il dit : « Nous allons seulement faire ce que Dieu pourvoira pour nous à travers nos propres ressources ». Et ce message se comprend.

Maintenant, le deuxième point est la manière d'augmenter les revenus. Et il y a des moyens créatifs pour faire cela. Nous avons déjà parlé de dîmes et offrandes. Je vous parlais de la négociation entre le trésorier et les membres d'église. Des moyens créatifs : les harambee, les offrandes de la récolte, sont quelques uns des moyens. Les offrandes pour les pauvres, les offrandes de remerciements, j'ai donné des illustrations sur tous ceux-ci quand je racontais l'histoire des églises il y a un instant. Ce sont là des moyens pour augmenter le revenu. Malheureusement, il y a aussi cette mentalité que le moyen d'augmenter le revenu est de demander une aide de l'étranger. Donc quiconque va travailler avec ce syndrome de dépendance va avoir à faire à cette question.

J'ai rencontré un homme en Afrique de l'Est il y a quelques temps, qui me disait qu'il croit qu'on peut trouver de l'argent en Afrique - en d'autres termes - augmenter le revenu pour les églises. Il croyait au point qu'il dit : « Je vais commencé une affaire de procurer de l'argent pour les églises et d'autres ONG (NGO) non lucratives en Afrique ». Et puis après avoir fait ça pour un moment, il est venu me dire : « Vous savez, j'ai compris quelque chose. » Il m'a dit : « J'ai compris que l'argent est disponible en Afrique. Nous pouvons collecter l'argent en Afrique, mais le problème que nous avons est l'autre argent venant de l'extérieur. » Il m'a dit : « On doit abandonner cet argent si nous voulons chercher de l'argent ici avec succès ».

Et c'est pourquoi j'ai dit et redit que cet argent de l'étranger est comme du poison. C'est un polluant qui, une fois qu'il rentre dans la situation, déforme la réalité et ça amène les gens à penser que les choses ne sont pas comme elles sont réellement. Et ça les fait penser qu'ils sont trop pauvres pour donner quelque chose.

J'ai écouté un témoignage, il y a quelques semaines, d'un évêque qui dit qu'il est devenu évêque dans un certain diocèse en Afrique de l'Est et il s'est mis à sécuriser les subventions de l'extérieur. Et pendant 10 ans il amène de l'argent à travers les subventions de l'extérieur à son diocèse. Et d'une façon ou d'une autre, il a commencé à réaliser que peut-être il y avait un effet nuisible à cela. Alors il s'est mis à faire une petite recherche. Il est allé vers les membres de l'église et a fait une enquête pour voir combien les membres de l'église mettaient dans la collecte de l'église maintenant comparés à combien ils mettaient il y a 10 ans. Il est venu à la conclusion alarmante qui ne surprendra pas certains d'entre nous, que les subventions qui viennent de l'extérieur ont baissé le niveau des dons locaux considérablement. Les gens en étaient devenus dépendants. Pendant qu'ils donnaient généreusement à l'église un moment, avec la contribution de l'extérieur, ils donnaient moins. Donc, quand on cherche à accroître le revenu, ne voyez pas à l'extérieur comme débiteur de cet argent.

3. Considérez la rationnale derièrre les affaires gérées par l'église.

Que dire des affaires gérées par l'église? Revoyez la figure que j'ai utilisée auparavant avec la grande boite et le grand poteau qui la soutien, et le petit poteau des offrandes de l'église. L'une des manières les plus habiles dont l'argent a été mis dans ce grand poteau était par les affaires de l'église. Les missionnaires ont commencé les services de littérature, des champs, les magasins de communauté et d'autres activités diverses pour obtenir de l'argent pour aider à soutenir la boite. Donc, je maintiens que les affaires de l'église, qu'elles réussissent ou qu'elles vacillent, ont le même effet.

Je vais vous expliquer ce que je veux dire par là. Si elles réussissent et l'affaire fait rentrer beaucoup d'argent, la communauté dira que l'église n'a pas besoin de son argent. Laissez l'église mener ses affaires et se faire de l'argent, ils n'ont pas besoin de mon argent. Que se passe-t-il quand ça ne marche pas? Supposez que l'entreprise gérée par l'église fait un découvert, et n'est pas capable de joindre les deux bouts, alors les gens vont dire : « Est-ce que je dois donner mon argent pour une entreprise mal gérée par l'église et qui fait des déficits? » Alors je maintiens qu'elle se fasse de l'argent ou qu'elle le gaspille, il y a l'éventualité de démotiver les gens en termes de la libéralité envers l'église.

Une église que je connais avait une entreprise très profitable. Elle mettait des centaines de milliers d'unités de devises dans des opérations à travers l'année. Et puis les temps ont changé et le bénéfice a baissé et l'église en était venue à dépendre de cet argent. Mais le revenu baissait sans arrêt et après un moment elle devait faire face à un déficit. Et il a continué à baisser davantage et maintenant l'église tient une entreprise qui a besoin d'être subventionnée. Alors on demande aux gens de venir à l'église et de mettre de l'argent dans les offrandes pour payer le découvert de l'entreprise qui était en train d'être mal gérée.

Et pas seulement ça, les entreprises gérées par l'église sont fréquemment en concurrence avec les membres même de l'église Et les avantages que l'église ou la mission avait à travers son unique transport et ses contacts à l'étranger pour faire rentrer les matériels qu'ils vendaient, n'étaient pas les avantages dont jouissaient les membres de l'église; et puis les membres de l'église locale ont trouvé que l'affaire gérée par l'église était leur plus grand rival. Et maintenant l'entreprise gérée par l'église fait des pertes et on s'attend à ce que eux ils payent la dîme de leurs revenus l'apportent à l'église, le mettent dans le panier pour couvrir une entreprise mal gérée?! Vous pourrez voir comment cela n'est pas le travail de l'église. Et les évêques sont coincés en essayant d'équilibrer de tels budgets et les évêques sont entravés par cette occupation au lieu de reproduire ce que l'église est supposée en train de faire ailleurs.

Cela ne veut pas dire que l'église ne grandit pas en Afrique, mais comme j'ai essayé de le montrer, ça veut dire que beaucoup d'églises en Afrique ne peuvent pas développer un programme missionnaire en dehors d'elles-mêmes.

4. **Considérons encore l'importance de la propriété.** Il y a trois choses importante. Le numéro 1 est l'appropriation. Le numéro 2 est l'appropriation. Le numéro 3 est l'appropriation. Et à moins que la possession psychologique ne soit transférée, il ne sera pas possible pour les gens de prendre ce projet et le considérer comme le leur.

Encouragements pour les dirigeants qui font face à ce changement.

Supposons que Dieu parle aux dirigeants d'église et dise qu'il est temps de changer. Quels mots d'encouragement puis-je donner?

1. **Souvenez-vous que vous n'êtes pas le premier à faire face à ce besoin de changement.** D'autres l'ont fait face. Ils ont été victorieux.

Ça peut se faire sous la direction du Saint-Esprit. Vous n'êtes pas le seul. Il peut sembler que vous êtes le seul qui ait jamais affronté ça. Mais je suggérerais que les leaders d'église trouve un autre leader d'église d'une autre dénomination qui a fait l'expérience du changement et apprendre de lui tout ce qu'on peut apprendre. Découvrez ce qu'ils ont vécu, voyez ce qui peut être évité et peut être à travers cette communion le Seigneur renforcera l'individu à faire des progrès avec les processus de changement.

2. **Priez pour la conduite du Saint-Esprit pour identifier le temps approprié pour le changement.** Dr. Tippett avait l'habitude de nous parler du « mouvement psychologique approprié » pour le changement. Lorsque ce moment arrive, nous devons être capable d'identifier le moment, de saisir l'occasion, et en prendre avantage pour le changement. Mais il dit aussi que, si on rate ce moment psychologique, alors une longue lutte s'en suivra.

Il y a un temps, on m'avait demandé de faire une analyse dans des séminaires pour une certaine société missionnaire. Plus je fonçais, plus je réalisais qu'il y avait quelque chose de dynamique qui se passait aux alentours. Et je suis parti à leur direction et je leur ai dit : « Vous savez, vous avez des choses réellement intéressantes ici. Vous avez des dirigeants en émergence. Ils ont une vision, ils ont des dons, ils ont la volonté de travailler. Et j'ai dit : « Je pense que vous avez une fenêtre d'opportunité ici dans les 3 à 6 mois suivants pour faire quelque chose unique et transférer la propriété locale. » Et je les ai prévenu que s'ils la rataient, il pourrait y avoir une longue lutte dure.

Malheureusement, ils ne m'ont pas écouté. Et j'y suis retourné deux ans plus tard et je leur dis : « Comment vont les choses? » Et le premier responsable de cette mission m'a dit directement : « Glenn, nous l'avons ratée. Nous sommes dans la longue et dure bataille maintenant ». Et les sentiments d'amertumes avaient été suscités parce qu'il y avait une telle vigueur de jeunesse et d'enthousiasme mais depuis que le processus de changement n'est pas survenu, la désillusion s'est installée et ils étaient dans la longue et dure bataille.

Donc priez pour que quand cela arrive, le Saint-Esprit le montre.

3. **Demandez la direction divine. Cherchez une combinaison de l'humilité et de la détermination.** Il y a un sens dans lequel on a besoin de marcher humblement devant le Seigneur à travers ce processus. Mais il y a aussi une direction dans laquelle à certains niveaux on aura besoin de détermination pour que les choses se passent. Donc, trouvez un équilibre sain entre l'humilité et la détermination.

J'ai récemment lu *La longue marche vers la liberté*, qui est l'histoire de la vie de Nelson Mandela. Et la chose qui m'a beaucoup impressionné à travers cette histoire était son habileté à savoir quand une question était si importante qu'il faut l'appuyer. Qu'ils s'agissent des officiels du gouvernement ou des gardes de prisons, il savait quand il fallait pousser et quand il ne le fallait pas. J'ai été beaucoup impressionné. Et souvent, je pensais ceci, « Pourquoi le fait-il de cette manière? Pourquoi ne pousse-t-il pas maintenant? » Et à d'autres occasions, « Pourquoi pousse-t-il? » ainsi de suite. Il savait en quelque sorte instinctivement, et si vous n'avez pas lu ce livre, il est très gros mais, il vous donnera une éducation.

Il y a d'autres suggestions ici. Je suggère:

4. **Trouvez un temps raisonnable pour que le changement ait lieu.** Mais ce temps est généralement plus court que les gens le pensent. Ça ne dure pas pour toujours.

5. **Soyez sûr d'inclure à la fois l'évangélisation et l'action missionnaire dans le nouveau programme.** Ne faites pas cela seulement à cause du maintien de ce que Dieu vous a accordé.

QUESTIONS A DISCUTER
Chapitre 7

1. Combien la question de motivation de la part des leaders de l'église locale est-elle importante quand on considère des actions vers l'autonomie ?
2. Comment voyez-vous le rôle du réveil spirituel dans la préparation d'une transition vers l'autonomie ?
3. Discutez sur les exemples de comment la restructuration peut et doit avoir lieu.
4. Est-il bon de fermer des programmes créés par les missionnaires dans le but de diminuer les dépenses ?
5. Que pensez-vous des fêtes, loterie, tombola, Thé, etc…. comme un moyen de susciter des fonds pour l'église ?
6. « L'initiative de changement doit venir de l'église, et non pas de la mission ». Discutez les implications.
7. Quelle est l'ampleur du problème du manque d'intégrité au sein de l'église aujourd'hui ?
8. Que diriez-vous aux leaders d'église ou aux missionnaires qui ont peur du changement qui accompagne les actions vers l'autonomie ?

LECTURE SUGGEREE

Jacobs, Donald R. *From Rubble to Rejoicing : A Study of Effective Christian Leadership Based on Nehemiah.* Pasadena : Wm Carey Library, California, 1991.

Kaluzi, Jackson. "A Mission Strategy for Tanzania". Unpublished thesis, Nantwich (England) : Elim Bible College, 1995.

Mfwilwakanda, Nlongi. "Mandate for a Missionary Church in Africa". Unpublished thesis. Ann Harbor : University Microfilms 1982.

Nthamburi, Zablon. *From Mission to Church : A Handbook of Christianity in East Africa.* Nairobi : Uzima Press, 1991.

CHAPITRE 8

Questions Diverses en Rapport avec la Dépendance et l'Autonomie

Je traiterai des questions diverses liées à ce problème de dépendance et d'autonomie. Et j'aimerais commencer par parler de certaines des qualités d'un dirigeant qui s'est engagé pour le changement. Quelles qualités doivent-ils avoir?

1. **La première qualité pour une personne qui veut diriger son église à travers le changement est qu'il soit en paix avec elle-même et avec Dieu.** Lui-même ou elle-même, je peux dire une femme peut devenir un leader, mais il faut quelqu'un qui est en paix.

   Cette personne doit savoir que le passé est totalement sous le sang du Christ, qu'elle n'est pas dominée par les évènements du passé, et c'est la nature de l'évangile chrétien qui doit s'occuper de ce sujet important.

   On doit croire que le présent appel de Dieu est valable, c'est accepté comme venant du Seigneur. Et ensuite on doit remettre l'avenir entre les mains de Dieu. Si vous avez peur de l'avenir, si vous ne pouvez pas gérer l'avenir, si vous ne connaissez pas qu'il est entre les mains de Dieu, alors ce processus de changement profond n'est pas pour vous. Donc si vous êtes en paix avec vous même et en paix avec Dieu, on doit reconnaître que ce travail est venu comme assigné par le Seigneur et avec l'aide de Dieu il peut être accompli.

2. **Ce doit être celui qui s'engage à diriger les gens et non pas seulement à régler des problèmes.** Vous voyez, c'est facile pour nous tous de tomber dans le piège de faire continuer ce qui existe déjà, de devenir une personne de maintenance dans l'église et de faire marcher les projets. Non, diriger c'est décider comment les choses devraient être faites ou ne devraient pas être faites. C'est une personne qui a une vision de l'avenir et non pas une personne avec le désir de maintenir le passé.

3. **Ce doit être une personne qui ne craint pas le changement.** Il y a différents types de personnalités; et nous sommes tous différents dans beaucoup de manières. Mais certains d'entre nous aimeraient tout avoir dans la routine, tout avoir le même jour. Cela nous satisfait. D'autres projettent avoir des choses nouvelles, différentes et passionnantes.

   Alors la personne qui va diriger son église vers le changement, ne peut pas être une personne voulant le statut quo chaque jour pour le reste de sa vie. Il faudra le changement, de nouvelles choses, de nouvelles expériences. Augmenter les mêmes vieilles choses ne résoudra pas ce problème. Cela nécessitera de nouvelles choses et si une personne craint le changement, alors le progrès n'arrivera pas.

4. **Un leader dévoué au changement doit s'apprêter à être critiqué.** Je me suis rendu compte dans ce processus qu'il y avait des dirigeants d'église qui ont pris une position pour l'autonomie et pour l'indépendance. Ils ont été mal compris et cette incompréhension pouvait durer des années. Il peut se passer 10 ans ou plus, avant qu'ils ne soient appréciés pour la position qu'ils ont prise pour le changement. Je connais un homme qui a été critiqué après 25 ans, il est toujours critiqué pour la direction qu'il a donnée à son Église, malgré le fait que son église est saine et qu'elle grandit et qu'elle a faite plusieurs pas vers l'autonomie. Il sait que Dieu lui a donné la

vision, et il l'a accomplie. Il sait qu'il a fait ce qui est juste, mais d'autres le critiquent. Donc on doit être préparé à être critiqué.

5. **On doit être préparé à se sacrifier personnellement.** Il peut être nécessaire de dire «Non, merci» à l'argent qui vient de l'extérieur pour maintenir le système et payer les salaires par le passé. Et quand un dirigeant de l'église dit : « Non, merci » à cela, cela peut peut-être signifier qu'il n'a plus son salaire et qu'il est prêt à se sacrifier de cette manière.

Il y a un certain temps, un leader d'église, un ami, m'a dit : « J'ai été demandé au chef pour 1/4 d'hectare à cultiver. Et le chef m'a donné 1/4 hectares et je suis sorti pour labourer. Pendant que je labourais, un villageois est venu à moi et dit : 'Révérend, que faites-vous? Vous travaillez. Vous êtes un homme de Dieu, vous devriez être en train de prêcher l'évangile. Que faites-vous dans ce champ?' » Et le pasteur lui a répondu : « Non, je travaille pour compléter mon revenu car le revenu de l'église est bas et nous avons besoin des frais pour la scolarisation des enfants et d'autres choses, donc le chef m'a donné cette parcelle ».

Et les villageois ont continué : « Voyez, Pasteur, allez faire la mission de Dieu et nous cultiverons ce champ pour vous ». Et lorsque le temps des récoltes est arrivé, les voisins sont venus aider à récolter pour le Pasteur.

Et le pasteur m'a dit : « Savez-vous pourquoi cela est arrivé? C'est parce que j'ai voulu aller et commencer à cultiver moi-même, à cultiver ce champ. Donc il a fait preuve de sacrifice personnel. » Puis il dit : « J'ai le sentiment que si ceux d'entre nous, dirigeants d'église, voudrions être disposés à faire plus de ce genre de chose, pour montrer que nous n'avons pas une somme illimitée d'argent de l'étranger, je crois que les gens nous aideraient encore plus ».

6. **On doit faire preuve d'humilité quand il y a du progrès.** Si Dieu bénit une église avec un tel mouvement vers l'autonomie la gloire appartient au Seigneur. Il y aura des temps où les échecs devront

être apportés et déposés au pied de la croix, et nous devrons dire au Seigneur : « Seigneur, je n'ai pas bien fait ici, veuilles accepter ce qui a été fait. J'aurais voulu que nous fassions mieux ». Alors, si vous devez déposer les échecs au pied de la croix, alors vous devez aussi mettre le progrès au pied de la croix et rendre gloire au Seigneur.

7. **Une autre caractéristique des dirigeants engagés pour le changement est qu'ils doivent être des gens qui peuvent voir le plan d'ensemble.** Si un dirigeant est beaucoup encouragé un jour par ce qui se passe, et découragé le jour suivant par ce qui se passe, ces hauts et bas seront émotionnellement impossible, et c'est catastrophique pour une personne qui traverse cette situation. Donc nous devons tous apprendre à nous concentrer sur le gros plan, acceptant le fait qu'il y aura de bons et de mauvais jours. Mais nous sommes dans la course pour longtemps et nous ne seront pas encouragés un jour, et prêt à abandonner le travail le lendemain car nous avons les regards fixés sur la vision à long terme.

Les hauts et bas à court terme ne devraient pas être interprétés comme des succès et des échecs à long termes. Ces problèmes de dépendance n'ont pas été créés la veille, et ils ne seront pas résolus du jour au lendemain, mais avec l'aide de Dieu, ils peuvent être résolus.

8. Une autre caractéristique de ces dirigeants engagés pour le changement est qu'ils **aient une intégrité incontestable, une intégrité personnelle.** Cela signifie qu'ils sont honnêtes, des gens ouverts qui vivent au delà du désir de commettre du péché dans leurs vies quotidiennes. Ces gens s'entourent avec des gens aussi intègres. Et à moins qu'ils ne fassent cela, le leadership de l'église n'aura pas la confiance des gens qu'ils dirigent.

9. **Être quelqu'un qui est assez sûr de lui-même pour employer d'autres qui sont doués.** C'est une sérieuse affaire pour une personne de siéger au sommet de la pyramide et d'être si mal à

l'aise qu'une autre personne ne peut fonctionner dans la pyramide, sauf pour faire ce qu'on lui demande de faire. Mais une personne qui est engagée à diriger une église vers le changement doit supprimer la pyramide elle-même. Malheureusement, le système depuis longtemps. Et les gens siégeaient au sommet et criaient des ordres, et tout le monde devait obéir. Une Alternative est de retourner cette pyramide sur son côté et recruter des gens pour travailler dans une relation horizontale. C'est là que les leaders cherchent activement les gens doués pour entrer dans le système. Si vous pouvez faire cela et ne pas être menacés par les gens doués.

10. **La personne dirigeant son église vers le changement doit s'assurer que son programme est celui de Dieu.** Et cela nous ramène directement à ce que j'ai dit et redit : que le renouvellement spirituel doit être à la base de cela.

Donc, continuons et parlons de quelques-uns des effets à long terme de la subvention étrangère. **Quels sont les effets à long terme de la subvention étrangère?**

(i) **Eh bien, une des voies par lesquelles la subvention étrangère déforme la réalité est que le programme est établi par les étrangers.** Les étrangers qui fournissent de l'argent décident de ce qui peut ou devrait être fait, car certaines choses sont prestigieuses et parlent bien aux gens qui donnent l'argent et d'autres choses ne le sont pas. Donc l'un des effets de la subvention à long terme est que les autochtones ne peuvent pas réellement déterminer ce qui est le programme. Le programme est établi par quelqu'un d'autre. Un proverbe anglais dit : « Celui qui paie le musicien donne le ton. » Nous disons en anglais, « The one who pays the piper calls the tune. » Quand quelqu'un paie les musiciens, il peut décider de ce qu'ils vont chanter. Le même principe s'applique quand les subsides qui viennent de l'extérieur sont tirés par des ficelles.

(ii) **Le progrès est souvent déterminé par la disposition de l'argent.** « Ils peuvent faire cela parce qu'ils sont payés. Nous ne le pouvons pas parce que nous ne sommes pas payés. »Le programme que Dieu a pour un groupe de chrétiens autochtones ne devrait pas être déterminé par le faite que quelqu'un d'autre donne les ressources ou pas. Je ne crois pas que Dieu donne un fardeau sérieux aux croyants autochtones en Afrique pour ensuite donner l'argent à quelqu'un d'autre pour que l'église africaine le mendie pour faire ce que Dieu leur demande de faire. Pour moi, cela n'a aucun sens. Je ne crois pas que c'est ainsi que Dieu opère. Qu'il donne l'argent aux Américains, aux Anglais et aux Allemands, et puis donne le fardeau aux chefs d'église en Afrique? Non, honnêtement je crois que c'est un malentendu.

(iii) **Les leaders autochtones salariés, payés par l'étranger, ne sont pas libres de prendre une décision et d'innover.** Ils jettent toujours un coup d'œil aux gens qui leur donnaient cet argent. En dehors du respect pour les donateurs, souvent par peur de perdre leurs emplois, ils doivent faire ce que les donateurs leur disent de faire. Donc, les gens, qui sont payés de l'extérieur, ne sont pas libres de faire le travail qu'ils pensent avoir le devoir de faire. Ils ne peuvent pas innover car beaucoup de fois l'innovation n'est pas appréciée.

J'ai remarqué que, pendant les années où j'ai servi comme missionnaire, les idées de beaucoup d'autochtones ont été mises de coté. On leur a donné l'impression que « vos idées ne sont pas assez bonnes; vous n'avez pas besoin de créativité. Comme étrangers, nous avons assez d'idées et assez d'argent pour supporter ces idées. » De cette manière, les initiatives locales ont été détruites.

(iv) **Un autre effet à long terme de la subvention s'est que l'image propre de l'église en souffre.** L'image de l'église aux yeux de la communauté en souffre aussi.

Une fois, j'écoutais une Ougandaise me raconter ce que c'est que d'être un membre de l'église dans la partie d'Ouganda dont elle est originaire. Elle dit : « Savez-vous ce que les gens pensent de nous? Ils me disent 'pourquoi vous joignez-vous à ces chrétiens et quémandent l'argent de l'extérieur? Je ne veux pas faire cela ». En d'autre terme, ils disent que leur respect de soi ne leur permet pas de faire cela. Eh bien! En écoutant un tel commentaire on a une compréhension de ce que les gens dans la communauté pensent de l'église. Ils regardent l'église comme un groupe de gens qui dépendent de quelqu'un pour leur bien-être. C'est un problème de perception par la communauté.

Mais si les gens de l'église ne se sentent pas bien, alors cela est un problème de l'image de soi. Et nous verrons cela dans une prochaine leçon. Mais un effet à long terme de la subvention est que l'image de soi et celle de la communauté sont diminuées.

(v) **Les systèmes de valeur locaux peuvent souffrir de dommage à long terme.**

Une fois, j'écoutais une conférence d'un nigérian qui parlait de dépendance. Sa conférence entière était sur la dépendance. Et il n'avait rien dit avec lequel je ne pouvais pas être d'accord. J'étais très encouragé en l'écoutant analyser le problème du début à la fin.

Mais parmi d'autres choses, il dit : « On a besoin de faire des recherches sur les systèmes de valeur des Africains pour voir quel est le dommage à long terme de l'influence extérieure du syndrome de dépendance. »

Quand vous pensez aux choses dont je parlais plus tôt, par exemple l'apartheid, les résultats de l'exposition à long terme à l'apartheid dans lequel on donnait le sentiment aux gens que « nous n'avons pas besoin de penser, quelqu'un pensera pour nous. » Mais qu'en est-il de la mauvaise utilisation de l'argent et le compromis, l'argent qui est pris d'un projet et utilisé à d'autres fins? Je parle du dommage qui arrive au système de valeur par la présence même de cet argent de l'extérieur. Il suggérait qu'on a besoin de faire des recherches au niveau doctorat de la manière dont les systèmes locaux de valeur sont affectés par une subvention à long terme.

(vi) **Le problème avec la subvention à long terme est que ce qui ressemble à une solution à court terme à un problème s'éternise, et après un temps, il devient un effort à long terme.** Donc je dis que ce qu'on avait envisagé à court terme devient avec le temps un conditionnement.

C'est un peu comme ces gens là qui disent : « Eh bien! Si l'argent est aussi facile à gagner, pourquoi travaillons-nous aussi durement pour l'avoir localement? » Quand les autochtones en arrivent à cette conclusion, ils choisissent une solution à court terme plutôt que l'objectif à long terme.

Maintenant, pourquoi l'enseignement de l'intendance échoue souvent? Une des choses que j'ai remarquées des années durant est que les missionnaires proposaient de plans élaborés pour l'enseignement de l'intendance dans les églises africaines. J'ai donc prêté oreille à ses leçons et j'ai essayé de découvrir ce qui arrivait, et on se rend compte que souvent de tels enseignements tombent sur des oreilles sourdes.

Pourquoi tombent-ils sur des Oreilles sourdes? Je vais donner plusieurs raisons, des raisons pourquoi l'enseignement de l'intendance échoue souvent.

1. **Les croyants ont un cœur froid. Ceci est encore le problème d'un renouvellement spirituel.** Il y a quelque temps, j'ai organisé un séminaire et un homme, un Pasteur, est venu à moi et me dit : « Que puis-je faire dans mon église? Les gens ne connaissent même pas le Seigneur. Et je ne peux pas les amener à donner ». Et je lui ai répondu : « Vous attendez-vous que des gens qui ne connaissent

pas personnellement Dieu de mettre de l'argent dans le panier? Leur demandez-vous d'aider votre église lorsqu'ils ne sont même pas d'abord des enfants de Dieu? » Et il était clair qu'on devait commencer à prêcher l'évangile quand les gens ne connaissent pas le Seigneur.

Mais qu'en est-il s'ils sont des chrétiens, mais ils sont froids et ils ne marchent pas quotidiennement avec le Christ comme fidèles? S'ils ont froid au cœur, ne vous attendez pas à ce qu'ils mettent joyeusement de l'argent dans le panier.

2. **La deuxième raison le fond étranger crée une apparence de prospérité.** Je l'ai dit il y a quelques instants qu'il semble que vous avez de l'argent venant de quelque part. Dès lors vous n'avez plus évidemment besoin de ma maigre offrande. Ma petite offrande ne servira à rien lorsque vous pouvez obtenir autant d'argent d'ailleurs. Le remède à cela est de considérer un budget dans lequel les gens sont impliqués. Ils savent à combien s'élève le budget, ils connaissent à quelle fin il doit être utilisé, et ils savent que s'ils le donnent, le budget peut être obtenu et l'argent d'ailleurs ne sera pas une alternative.

3. **Les raisons pour lesquelles l'enseignement de l'intendance dans les églises missionnaires échoue généralement.** Il y a *des revenus cachés et des dépenses cachées*. Il se trouve que cela est souvent un leg direct de la période missionnaire. Pendant la période missionnaire, les gens n'avaient AUCUNE IDÉE combien d'argent rentrait et à quelle fin il était utilisé. Ils ont souvent vu de nouveaux véhicules. Ils peuvent avoir vu un nouveau camion passant sur la route. Disons que je suis avec mon ami et ce camion nous dépasse en soulevant la poussière. Et je tourne vers mon ami en disant : « Qu'est-ce que c'est? » Et il dit : « C'était le camion de la mission ». Et je dis : « Mais où est-ce qu'il part? » et il dit : « Je ne sais pas, mais si tu le suis, peut-être tu auras du travail. »

« Qui l'a acheté? » « Je ne sais pas. La mission a toujours de l'argent pour de telles choses. Nous ne savons pas d'où il provient ». Des sources de revenu cachées et des dépenses cachées. Et quand cela est un secret et se poursuit, c'est vraiment décourageant, et ce n'est pas étonnant que l'enseignement de l'intendance échoue.

4. Une autre raison de l'échec de l'enseignement de l'intendance est que le projet ou église ou telle autre chose, **est considéré comme appartenant à quelqu'un d'autre.** Il est perçu comme appartenant aux missionnaires. Savez-vous pourquoi les stations tombent en délabrement après le départ des missionnaires? Parce que les autochtones ne croient pas que ça leur appartient, ils n'éprouvent aucun besoin à les réparer. Et ils disent : « Que les gens qui les ont bâties les entretiennent, qu'ils les réparent. » Et donc ils peuvent penser que les missionnaires sont les vrais propriétaires. Ils peuvent penser que le Pasteur est le vrai propriétaire. « Laissons-le faire, c'est son église ». Dans certaines congrégations, les membres s'abstiennent et laissent quelques membres riches payer les factures. Ainsi, l'église ou le projet peut être considéré comme appartenant à quelqu'un d'autre.

5. **Il y a une formation inadéquate des trésoriers.** Il est clair que beaucoup d'églises pourraient se débrouiller avec une combinaison de simples procédures de comptabilité et une intégrité authentiques.

6. **Il y a un manque d'intégrité parmi les dirigeants d'églises.**

    Ceux qui reçoivent et gèrent les fonds doivent pouvoir le faire avec une transparence absolue. Si cela n'est pas fait la confiance de ceux qui mettent l'argent dans la collecte sera détruite.

    « Où est l'argent? »

Le Dr. Glasser, quand quelqu'un avait une bonne idée – il disait : « Mais ne vous souvenez-vous pas de cette fameuse citation *Le Marchand de Venise* –'mais où est l'argent' ? »

Où est l'argent? Je crois que l'argent pour faire ce que Dieu demande aux chrétiens africains de faire se trouve en trois endroits:

- **Il est dans la poche des chrétiens qui dorment et ces chrétiens doivent être réveillés.** C'est de cette manière que vous obtenez l'argent que Dieu leur a donné. Ils doivent être réveillés par le réveil spirituel. Ils vivent en dessous de leurs privilèges dans le Seigneur.

- **L'argent dont l'église a besoin est dans la poche des non croyants**.

    Une fois, un pasteur m'a demandé dans la ville de Lusaka : « Vous vous rappelez d'un tel homme d'affaire? » Et j'ai répondu : « Non, je ne me rappelle de personne de ce nom ».

    « Non, il était un de vos étudiants lorsque vous étiez enseignant dans une école secondaire. » Il m'a dit : « Eh bien! Cet homme vient de faire la connaissance du Seigneur récemment. Il était un homme d'affaires pendant 20 ans et ne suivait pas le Seigneur. Mais quand il est devenu chrétien, il y a quelques temps, en reconnaissance à Dieu, il est venu à l'église et il a donné 100.000 Kwacha zambien à l'église. » A cette époque, cette somme valait environ 2.500 dollars US. Cet homme a donné 100.000 Kwacha à l'église. Cela s'est passé il y a quelque temps lorsque le Kwacha valait plus qu'il ne l'est maintenant.

    Et j'ai commencé à y penser, ensuite je me suis demandé : « d'où sont venus ces 100.000 Kwacha? » De la poche d'un non croyant qui a confessé Christ comme son Sauveur et, en reconnaissance à Dieu, il a donné cet argent à l'église. Puis j'ai commencé à me demander combien plus d'argent il y a là-bas pour l'Église, si une évangélisation appropriée est faite et les gens en reconnaissance à Dieu retournent leurs ressources à l'église, c'est une source de revenu.

    Bien sûr, personne ne fait l'évangélisation pour obtenir de l'argent. Ce serait une erreur pour nous de faire cela. Mais un des avantages secondaires d'une évangélisation efficace est l'offrande accrue à l'église.

- **Je suis fréquemment critiqué pour ce dernier point quand je dis que l'argent dont l'église a besoin est avec les chômeurs.** Et des pasteurs m'ont dit : « Mais, comment! Glenn, vous ne savez pas de quoi vous parlez. Dans mon église, je dois aider le gens. Ils ne peuvent pas payer mon salaire; je dois leur donner de l'argent car ils sont pauvres ». Je dis : « Non, non, attendez une minute. Ne savez-vous pas que les chômeurs peuvent payer le salaire du pasteur? » Et ils disent : « Non, comment cela peut-il être possible?» Je dis : « Vous rappelez-vous de l'histoire des Assemblées de Dieu en Afrique du Sud? Apprenez-leur à faire quelques choses avec les mains et puis apprenez-leur à donner en retour à Dieu en reconnaissance. Si ce concept d'intendance est conçu dans le processus du gain, alors les chômeurs peuvent aider à payer le salaire du Pasteur. »

Donc, vous vous asseyez et vous priez avec un paroissien qui est chômeur et vous dites : « Prions que Dieu vous aide à trouver du travail. » Et quand vous trouver un emploi, souvenez-vous de dire merci à Dieu en lui donnant quelque chose en retour par reconnaissance. C'est pourquoi je dis qu'une partie du revenu dont l'église a besoin est avec les chômeurs. Il y a l'histoire d'une société en Afrique de l'Est qui aidait les gens à avoir un emploi. Et ils les aidaient à voir que quand ils ont gagné un emploi ils devaient quelque chose à Dieu. Ils prenaient un petit montant de la monnaie locale et aidaient les gens à trouver où créer un emploi.

J'ai aussi entendu parlé d'une église au Nigeria où ils ont combiné le concept de l'intendance avec celui de l'enseignement de l'amélioration des niveaux de la communauté et l'église en a bénéficié. Ils s'y réfèrent parfois en termes de « principe de foi et ferme ». Combiner la qualité de vie de la communauté avec l'enseignement de l'intendance, au bénéfice de l'église.

QUESTIONS A DISCUTER
Chapitre 8

1. Quel niveau de contrôle les donateurs occidentaux devraient-ils exercer sur les fonds qu'ils envoient aux églises établies par la mission?

2. « L'appropriation doit précéder l'intendance ». Discutez les implications.

3. Quelle est la gravité du problème de sources de revenu cachées?

4. « Les autochtones n'ont pas confiance les uns aux autres ». Est-ce là une raison valable de faire gérer l'argent par un étranger?

5. Quelles sont les étapes qui vont aider à assurer le transfert complet de l'appropriation psychologique?

6. Que peuvent faire les missionnaires pour montrer qu'ils ont personnellement confiance aux Seigneur quand il apparaît qu'ils ont un accès illimité aux fonds?

7. « Les chrétiens endormis, les non chrétiens et les sans-emploi sont tous des donateurs potentiels dans église » Discutez les implications.

8. Quelle est l'importance des actions de grâce dans votre église?

LECTURES SUGGEREES

Voir les lectures suggérées du chapitre 7.

CHAPITRE 9

Trois Choses Importantes pour les Institutions Établies par la Mission

Il y a trois choses importantes pour les institutions établies par la mission. Ces trois choses sont:**le Renouvellement Spirituel, la Restructuration et la Vision ou l'Imagination.**

Je vais commencer par le concept du renouvellement spirituel et son importance pour l'œuvre de Dieu. Ce n'est pas une étude biblique sur le Renouvellement Spirituel. Je laisserai cela à d'autres. Il y en a beaucoup qui peuvent faire un bon travail d'enseignement des bases bibliques du renouvellement spirituel. Il y a des prédicateurs, il y a des leaders d'églises, il y a des missionnaires. Tous ceux qui sont capables de prendre leurs bibles et de découvrir ce qui se dit sur l'importance du renouvellement spirituel. Mais j'aimerais tout juste mentionner quelques choses en rapport avec l'importance du renouvellement spirituel qui affecte les institutions établies par la mission.

Tout d'abord, il y a deux voies par lesquelles l'œuvre de Dieu prospère. L'une, c'est le travail dur, avec l'effort humain, l'effort laborieux, où nous travaillons avec foi. Nous donnons le meilleur de nous-mêmes, nous prions, nous travaillons et nous attendons que Dieu bénisse l'œuvre. Cela est une voie. L'autre voie est un réveil spirituel très répandu dans lequel l'Esprit de Dieu bouge parmi les gens.

Dr. Edwin Orr fait une distinction entre deux sortes de réveil spirituel. Il parle d'un renouveau parmi les croyants et un réveil spirituel entre les non-croyants. Je vais alors expliquer un peu ce qu'il veut dire par là.

En fait, vous ne pouvez pas être renouvelé si vous n'avez jamais connu le Seigneur en premier lieu. Donc le renouveau est pour les croyants de nom, croyants qui ont connu le Seigneur, mais vivent en dessous de leurs privilèges. Le réveil spirituel ou ce qu'il a appelé simplement «réveil parmi les masses» a lieu lorsque l'esprit de Dieu se meut parmi les non-croyants et il y en a beaucoup qui sont prêts à accepter le Seigneur en ce moment.

Alors nous devons prier sincèrement pour ces deux. Nous devons prier pour que l'Église soit renouvelée et que les masses soient réveillées.

J'ai une fois écouté un Pasteur décrire la préparation de ses messages. Et il dit : « Il y a des moments où je prépare un message et je travaille dur pour le constituer et de le bien faire et ça me prend tout mon temps. Mais il y a d'autres temps » dit-il « quand c'est comme si on va à une chute d'eau pour tenir le récipient simplement sous la chute. Et l'eau se déverse dedans, mon seau se remplit très rapidement, et mon message est bientôt prêt ». Ceci décrit la différence entre l'approche du travail pénible, qui est, pour beaucoup d'entre nous, la plupart du temps, et ces moments spéciaux quand l'esprit de Dieu est libéré d'une façon inhabituelle.

Alors une de ces périodes où l'esprit de Dieu était relâché en Afrique, était en liaison avec le concept **de renouveau en Afrique Orientale**. Je vais décrire le phénomène.

Dans les années 1920, il y avait un homme du nom de Dr. Joe Church et son collègue africain dont le nom vient de m'échapper en ce moment. Ils ont travaillé dans un hôpital ensemble. Un jour, ils ont décidé de venir ensembles et s'agenouiller pour prier et demander des bénédictions de Dieu et se demander pardon. C'était là le début d'un réveil qui a continué d'une certaines manière jusqu'à ce jour. C'est connu comme le renouveau d'Afrique Orientale. Maintenant, c'était évidemment entre croyants mais je vais vous parler de certaines des caractéristiques qui ont aidé l'église en Afrique à cause de ce renouveau de foi, et on peut seulement prier que quelque chose de cette nature se répande à travers d'autres parties de l'Afrique où le renouveau n'a pas été encore connu.

Mais ce renouveau insistait sur le fait que les frères et sœurs dans l'église étaient une famille juste comme une famille étendue dans la société. Ils ont commencé à se reconnaître comme frères et sœurs, et ils se sont salué chaleureusement à Église comme frères et sœurs. Ils ont accentué la confession et la repentance. C'est ainsi qu'on se préparait à venir dans cette communauté, et on l'appelait la communauté du réveil. Mais sans confession et sans repentance on ne pouvait pas y entrer.

Le renouveau parlait beaucoup de « marcher dans la lumière. » Les frères et les sœurs se confrontaient s'ils pensaient que quelqu'un ne marchait pas dans la lumière. Ils disaient : « Alors frères, êtes-vous sincères en cela, êtes-vous sûr que ce que vous faites est marcher dans la lumière? Sinon, asseyons-nous et parlons et prions pour cela ». Ils ont aussi parlé de l'expérience du « Cœur chaud ». Quelque chose leur est arrivés, en prenant le terme, probablement, de l'expérience de John Wesley qui disait que son cœur était étrangement réchauffé.

Cette expérience du renouveau n'a pas seulement touché la vie des fidèles en Afrique de l'Est, mais elle a aussi touché la vie des missionnaires. Je peux me souvenir d'un missionnaire qui dit qu'il est allé en Afrique de l'Est, qu'il a rencontré les gens du renouveau et a trouvé son propre cœur tiède réchauffé après avoir été touché par Dieu d'une nouvelle manière.

Ce renouveau a aussi aidé à préparer la voie pour la restructuration qui est le point suivant auquel je viendrai dans un moment. Le témoignage de certains des gens en Afrique de l'Est, à qui j'ai parlé, est : « Merci Dieu pour le renouveau, car le renouveau a rendu la restructuration possible ». Ils ont dit : « Nous nous sommes assis pour prendre des décisions sur l'avenir de notre église. » Et ils ont dit : « De temps en temps nous faisions face à un point difficile. Certains résisteraient au changement et d'autres seraient en train de le promouvoir, et nous nous regarderions et dirions : 'Frères et sœurs, ce que nous croyons est destiné au Seigneur. Prions. Le Saint Esprit devra nous diriger à travers ce processus' ». Ainsi leur témoignage était : « Dieu merci pour le réveil qui s'est passé avant la restructuration. »

Quelle est l'importance de cela? L'importance du renouvellement spirituel est qu'il rend possible certaines choses qu'on croyait impossibles. Il y a des montagnes par devant dans le processus de la restructuration. De changement sérieux seront nécessaire, et peut-être, il ne semble pas qu'ils pourront être fait, par des êtres humains. Mais quand l'esprit de Dieu va en avant, et son esprit se meut parmi les gens, les cœurs sont correctement alignés avec lui, les choses qu'on croyait impossibles deviennent possibles, et il change les églises mortes en des organismes vivants et dynamiques. Imaginez ceci. Une Église qui boitait et luttait pour se maintenir, trouve tout à coup l'esprit de Dieu venant parmi les gens. Il y a une nouvelle exaltation, les sermons ont une nouvelle signification, les gens ont un nouvel esprit dans leurs cœurs pour servir d'autres, il y a un nouveau courant d'offrande à l'église, il y a un souci pour ceux qui ne sont pas atteints. Donc l'organisme mort devient vivant à cause de l'esprit du réveil. Écoutez ce que l'écriture dit : « 'Ce n'est ni par puissance, ni par force, mais par mon esprit,' dit l'Eternel ». Ça c'est l'importance du renouveau spirituel. Maintenant nous en arrivons à la question de la restructuration, le deuxième facteur important dans le processus de la transition de la dépendance vers l'autonomie.

Alors, si vous regardez le monde des affaires, vous voyez que la restructuration a constamment lieu. Les affaires évaluent continuellement où elles sont et ce qu'elles font. Et celles qui ne le font pas disparaissent de la scène, car elles n'ont pas évolué avec le temps. Elles doivent s'assurer que les produits qu'elles font répondent aux besoins du public. Ils doivent trouver la manière la plus efficace et la moins chère de faire ses produits. Autrement elles perdent et éventuellement faire faillite.

Par contraste l'église a une habileté anormale de traîner les pas, de se tourner vers la tradition et de s'y accrocher longtemps après que ce soit la manière la plus utile pour faire l'œuvre de Dieu de nos jours. Donc le monde des affaires nous montre que la restructuration doit avoir lieu pour être en phase avec les temps.

Les changements ont lieu aussi dans la sphère politique, parfois avec violence, pas toujours facilement. Mais ceux qui restent en politique et la font bien, se rendent compte qu'ils doivent aussi faire un ajustement de temps en temps. Ils ne peuvent pas maintenir un parti politique avec des règles qui étaient appropriées en 1910 et s'attendre qu'elles fonctionnent dans les années 1990.

Voyez l'Afrique du Sud d'aujourd'hui par rapport à ce qu'elle était il y a tout juste 5 ans et vous comprenez l'énorme changement que ce pays a subi. Elle a adopté une sérieuse restructuration.

Souvent des plans sont lancés pour une reconstruction majeure d'un pays comme l'Afrique du Sud. Mais à d'autres époques il y a tout juste de simples changements qui sont à accomplir pour que le pays s'adapte à se qui se passe dans son voisinage. L'église peut se servir de cela comme une leçon.

Je ne dis pas qu'un tel changement est bon marché ou facile. En fait la restructuration pourrait ne pas être nécessairement la manière la moins coûteuse pour aller de l'avant et elle pourrait ne pas être la garantie du succès. Mais ceux qui s'engagent à s'adapter au temps et amener leur église dans le monde d'aujourd'hui, il leur faudra payer le prix de la restructuration pour que leur église soit prête pour ce que Dieu attend d'elle.

La restructuration devrait, en terme de dépendance et d'autonomie, inclure une nouvelle manière de faire les décisions. Les églises, qui essayent d'entrer dans le monde contemporain et de conserver la vieille manière de prise de décision ne feront pas beaucoup de progrès dans ce domaine. Elles ne vont pas s'ajuster, elles vont reculer. Elles pourraient même permettre à quelqu'un d'autre de prendre les décisions à leurs places. Si les étrangers ont eu l'habitude de faire les décisions pour eux, particulièrement en rapport avec le financement extérieur, cet argent et cette influence devront être mis de côté pour que la vraie restructuration ait lieu. Sinon les leaders d'églises vont toujours regarder au-dessus de leurs épaules pour voir s'ils ont l'approbation de ceux qui donnent l'argent. C'est pour quoi j'ai suggéré, comme je l'ai fait dans le chapitre précédent, que ceux qui représentent l'argent étranger ne doivent pas prendre part aux réunions quand on prend des décisions.

Pourquoi donc cette restructuration est-elle si critique? La restructuration est nécessaire car les anciennes structures peuvent être non seulement inappropriées mais aussi très chères. Traiter du problème de ses structures coûteuses pour que l'église soit ce qu'elle devait être aujourd'hui, c'est le but de la restructuration.

Alors la liberté de restructurer est un signe qu'on est sur la voie de l'indépendance. Et si les leaders d'églises sont encore si conscients de ceux qui leur donnaient l'argent d'abord au point qu'ils sont incapables de prendre des décisions pour eux-mêmes, c'est un signe que le syndrome de dépendance n'est pas encore mis de côté. La vraie appropriation a lieu quand les églises locales sont libres de prendre leurs propres décisions.

Sans restructuration, les leaders d'églises bien intentionnés avec une intégrité spirituelle se trouvent en train d'essayer de diriger les organisations difficiles à diriger. Mais avec la restructuration les parties ingérables peuvent être mises de côté et avec l'aide du Saint-Esprit le progrès peut être accompli. Si la restructuration n'a pas lieu, et j'ai essayé de parler de cela dans la leçon précédente, alors les choses peuvent aller de mal en pire. Et ceux qui ont l'argent étranger peuvent penser qu'ils doivent intervenir. Malheureusement, il y a des endroits où cela est arrivé.

Maintenant, qu'est-ce qui se passe lorsque la restructuration échoue ou est retardée?

1. **Il y a un énorme gaspillage de ressources humaines et financières, et on doit ajouter les ressources spirituelles**. Si la restructuration n'a pas lieu, et les gens continue à porter les fardeaux qu'il portait, il y aura un énorme gaspillage de ressources humaines et financières. Le temps et l'effort des leaders d'Églises seront employés pour résoudre les problèmes que l'Église ne devrait même pas avoir, comme ces affaires mal gérées dont je parlais avant. Ces affaires deviennent une charge qui devrait être mise de côté, donnée à quelqu'un d'autre ou fermées définitivement pour

qu'il n'y ait pas d'énormes gaspillages de ressources humaines et financières.

2. Une deuxième chose qui se passe lorsque la restructuration échoue est que les **bons leaders vont ailleurs.** Nous parlions précédemment de ces églises indépendantes où les leaders des églises établies par la mission quittaient en frustration et commençaient leurs propres églises. Ces gens même sont quelques fois ce dont on a besoin. Parfois de bonnes gens sont si frustrées avec la non restructuration de l'église qu'ils vont dans la fonction publique pour servir le gouvernement. Leur attitude envers l'église ne pourrait même pas être positive parce qu'ils sont devenus victimes de structures inappropriées auxquelles les leaders s'accrochaient pendant trop longtemps.

Parfois cette église non structurée cause un schisme ou une division. Tout récemment, j'étais en Afrique Centrale et je commençais à entendre des bruits d'insatisfaction parmi les fidèles. Et quelqu'un est venu à moi et me dit : « Savez-vous pourquoi ils se plaignent? » J'ai répondu « Non ». Ils ont dit : « Nous ne pouvons pas tolérer cette structure actuelle de l'église et la manière dont les choses se font et la manière dont l'opération est dirigée. Donc ils sont en train d'émarger pour une nouvelle église ». Et voici! En quelques jours, ils ont recueilli beaucoup de signatures pour la formation d'une nouvelle église, et il en est résulter deux dénominations. Dans certains cas l'un des groupes devient simplement indépendant et se sépare.

Une autre chose qui arrive lorsqu'une restructuration est ajournée est que les objectifs de la mission ne sont pas atteints. Je reviens à ce thème à maintes reprises car, si l'église en Afrique va devenir une église qui envoie des missionnaires et prendre sa place dans l'évangélisation du monde et joindre ce mouvement global d'expansion de la parole de Dieu pour atteindre les 97% de la population dans la fenêtre 10/40 (qui n'ont pas encore entendu parler de Jésus), alors la restructuration doit arriver. Et si on ne restructure pas, alors cet objectif de la mission de l'église ne sera pas accompli. Beaucoup de fidèles en Afrique ne découvriront pa la joie qui vient en se reproduisant en partageant la Bonne Nouvelle avec d'autres qui sont hors de leur communauté. Et l'image de l'église devant la communauté va souffrir si la restructuration n'a pas lieu. C'est ce que les gens pensent d'eux-mêmes et ce que d'autres pensent à eux. Nous reviendrons à ce point plus tard. Quand la restructuration est retardée, l'image de l'église de soi-même, et l'image de la communauté de l'église, souffre.

3. Une autre chose qui arrive quand la restructuration est ajournée – **l'église consomme toutes ses ressources sur elle-même il n'y a plus rien qui reste pour d'autres qui sont dans le besoin.** En fait, à cause de l'énorme charge et le poids du mécanisme et de la structure précédente de l'Église, ça ne veut pas seulement dire que l'église n'a rien à donner, mais elle n'en a même pas assez pour se maintenir. Et quand la restructuration ne se passe pas, tout est consommé pour maintenir la structure. Aussi l'église locale doit demander de l'aide.

Malheureusement, ça arrive très souvent, je rencontre un leader d'église, ou reçoit une lettre de quelqu'un qui dit : « Pouvez-vous chercher de l'argent pour nous soutenir? Notre église est en difficulté ».

Un homme m'avait dit : « Pouvez-vous aller à l'étranger et trouver de l'argent pour aider notre église? Nous allons vers un déficit ». Et j'ai commencé à penser à tout ce poids de la boite qu'elle essayait de tenir et j'ai vu que Dieu, dans sa providence, n'a pas désigné ce plan pour que les églises commence une assistance toujours de l'extérieur. Si la structure avait lieu les choses qui sont un si grand fardeau seraient mises de côté et elles seraient capables de continuer.

Venons maintenant à la vision ou l'imagination.

Le Proverbe 29:18 dit : « Sans vision le peuple périt. » Ça c'est le type de vision qui dit : « Dieu m'a donné une responsabilité pour l'avenir. Dieu m'a donné une responsabilité pour nos propres peuples non atteints. Dieu nous a donné le fardeau pour ces peuples dans d'autres parties du monde pour que nous allions vers eux. »

Mais il y a aussi une sorte de vision et d'imagination qui rend le changement possible, changement dont je parlais plus tôt : la liberté de trouver de nouvelles idées. Ça c'est l'imagination.

Une des tragédies de la période coloniale était que l'imagination des autochtones n'était ni appréciée, ni récompensée. Les gens, les autochtones qui avaient de bonnes idées étaient souvent frappés à la tête et on leur disait : « Maintenant, faites attention, on ne le fait pas ainsi. Vous vous asseyez et vous écoutez ».

Alors l'initiative qu'une telle personne avait, était souvent détruite. Combien de fois, à maintes reprises, on a donné ce message négatif aux leaders d'églises concernant leur vision ou leurs imaginations. Alors après un certains temps, ils ont commencé à penser que leurs idées n'étaient pas bonnes. C'est une des tragédies de la période coloniale. Que la créativité et l'imagination des autochtones étaient mises de côté en faveur des bonnes idées que les gens amenaient de l'extérieur. Imaginez les étrangers ayant assez de bonnes idées et les indigènes ayant le sentiment qu'ils n'ont aucune. C'était une tragédie réelle.

Là où les Églises prenaient une nouvelle direction, la créativité locale était en abondance. Les gens n'ont pas attendu quelqu'un d'autre pour réfléchir pour eux-mêmes. Leur propre ingéniosité a pu leur attirer des ennuis de temps en temps. Mais ils n'ont pas attendus que quelqu'un d'autre fasse des décisions à leur place. Ils ont mis en pratique ce que Dieu les enseignait : utilisant leur propre vision et imagination. Et vous savez que certaines de ces Églises se sont énormément développées. Prenons par exemple l'église des Kimbanguistes avec plusieurs millions croyants en Centrafrique. Une église indépendante dans laquelle les gens mettent de côté les contraintes, laisse l'imagination circuler, et Dieu a béni leurs efforts.

Est-elle une Église parfaite? Non. A-t-elle des problèmes? Oui. Mais a-t-elle fait des progrès dans le sens de l'indépendance et se tient-elle debout sur ses deux pieds? Certainement.

Donc, là où ce changement a eu lieu, la créativité locale a été encouragée. L'imagination locale est l'élément clé dans la découverte et la promotion des pratiques autochtones tels que les formes locales de la musique et les nouvelles manières de collecter l'argent. Pendant la période coloniale encore, malheureusement il n'y avait pas un besoin pour la créativité locale car la plupart des idées venaient de l'extérieur que les autochtones essayaient juste de saisir tout le temps. Ils n'avaient pas besoin d'avoir de bonnes idées et ils se sont assis pour dire : « Eh! Regardez ça ». Et la musique est venue de l'extérieur ainsi que la structure de l'église, les véhicules et tant d'autres choses qui ont afflué sur la scène. Les gens étaient dans l'admiration de tout ce qui se passait et on n'avait pas besoin d'être créatif concernant les nouvelles idées ou les ressources.

Les missionnaires feraient bien d'apprendre la leçon de s'asseoir à l'arrière parfois et de ne faire absolument rien, même pas de souffler qu'il y ait une solution alternative au problème, juste pour laisser couler l'imagination locale. Une église en Centre Afrique avait un recueil qui contenait 200 hymnes et chants. Les 184 d'entre eux étaient clairement sur des aires occidentaux. Les16 autres étaient marginalement occidentaux. Je ne pense pas qu'il y avait un seul chant dans ce recueil écrit par un autochtone dont on pourrait dire:« Voici un texte autochtone avec de la musique locale. » Cela est très triste qu'on ne pouvait pas capitalisé sur cette imagination locale.

Ce ne sont pas toutes les nouvelles idées locales qui vont marcher, mais l'imagination locale est l'essence qui fait progresser le processus. Et il y aura un tâtonnement et des erreurs, certaines choses marcheront et d'autres ne marcheront pas. Mais sans la liberté d'essayer ces nouvelles choses, nous ne saurons jamais quelles choses marchent et quelles choses ne marchent pas.

L'imagination et l'inspiration aident à rendre la restructuration possible car, c'est lorsque les gens sont libres de penser à de nouvelles manières de faire le travail de l'église que la restructuration devient possible. Et si cette inspiration ou cette imagination est chaque fois réfutée, chaque fois qu'une bonne idée surgit, la période de tâtonnement n'arrivera pas, et la restructuration ne se fera jamais. Mais quand ces deux, l'imagination et l'inspiration, sont associées au renouvellement spirituel, la dynamique pour le changement est énorme (et les choses qu'on croyait ne jamais être possibles dans le passé, arrivent).

Et puis il y a une chose de plus qui devrait être ajoutée au processus et ça c'est le **COURAGE.** Donc si vous ajoutez à l'inspiration et à la vision le courage, le rôle prophétique de l'église peut une fois de plus se réaliser dans la société. Il faut vraiment du courage pour trouver la vision et l'imagination pour concevoir un message que non seulement la communauté mais aussi les gouvernements, doit entendre. Il faut du courage à quelqu'un pour se lever et dire : « C'est la parole du Seigneur ». Si cette parole vient du Seigneur, il l'a bénira. Ainsi, mettre ensemble le courage, l'imagination et la vision est le processus qui conduit les leaders d'églises dans un ministère prophétique.

Le terme «prophétique» s'agit du courage d'annoncer la parole de Dieu dans la puissance du Saint-Esprit en utilisant l'imagination que Dieu nous a donné pour influencer la société dont nous faisons partie.

En concluant cette leçon je vais faire quelques commentaires sur la raison pour laquelle parfois les leaders d'églises ont la difficulté d'avoir un rôle prophétique dans leurs communautés.

1. **Ils souffrent d'un sentiment d'infériorité qui enlève le tranchant de leur témoignage public.** Ils peuvent même être embarrassés concernant leurs églises. Leur sentiment d'infériorité les empêche de parler avec hardiesse dans leurs sociétés.

2. **Ils manquent d'imagination à savoir comment présenter le message prophétique à ceux qui ont besoin d'écouter ce message publiquement.** Ils ne savent pas comment pénétrer les cercles de gouvernement. Nous n'avons pas été efficaces dans l'enseignement mutuel pour avoir un tel ministère créatif.

3. **A cause du besoin de renouvellement spirituel, ils n'ont aucune base spirituelle pour parler à la communauté plus grande dont ils font partie.** En d'autres termes, ils n'ont pas de force spirituelle et si nous allons oeuvrer dans le monde entier, si nous allons parler aux leaders dans la communauté, si nous allons parler dans le Parlement ou dans le cabinet du Président ou aux chefs du gouvernement entier, nous devons le faire sur une base spirituelle solide.

4. **Parfois, les leaders d'églises ont compromis leurs principes, parce que cela est connu, ils ne sont pas en position d'instruire les autres.** Le côté tranchant de leur ministère a disparu. Malheureusement, les leaders d'églises parfois compromettent leurs ministères en recevant de l'argent illégalement ce qui enlève le côté tranchant de leur témoignage dans la société. Les gens qu'ils essayent de servir savent qu'ils vivent une vie en dessous des exigences de Dieu. Ce n'est pas là une voie pour avoir un ministère prophétique à la société élargie. Que Dieu aide l'église qui cherche à quitter la dépendance pour aller vers l'endroit dans lequel Dieu peut l'utiliser. Que Dieu aide les leaders d'églises à voir l'importance de leur intégrité, parce que l'intégrité doit former une partie la base sur laquelle ils doivent faire l'œuvre de Dieu dans les jours à venir.

QUESTIONS A DISCUTER
Chapitre 9

1. Votre église a-t-elle besoin de renouvellement spirituel? Comment pensez-vous que cela doit venir?

2. Quelles sont les forces et les faiblesses des mouvements de réveil tel que le réveil de l'Afrique de l'Est?

3. Êtes-vous d'accord que les missionnaires doivent s'absenter quand les leaders locaux discutent la restructuration? Pourquoi ou pourquoi pas?
4. Donnez des exemples de visions locales d'imagination ou de créativité que vous connaissez.
5. Comment votre église peut-elle avoir un ministère plus prophétique envers la société? Envers le gouvernement?
6. Donnez des exemples selon lesquels les principes de compromissions empêchent le témoignage des leaders d'église?

LECTURE SUGGEREE

Allen, Roland. *Missionary Principles*. Grand Rapids : Wm Eerdmans, 1964.

CHAPITRE 10

Des Questions de Dépendance Parmi les Pauvres et les Sans Emploi

Il y a deux questions qu'on me pose fréquemment concernant cette question d'autonomie et de dépendance en Afrique. L'une des questions vient des gens qui ont beaucoup d'argent et ne savent pas comment le donner sans causer de dépendance. Ils me disent : « Que sommes-nous supposés faire avec tout l'argent que nous avons? » La deuxième question qui m'est posée est celle-ci : « Et les pauvres, ne sommes-nous pas supposés aider les pauvres? » Cette leçon donc est faite dans l'intention de traiter ces questions de dépendance parmi les pauvres et les sans emploi. Laissez-moi traiter quelques aspects.

Tout d'abord, je voudrais faire une déclaration personnelle. J'ai un engagement personnel dans cette question parce que pendant des années j'ai été sympathique à l'égard des pauvres et leur situation me soucie. Pendant que je commençais à préparer ces leçons, j'ai reçu une lettre d'une église dans la partie sud de l'Afrique, une église qui soufrait évidemment. Ils ont eu une sécheresse pendant trois années de suite, et ensuite, cette année-là, quand les pluies sont finalement venues, elles sont venues en grandes averses et ont commencé à désintégrer les maisons dans lesquelles les gens vivaient. De toute évidence presque, ils vivaient dans des maisons faites de briques séchées au soleil plutôt que de briques cuites au four.

Voici donc une situation où il y a eu trois années de sécheresse, ensuite une année de pluie au cours de laquelle les maisons ont été détruites. J'ai agonisé sur la question de savoir ce que je devais faire de cette requête qu'ils m'ont fait parvenir. Il me fallait en arriver à une conclusion après avoir lutté avec cette question pendant un certain temps. En fait, je suis arrivé au point où je ne pouvais pas continuer à préparer ces leçons jusqu'à ce que j'aie résolu dans mon esprit s'il fallait aider ou pas et si je devais aider comment je devais le faire. Dieu m'a conduit dans ce processus et, en fait, j'ai envoyé une contribution à ces gens que je savais souffrir dans de telles circonstances.

Tout cela, c'est pour dire que bien que je fasse la promotion de l'indépendance et de l'autonomie des églises en Afrique, je ne suis pas insensible à l'égard des pauvres. Nous ne pouvons pas êtres insensibles à l'égard des pauvres. Jésus a prononcé certains de ses discours les plus violents contre ceux qui offensaient les pauvres et je ne veux pas donner l'impression que je suis opposé à l'assistance aux pauvres. Comme je vous le montrerai plus tard, ce dont nous parlerons dans ces leçons, c'est à propos des églises dépendantes dans certaines parties particulières de l'Afrique où ces églises ne sont pas nécessairement pauvres.

Voyons ce que la Bible a à nous dire concernant l'assistance aux pauvres.

Dans l'Ancien Testament, il y a des lois clairement et soigneusement prescrites et données au peuple d'Israël à suivre concernant les pauvres. Nous connaissons la loi des dîmes. Est-ce que vous savez qu'il y avait différents niveaux de dîmes qui concernaient des choses telles que les premiers fruits et le pourcentage du revenu? Nous connaissons bien le premier type de dîme qui est considéré être les 10% du revenu de l'individu. Cependant, il y avait en fait plusieurs autres niveaux de dîme.

Ce processus prenait en compte l'assistance donnée aux pauvres. En d'autres termes, ceux qui étaient désavantagés dans la société étaient assistés par un système de dons en argent utilisés par les prêtres qui étaient rendus disponibles à ceux qui étaient dans le besoin. Il y avait d'autres règlement qui étaient incorporés au système à savoir : laisser de la nourriture à ceux qui glanaient dans les champs. Un paysan ne devait pas enlever toutes les gerbes qu'il coupait dans son champ, mais devait en laisser pour les pauvres.

Le concept du jubilé faisait aussi partie de la loi. Dans le concept de jubilé, il y avait périodiquement un nivellement dans la société. C'était une redistribution mandataire des biens dans laquelle une pyramide se construisait au fil des années avec les plus riches au sommet. Le jubilé faisait en sorte que la pyramide était régulièrement abaissée quand on faisait le nivellement. Le concept du jubilé, dans ce processus, les serviteurs étaient libérés, la terre était retournée à ses premiers propriétaires parmi d'autres choses, les dettes personnelles étaient pardonnées. Quelqu'un a dit que la loi de la faillite bancaire dans notre société d'aujourd'hui est l'une des lois les plus humaines parce qu'elle donne l'occasion à la personne de redémarrer. Bien sûr, il y a des gens qui font un abus de la loi de la banqueroute mais elle est similaire au concept du jubilé où on pardonne les dettes et on donne aux gens l'occasion de redémarrer.

Il y a une proposition intéressante qui circule à présent concernant les dettes du tiers monde. L'idée est que peut-être d'ici l'an 2000, à la fin de ce millenium, il devait y avoir un pardon général de la dette du tiers monde. Nous devons tous prier afin qu'il y ait une solution parce qu'il y a beaucoup de gens dans le tiers monde qui sont pauvres, cela résultant de la scène économique globale dans laquelle leurs pays payent des sommes très importantes en intérêt de l'argent qui a été emprunté d'autres pays. Certains pays auraient une seconde chance si le problème des dettes était résolu.

Ce que je crains concernant la proposition du jubilé est qu'à moins qu'il n'y ait des étapes appropriées qui sont faites après le pardon des dettes, le problème va se reproduire. Donc, j'aimerais bien voir les dettes pardonnées. En fait, je comprend que le montant des dettes des pays du tiers monde, bien que cela représente une somme colossale pour les pays en question, est un petit pourcentage de ce que les pays prêteurs ont investi. Mais comme je le dis, je crains que s'il y a un pardon général de la dette du tiers monde, il faut prendre des mesures pour s'assurer que la situation ne se reproduira pas.

Continuons maintenant et voyons ce que le **Nouveau Testament** dit concernant les pauvres. Il est fait référence aux pauvres ou aux gens pauvres au moins quarante fois dans le Nouveau Testament. Jésus a donné le commandement d'aider les pauvres. Il a dit dans Matthieu 19:11 que pour être parfait ou pour avoir un trésor dans le ciel (Marc 10:21 et Luc 18:22), il faut vendre ce qu'on a et de le donner aux pauvres.

Il ne semble pas approprié de mettre l'accent sur ces choses quand on fait des leçons sur l'autonomie de l'église à moins que vous ne fassiez la distinction que j'ai faite il y a un moment : Que beaucoup d'églises en Afrique ne sont pas pauvres, mais elles sont dépendantes. Dans les églises dont on parle essentiellement dans ces leçons, il y a des membres qui sont riches, certains ont deux maisons, une en ville, une au village, certains ont des voitures ou ils ont un bon emploi dans le gouvernement ou dans les affaires. Mais ils vivent en dessous des privilèges dans le Seigneur concernant combien ils peuvent donner aux églises.

Dans cette leçon cependant, je parle de ceux qui sont vraiment pauvres. Ceux qui ne vont pas survivre demain sans assistance de quelqu'un d'autre aujourd'hui. Maintenant, si vous avez fait cette distinction, vous savez ce dont je parle. Pour mettre la dépendance parmi les pauvres dans la bonne perspective, voyons là où ce syndrome fait surface. Cela arrive en Amérique, là où les congrégations permettent aux membres qui sont riches dans l'église de couvrir l'écart financier à la fin de l'année fiscale. Les autres se croisent les bras et disent : « Eh bien! Nous avons ce frère ou cette sœur dans la congrégation, ils ont beaucoup d'argent et si nous avons un manque à gagner, ils vont s'en occuper ».

Cela se passe en Angleterre, là où la congrégation permet au grand budget central de payer leurs pasteurs ou leurs clergés à partir des grands investissements qui rapportent des intérêts. Cela fait que les membres de l'église disent : « Aussi longtemps que cet argent est là disponible, nous n'avons pas besoin de donner beaucoup dans les collectes. » Donc, on ne donne pas assez dans les collectes pour payer les clergés. On peut prendre soin des besoins du bâtiment avec ses fonds, etc. C'est une dépendance dans l'église.

Cela arrive en Afrique aussi quand les gens confessent leur pauvreté. C'est un terme que j'ai entendu pendant que je voyage de pays en pays. J'ai entendu les gens parler de confesser la pauvreté. Confesser la pauvreté, ça veut dire simplement que les gens disent « Nous sommes pauvres » et il en est ainsi. Et il en sera toujours ainsi. Ceux qui confessent leur pauvreté mais ont des ressources qu'ils peuvent remettre au service de Dieu, sont eux-mêmes une partie du syndrome de la dépendance. Et les vrais pauvres?

Revenons encore à l'histoire de la pièce de la veuve. C'est là une des justifications que les gens ont présentées pour ne pas mettre de l'argent dans le panier. Ils disent : « Eh bien! Cette femme a été justifié et elle a mis seulement deux petites pièces dans le tronc ». Vous vous rendez compte en effet qu'elle a été l'héroïne de l'histoire parce que de sa pauvreté, elle a donné quelque chose. Pensez à cela pendant un instant. Les personnes mises en cause dans cette histoire, et je crois que je l'ai mentionné dans une autre leçon, les personnes mises en cause dans cette histoire étaient celles qui avaient beaucoup d'argent mais qui n'ont pas mis beaucoup dans les troncs. Mais la veuve a donné de façon sacrificielle, même dans sa pauvreté. En d'autres termes, Dieu honore la personne qui est pauvre et qui se souvient cependant de donner quelque chose en retour à Dieu.

Peut-être vous avez entendu parler de l'effort missionnaire de l'église du <u>Burma</u>. *Pour amener l'évangile à ceux qui ne le connaissent pas, ils ont décidé que chaque famille met de côté une poignée de riz à l'heure du repas.* Ce riz a été rassemblé, vendu et le produit utilisé pour envoyer l'évangile ailleurs. C'est ainsi qu'ils ont financé leur effort missionnaire. Bien que ce n'était pas une église riche, ils ont découvert quelque chose à propos de mettre à part quelque chose que Dieu leur a donné. C'est une histoire ici qui vient d'une couche de gens qui possèdent très peu aux normes de l'occident; mais ils ont trouvé qu'ils pouvaient mettre à part quelque chose pour l'œuvre du Seigneur.

Donc, nous devons conclure à cette question d'autonomie que même les pauvres ont quelque chose, ils peuvent le donner à Dieu. Et nous ne devons pas sous-estimer comment Dieu peut utiliser, tenir et multiplier le peu que le pauvre lui retourne.

Alors, comment peut-on donc aider le pauvre et en particulier, comment peut-on les aider sans créer un problème de dépendance? Je vais faire quelques suggestions maintenant.

1. La première chose et la importante dont il faut se souvenir est celle-ci : **Si les gens ne peuvent pas survivre sans une assistance de l'extérieur, alors il faut que quelqu'un aide.** Nous devons montrer de la compassion divine et les aider. Quels sont ceux qui ont besoin d'une telle assistance? Des réfugiés de la guerre ou des luttes politiques et les victimes de catastrophes naturelles telles que les tempêtes, les inondations, les famines, les épidémies. De telles personnes doivent être aidées. Mais on doit prendre grand soin, je dois ajouter, que cela soit fait de la bonne manière. Même dans les situations de désastre, il est possible de détruire les initiatives locales des gens, les mêmes qu'on cherche à aider.

    Comme je l'ai mentionné auparavent, après la guerre en Indochine dans laquelle les maisons des pasteurs ont été détruites, des missionnaires bien intentionnés ont voulu aider à construire les maisons. Cependant, les autochtones ont dit : « Non! Nous allons construire les maisons de nos pasteurs. C'est notre privilège de reconstruire ces maisons nous-mêmes ». Il aurait été possible à travers la compassion d'entrer dans cette situation et de faire pour eux ce qu'ils voulaient faire eux-mêmes. Dans ce processus, nous aurions détruit leur respect pour eux-mêmes.

    Il y a un livre écrit concernant le concept de la compassion en Amérique du Nord. Il est intitulé *La Tragédie de la Compassion Américaine*. Selon l'auteur Marvin Olaski : « La tragédie de la compassion américaine est que nous faisons trop de suppositions en ce qui concerne comment aider les pauvres ». Son argument est que notre désir de donner excède le souci légitime concernant la meilleure manière d'aider les gens à se tenir sur leurs deux pieds et à sortir du paupérisme. Sa conclusion est qu'un accent trop fort sur le fait de donner aux gens qui devraient se tenir debout eux-mêmes les fait avancer d'un état mineur de dépendance vers un grand paupérisme, un paupérisme majeur. Beaucoup d'exemples sont cités dans son livre. Si nous n'aidons pas d'une manière appropriée, nous finirons par détruire les marchés locaux.

Souvenons-nous à nouveau de l'histoire d'un envoi de vivres par bateau en Afrique de l'Ouest à partir de l'extérieur. Ce chargement est arrivé en même temps qu'une récolte locale de 110%, faisant chuter le prix des céréales à plus de 90%. Le résultat était que les fermiers ont levé les mains et ont déclaré qu'ils ne planteraient plus la prochaine année. Ils ont dit : « Si nous pouvons avoir seulement 10% du prix dont nous avons besoin pour le produit, alors nous ne pouvons pas acheter des engrais. Donc l'année prochaine, nous ne cultiverons pas ». Voici donc qu'un chargement de vivres détruit l'initiative locale. On doit donc prendre grand soin de préserver la dignité personnelle et protéger l'infrastructure économique locale.

Maintenant, il y a deux questions importantes à se poser quand on veut aider les pauvres:

- Quelle est la meilleure manière d'aider? Et puis deuxièmement,
- D'où est-ce que l'aide doit parvenir?

Mais regardons d'abord, « Quelle est la meilleure manière d'aider? » Toute pratique qui enlève la dignité aux personnes déjà humiliées par le besoin, devrait être évitée. Je répète, toute pratique qui enlève aux personnes, déjà humiliées par le besoin, leur dignité, devrait être évitée.

2. **Deuxièmement, tous les dons qui affectent de façon adverse le prix local des denrées ou qui endommagent l'infrastructure locale devraient être évités.**

Il n'y a pas longtemps, j'ai appris des nouvelles concernant les réfugiés rwandais au Zaïre. A cause du grand nombre de gens qui fuyaient au Zaïre, les organisations d'aide sont venues l'une après l'autre. Alors que ces organisations essayaient de faire leur travail, elles sont allées pour acheter du bois de chauffe et se sont trouvées en train de payer huit fois plus cher le fagot de bois sur le marché local. En payant huit fois plus que le bois de chauffe qu'ils achetaient, imaginez-vous ce qui arrive à la population autochtone qui a aussi besoin du bois de chauffe. La population s'est soudainement retrouvée en train de payer le bois huit fois plus cher. Et cela a porté la prix du bois bien au delà du pouvoir d'achat de beaucoup d'entre eux.

Les organisations d'aide devraient sérieusement voir toutes les pratiques qui déforment la réalité et la rendent invivable pour ceux qui sont sur le terrain, même au milieu de toute leur compassion. On pourrait utiliser le terme de la tragédie de la compassion quand de telles choses arrivent.

Il y a un concept dans les milieux du développement selon lequel même parmi les pauvres, ce serait approprié dans certaines circonstances de fixer un prix spécial. En d'autres termes, donner des choses absolument gratuite aux réfugiés et en n'exigeant rien en retour, à moins qu'ils n'aient absolument rien, peut les priver de leur dignité et de leur respect pour eux-mêmes. Ils pourraient par exemple échanger le travail pour les vivres. Nous ne devons pas sous-estimer ce dont ils disposent. Peut être pourraient-ils donner quelque chose aussi petit?

Un des efforts les plus récents pour aider les réfugiés a été fait au sud-est de Zimbabwe où les réfugiés mozambicains se déversaient au delà de la frontière, il y a quelques années. J'ai découvert en écoutant les histoires concernant cette situation qu'il y avait parmi ce groupe des réfugiés très entreprenant qui, non seulement ont été capables de survivre, mais aussi ont pu faire des choses pour d'autres personnes. Alors, ce serait une tragédie de remplacer un tel enthousiasme par un chargement de vivres, de vêtements ou de quelque chose d'autre qui pourrait détruire cette initiative. Donc, s'attendre à quelque chose tel qu'un prix social, peut être seulement 10% de la valeur des choses. Mais quelque chose pour montrer que les gens qui reçoivent, donnent quelque chose. Un peu de dignité est préservé. Alors, d'où devrait venir cette aide? Récemment, j'ai eu le plaisir d'entendre qu'il y avait une église en Zambie qui a collecté tellement des biens de première nécessité, ils ont remplis un avion avec ces choses pour les envoyer au Sud

Soudan. Quand la crise des réfugiés rwandais a surgi, j'ai trouvé des églises en Afrique du Sud qui réunissaient des biens à être envoyés aux réfugiés ruandais.

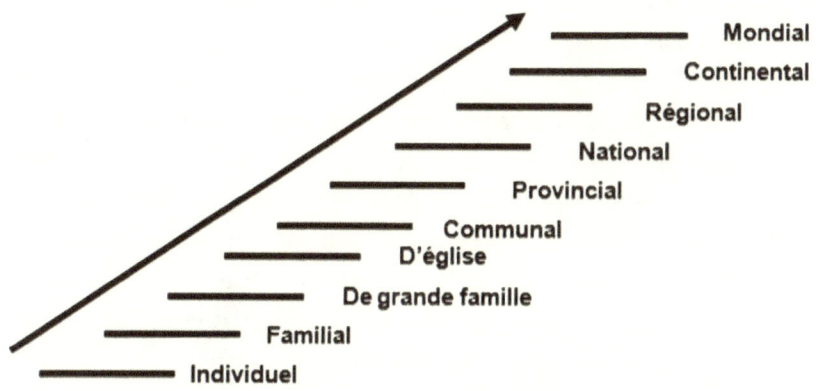

Ce sont là des solutions régionales à des problèmes régionaux. J'aimerais suggérer comme vous les verrez dans les graphiques que l'idéal pour satisfaire aux besoins locaux est de trouver des ressources locales. Que les familles aident les familles. Avant tout, les individus dans une famille devraient aider les autres membres de leur propre famille. Au delà de cela, les familles peuvent s'entraider, des communautés peuvent aider d'autres communautés. S'il y a un problème national, d'autres personnes dans la nation peuvent aider de sorte qu'une partie de la nation aide l'autre.

Je vous rappelle la situation que je viens de décrire : l'aide régionale où une partie d'une région aide une autre. Dans les problèmes qui affectent tout le continent, certaines parties du continent pourraient aider une zone affligée. On pourrait faire appel aux ressources globales pour les problèmes globaux.

Le problème se pose quand nous nous précipitons pour utiliser les ressources globales pour satisfaire les problèmes locaux. Cela arrive parfois même quand il y a d'autres ressources locales disponibles qui pourraient être utilisées pour satisfaire aux besoins.

Quand nous faisons cela, nous détruisons l'initiative locale. Ainsi, il est très important que nous donnions une grande attention à la question de savoir d'où vient l'aide.

Ainsi, lorsque des ressources locales sont utilisées pour satisfaire aux besoins locaux, la bénédiction qui découle du fait d'aider d'autres, demeure dans la communauté locale. Quand une partie de la nation aide une autre partie de la nation, la bénédiction demeure au niveau de la nation. De la même manière, quand une partie d'une région aide une autre partie de la région, la bénédiction reste dans la région. Mais voyez ce qui se passe quand des ressources globales sont utilisées pour satisfaire à des besoins locaux. La bénédiction est donnée sur la scène globale aux gens qui ont un très bon sentiment de satisfaction d'avoir donné et cela peut-être tout à fait aux dépens de ceux qui sont sur la scène locale.

Il y a quelques temps j'ai rencontré un homme qui travaillait dans une agence d'aide en Afrique du Sud. On m'a dit qu'il s'intéressait à ce que je disais concernant la rupture de la dépendance. Donc un jour j'ai pris du thé avec lui. Nous nous sommes assis, nous avons parlé et il m'a dit ce qui suit : « Permettez-moi de vous dire ce qui m'est arrivé », dit-il. « Je suis entré dans cette organisation, » il a dit. « Je suis pasteur d'une église locale, mais j'ai accepté cette position dans l'organisation d'aide pour aider à satisfaire aux besoins de ceux qui souffrent dans les villages. » Et il a dit : « Quand je me suis joint à cette organisation, la première question que j'ai posée était celle-ci : 'Combien vous attendez-vous à recevoir de moi et de mon peuple dans cette ville pour faire face aux besoins de la population qui souffre à cause de la sécheresse dans les villages' ». La première question il a posé :« Combien vous attendez-vous à recevoir de moi et de mon peuple pour faire face à ce besoin? »

« Les gens de l'organisation d'aide m'ont répondu : 'Eh bien! Nous ne nous attendons pas vraiment à recevoir quelque chose parce que nous avons 10 000 $US qui viennent chaque mois d'outre mer et que nous devions distribuer. Si nous ne les donnons pas, nous n'en aurons pas le mois prochain. Nous avons donc ce quota qui nous est donné et nous devons le distribuer' ». Voici un bon exemple d'une réponse globale à un besoin local.

Le pasteur a continué et dit : « Vous vous rendez compte que ceux qui vivent dans les villages sont nos parents, nos pères, nos mères, nos tantes, nos oncles, etc. C'est la responsabilité de nous autres qui sommes en ville de satisfaire les besoins de ceux qui sont dans les villages. C'est à nous d'abord qu'on doit demander. Maintenant, si nous n'avons pas assez, en ce moment, quelqu'un d'autre peut aider. Mais aussi longtemps que nous pouvons donner pour répondre aux besoins, nous sommes les premiers à qui on doit demander d'aider ».

Alors réfléchissez un moment et voyez les deux ressources différentes. L'une est l'initiative locale qui dit : « Nous pouvons le faire, nous devons le faire c'est à nous d'abord qu'on doit demander l'aide. Ce sont nos parents ». L'autre c'est un système de quota selon lequel les fonds doivent être donnés gratuitement : « Si non, nous n'en recevrons pas le mois prochain ».

Savez-vous ce que le pasteur m'a dit? Il a dit : « J'ai cédé. J'ai décidé de voir en ceci simplement un emploi pour avoir de l'argent car je n'ai pas été écouté. Je veux continuer des études, donc je vois en ceux-ci un moyen de gagner de l'argent pour continuer mes études ». Il a donc cessé d'essayer de changer de système à cause du quota qui devait être donné chaque mois.

Essayez de comprendre ce qui s'est passé dans le cœur du pasteur quand il a confronté le quota, a perdu et qu'il a décidé simplement de continuer à faire des études. Si vous regardez en profondeur, vous pourrez comprendre pourquoi le problème de dépendance est si sévère et si largement répandu en Afrique. L'initiative qui est morte en lui en cette occasion, est l'initiative dont l'Afrique a désespérément besoin dans tant de lieux. Ainsi, les ressources locales devraient satisfaire aux besoins locaux chaque fois que cela est humainement possible. Il ne faut jamais laisser un système de quota se substituer à ce que la population locale peut faire ou devrait faire pour elle-même.

En Zambie, il y a plusieurs années, nous avons découvert qu'en 1984, quand la Zambie a vécu la sécheresse la plus grave qu'elle ait connue de son histoire, le pays a produit plus de vivres qu'elle n'en avait besoin. Même dans l'année de sécheresse le plus sévère, le pays a produit plus de maïs qu'elle n'en avait besoin. Ils ont eu des problèmes sérieux de distribution et de stockage, mais ils avaient les ressources. Quelqu'un qui voudrait aider dans une telle situation, le meilleur avis n'est pas d'importer du maïs dans le pays mais plutôt d'aider à réparer et à établir des infrastructures pour le stockage et la distribution de ce qui est déjà produit. Si cela était fait, l'infrastructure sera améliorée et les gens qui avaient un excédent de céréales dans d'autres parties du pays seraient bien récompensés parce que leur surplus irait à d'autres bonnes fins. Ceux qui sont dans le besoin pourraient recevoir des vivres de ceux qui l'ont à côté d'eux.

Il y a un certain nombre d'autres facteurs qui devaient être. Je veux juste parler concernant la question de dons en contrastes avec les emprunts. Est-ce que ça doit être un don ou un emprunt?

Permettez-moi de lire une citation d'un agent de développement aux Indes. Il parlait à ce sujet. Il dit : « A partir du moment où vous dites aux gens que vous leur donnez de l'argent gratuitement parce qu'ils ont échoué dans la vie et vous ne pensez pas qu'ils peuvent vous rembourser, alors vous affectez leur motivation de rendre l'emprunt. » En d'autres termes ce que vous communiquez par ce don est ceci : « Vous êtes pauvres, vous ne pouvez pas vous aider vous-mêmes, alors prenez ceci ». Et ce que vous communiquez à quelqu'un quand vous faites un prêt est ceci : « Nous nous rendons compte que vous avez temporairement un problème. Nous aimerions vous aider à vous tenir sur vos pieds et quand vous vous tenez debout. Si vous pouvez rembourser ceci, deux chose vont se passer : d'abord vous préserverez le respect pour votre personne, ensuite ce que vous rembourserez sera disponible pour être prêté à quelqu'un d'autre. »

QUESTIONS A DISCUTER
Chapitre 10

1. Comment est-ce que les principes bibliques aident les pauvres à aller dans la direction de l'autonomie?
2. Quelles sont les leçons que nous apprenons de l'histoire de la veuve et des deux petites pièces dans Luc 21?

3. Comment est-ce que la dignité peut être préservée quand on aide le pauvre?

4. Êtes-vous d'accord que les ressources locales sont plus bénéfiques que les ressources globales quand les premières sont disponibles? Discutez de l'impact des ressources globales sur les économies locales.

5. Jusqu'à quel degré pensez-vous que les Occidentaux ont besoin d'un canal d'écoulement pour leur compassion?

6. Discutez de la discussion entre les dons et les prêts.

7. Discutez des relations entre les projets appartenant à l'église, ceux qui appartiennent à la communauté et les projets et affaires personnelles.

LECTURE SUGGEREE

Bolling, Landrum. *Private Foreign Aid*. Boulder : Westview Press, Boulder, Colorado, 1982.

Madeley, John. *Trade and the Poor : The Impact of International Trade on Developing Countries*. London : Intermediate Technology Publications, 1992.

Olasky, Marvin. *The Tragedy of American Compassion*. Washington, D.C : Regnery Publishing, 1992.

(Il y a beaucoup d'autres bons livres qui sont disponibles aujourd'hui sur ce sujet).

CHAPITRE 11

La Joie de Donner et la Loi de la Dîme dans la Perspective Biblique

Commençons cette leçon en regardant la Bible et en nous posant la question – qu'est-ce que c'est? Quel est ce Livre que beaucoup d'entre nous sont parvenu à connaître, à aimer et à utiliser quotidiennement pour le but pour lequel Dieu nous a crée?

Le Dr. Arthur Glasser se réfère à ce livre comme une phrase longue et compliquée, comme une étude de cas, concernant la tentative de Dieu d'avoir l'attention sans partage des hommes et des femmes à travers l'histoire. J'aime employer les mots « étude de cas. »

Voilà donc, c'est l'interaction entre Dieu, les hommes et les femmes dans toute l'histoire. Maintenant, nous allons nous concentrer sur cette expression – la tentative d'avoir l'attention sans partage. C'est le mot clé, parce qu'il y a beaucoup d'autres choses qui retiennent l'attention des hommes et des femmes. Le signal de Dieu, et il y en a beaucoup. Il y a le désir de se gratifier, mais ce n'est pas là l'objectif de ce livre. Ce livre nous rappelle que l'amour de l'argent est en fait la racine de tout mal. Ce message apparaît haut et claire, venant de cette longue histoire que Dieu essaye de nous communiquer.

Alors, quand Dieu a l'attention entière et sans partage des hommes et des femmes, l'argent trouve la place qu'il lui revient dans leurs vies. Donc pensons un peu à cela. Nous allons en venir à deux études de cas ou deux histoires de la Bible qui nous aiderons à comprendre cela. Mais avant cela permettez-moi de faire une déclaration concernant la libéralité dans le contexte de la société africaine.

Je cite ici Emmanuel Olidapo qui a servi dans le passé comme Secrétaire International de la Ligue pour la Lecture de la Bible. Voici ce qu'il a dit:

« Ce n'est pas que les Africains ne savent pas comment donner, ils sont peut-être les gens les plus généreux sur la terre. Ils donnent pendant les festivals et pendant beaucoup d'autres occasions spéciales. Ils donnent aux parents qui ont besoin d'éducation ou aux gens sans emplois ou aux orphelins dans leurs communautés. Cependant, beaucoup ne donnent pas généreusement à d'église. » Alors, quel est l'élément qui manque? Pourquoi beaucoup de chrétiens africains ne donnent-ils pas généreusement à l'église? Je maintiens que l'élément qui manque c'est souvent la joie de donner. La loi de la dîme n'est pas un substitut à la joie de donner. Prenons par exemple ceux qui donnaient avec exultation à ce harambee que j'ai décrit dans un chapitre précédent. Ces gens n'étaient pas forcer à payer la dîme. Ils avaient découvert quelque chose concernant la joie de donner.

Voyons deux illustrations dans l'écriture où la joie de donner était évidente.

Si vous voulez, vous pouvez voir avec moi au chapitre 35 du livre d'Exode. C'est l'époque de la construction du Tabernacle. Vous vous souvenez que le peuple d'Israël était sorti de l'Égypte, et avait transporté beaucoup de chose avec eux. Ils étaient en route à travers le désert et Dieu a dit à Moise de créer un lieu où ils pouvaient l'adorer. C'est là l'histoire de la construction de cette maison mobile du Seigneur, qui, dans certains lieux, est appelée la Tente d'Assignation. En d'autres lieux elle est appelée le Tabernacle.

Mais quand vous regardez au chapitre 35 d'Exode, Moise fait un appel pour les matériaux pour construire cette maison spéciale mobile pour le Seigneur. Au verset 4, il s'adresse au people : « Récoltez parmi vous une contribution pour le Seigneur. Tous ceux qui le feront avec bon cœur apporteront auSeigneur des dons de toutes sortes : or, argent, bronze, etc. » Remarquez que l'appel s'adresse à tous les gens de bonne volonté. Et puis il lance un appel pour le travail, « Et tous ceux qui sont habiles parmi vous se réuniront pour réaliser ce que le Seigneur a ordonné de faire ». Et puis au verset 21 : « Et tous les gens au cœur et à l'esprit généreux sont venus apporter au Seigneur leur contribution pour le travail de la Tente de la Rencontre ». Et au verset 29 : « Tous les Israélites au cœur généreux, hommes et femmes, ont apporté ainsi leur contribution volontaire au Seigneur pour la réalisation des travaux que le Seigneur avait ordonnées à Moise ».

Alors, ce message qui a été communiqué au peuple et la réponse qu'ils ont donnée a eu un écho inhabituel. On est arrivé au point où les constructeurs de cette Tente d'Assignation, ceux qui étaient chargés de travailler sur le terrain, étaient inondés des choses que les gens avaient apporté. Alors ils sont allés vers Moise pour lui dire : « Moise, les gens apportent plus de matériaux qu'il en faut pour faire le travail que le Seigneur a ordonné ». En d'autres termes, dites aux gens d'arrêter d'apporter leur contribution pour cette construction.

Eh bien! Je me pose la question de savoir si ces gens étaient forcés de donner ou bien s'ils donnaient en raison d'une autre motivation. Évidemment ils donnaient plus qu'on avait besoin pour le projet. Quand est-ce que pour la dernière fois vous, en tant que responsable d'église, avez eu à dire aux gens:« arrêtez d'apporter des dons, nous en avons plus qu'il le faut pour le travail de l'église ». Et pourtant, c'est exactement ce qui s'est passé dans ce cas.

Passons à une autre histoire. Dans 1 Chroniques 29 vous trouverez l'histoire de la construction du temple. Souvenez-vous, c'était maintenant la maison permanente du Seigneur. La première histoire concernait la maison temporaire et mobile du Seigneur utilisé dans le désert. Dans ce chapitre, nous voyons le roi David qui engage le processus de la construction du temple. Souvenez-vous que finalement, Dieu ne lui a pas permis de le construire en fait. C'est son fils Salomon qui a été autorisé à le faire. Cependant vous voyez David pourvoir à l'inspiration et démarrer le processus qui conduira la construction du temple. Au chapitre 29, David dit : « La tâche est considérable car cette entreprise n'est pas pour l'hommemais pour Dieu. » Et il dit : « Avec toutes mes ressources j'ai pourvu à ce qu'il faut pour le temple de Dieu – l'or pour les travaux en or, l'argent pour les travaux en argent, etc. – toutes ces choses en grandes quantitées ». C'est la fin du verset 2. Ensuite David continue en invoquant Dieu et en le priant. Remarquez que cette prière commence au verset 10.

David prie le Seigneur en présence de toute l'assemblée en disant : « Louange à toi Seigneur, Dieu de notre père Israël d'éternité en éternité. À toi Seigneur, la grandeur et la puissance, la gloire et la majesté, et la splendeur car toute chose dans les cieux et sur la terre sont à toi ».

Nous devons réfléchir sur cela pour un moment. « TOUTES CHOSES sont à toi dans les cieux et sur la terre. A toi Seigneur appartient le royaume, tu es exalté au-dessus de toutes choses, les richesses et l'honneur viennent de toi, tu es le maître de toutes choses, dans tes mains se trouvent la force et la puissance pour exalter et donner la force à tous. Maintenant, notre Dieu, nous te rendons grâce et nous louons ton nom glorieux. »

Ensuite remarquez – le début du verset 14 : « Mais qui suis-je et qui est mon peuple que nous soyons capables de faire de pareille offrande volontaire? Tout vient de toi, et c'est de ta main que vient ce que nous te donnons ».

Cela met en perspective tout ce que nous possédons. Qui est-ce qui les possède? Nul de nous ne doit les réclamer pour soi. Quand vous lisez la prière de David, tout à coup vous vous rendez compte qu'il dit : « tout ce que nous possédons vient de Dieu. Nous retournons simplement une portion de ce qu'il nous a donné ». Remarquez les mots du verset 16 : « Tout vient de toi et c'est de ta main que vient ce que nous te donnons. »

Ensuite il continue au verset 17 : « Et j'ai vu avec joie ton peuple qui se trouve ici t'offrir volontairement ces dons. » Et ensuite il finit avec le verset

20 dans lequel le roi David dit à toute l'assemblée : « Bénissez l'éternel votre Dieu! Et tous ceux de l'assemblée bénirent l'éternel le Dieu de notre père ils s'inclinèrent et se prosternèrent devant éternel et devant le roi. »

Nous voyons donc, dans cette histoire, le roi David qui, non seulement, dédie ses ressources personnelles, mais aussi dédie les ressources qui viennent de son grand arsenal en tant que roi. Il a appelé les nobles et les chefs à donner. Il a invité le peuple à donner, et ensuite il s'est réjoui de la manière dont ils ont donné de bon cœur.

Voyez comment tout cela se termine dans la louange. Voilà donc le chemin. Premièrement, venez devant le Seigneur. Deuxième reconnaissez qui il est. Troisièmement, reconnaissez notre place devant lui (qui sommes-nous que ne puissions rendre à Dieu). Voyez-vous ce qu'il a fait, il s'est mis lui-même à la place qu'il faut devant le Seigneur.

Il a reconnu qui est le Seigneur dans toute sa grandeur, dans toute sa gloire – éternité en éternité – ensuite il dit, « nous te retournons simplement ce que tu nous as donné ». Ensuite il a remercié Dieu de ce que les gens ont ralliés le processus. Et à la fin il dit, « bénissons l'Éternel pour ce qui s'est accompli, et ils ont béni l'Éternel le Dieu de leurs pères. »

Dans ces deux histoires est-ce qu'il semble que les gens étaient forcés de payer la dîme? Ou bien donnaient-ils volontairement de tous leurs cœurs? Je maintiens qu'ils donnaient volontairement. Remarquez une ou deux choses à ce propos. Remarquez particulièrement dans le cas de la construction du tabernacle qu'ils ont donné non seulement leurs biens et leurs possessions mais ils ont aussi donné leurs mains d'œuvre. Ils ont contribué avec leur savoir faire pour construire le tabernacle. Leur possession y compris leur argent, a été donnée mais aussi leur temps et leurs talents.

Permettez-moi de dire certaines choses concernant le paiement de la dîme dans le contexte de l'église africaine.

Le paiement de la dîme a une place importante dans la libéralité de beaucoup d'église africaine. Les histoires que j'ai racontées dans les leçons précédentes concernant les luthériens en Tanzanie, les assemblées de Dieu en Afrique du Sud, les Adventistes du Septième jour en Zambie – dans tous ces cas il y a des histoires sur comment la dîme est payée dans les églises. Le paiement de la dîme est important pour chacune de ces églises. En d'autres termes, dans les églises ou les membres donnent généreusement au Seigneur, ils mettent l'accent sur l'importance du concept du paiement de la dîme. Et beaucoup de ceux qui paient la dîme le font par amour pour le Seigneur.

Parfois, le paiement de la dîme est une loi instituée par les leaders d'églises. Vous vous souvenez de l'histoire des luthériens dans laquelle le trésorier est allé voir chaque individu pour lui parler du paiement de la dîme. C'est une pratique qui a été mise en place par les leaders et on s'attend à ce qu'elle soit respectée. Souvenez-vous qu'en plus du paiement de la dîme dans chacune de ces histoires que je viens de raconter, il y avait un système d'offrande en plus de la dîme. Donc, on n'est pas arrêté avec la dîme. Il y avait par exemple les offrandes pour les pauvres et d'autres choses comme les fonds de constructions ou des offrandes d'actions de grâce. Ces offrandes viennent en supplément du concept de dîme.

Un leader d'église en Afrique de l'Est a dit ceci : « Dans notre église la dîme est simplement le lieu où les gens commence à exercer leur libéralité ». Pensez à cela un instant. Le paiement de la dîme est considéré comme un acquis ensuite d'autres offrandes sont faites par les harambee ou d'autres évènements semblables. Il voulait donc dire que le paiement de la dîme est considéré comme un acquis. Alors quand vous trouvez que les gens se posent la question de savoir si le concept de payer la dîme est valable ou pas, vous découvrez que dans les églises vigoureuses quand Dieu a l'attention sans partage des gens, alors le paiement de la dîme peut être simplement le début. Et ensuite ce qu'ils donnent avec joie vont au-delà de la dîme au bénéfice de leur église.

Souvenez-vous quand Jésus a raconté l'histoire de la femme qui a mis seulement de petites pièces dans le tronc. Une des critiques sévères que Jésus avait avec des chefs religieux était qu'ils possédaient beaucoup plus et ils en donnaient seulement un petit peu. Ceux qui possèdent des sommes énormes d'argent et se plaisent à donner seulement la dîme sont accusés devant Dieu de garder trop pour eux-mêmes. En d'autres termes, on ne doit pas leur permettre d'utiliser la loi de la dîme pour justifier leurs dons de 10% seulement. Non seulement cela, mais si vous voyez le concept des offrandes dans le nouveau testament, plusieurs autres aspects de la libéralité apparaissent.

Parfois le modèle des offrandes que Jésus préconise est en rapport avec **le concept du jubilé perpétuel.** J'ai mentionné le concept du jubilé dans une leçon précédente où dans l'Ancien Testament les dettes étaient systématiquement pardonnées à des époques fixées. Les esclaves étaient libérés. La terre était rendue à ces premiers propriétaires. En bref, il y avait un système de redistribution des biens. Voyez de nouveau dans le Nouveau Testament et vous verrez pourquoi certains gens utilisent le concept du jubilé perpétuel pour décrire où les Chrétiens doivent être aujourd'hui. Écoutez ces mots : « Ne vous amassez pas de trésor sur la terre », « Celui qui a deux tuniques, qu'il en donne une à celui qui n'en a pas », « Cherchez premièrement le royaume de Dieu », « Il y a plus de bénédiction à donner qu'à recevoir ».

Le concept du jubilé perpétuel veut dire que je ne dois pas accumuler afin que chaque 7 ans ou 50 ans il faut se relâcher ce que j'ai accumulé. Le concept du jubilé perpétuel c'est simplement que nous ne nous amassons pas de trésor sur la terre. Quand ce mode d'opération est adoptée et incorporée dans nos vies quotidiennes, alors tout ce que nous possédons, référence à nouveau aux paroles du roi David, appartient au Seigneur.

Malheureusement, nous sommes dans des jours où certains évangéliques défendent le droit de recevoir autant qu'ils peuvent. Ils peuvent en retourner une portion à Dieu, mais souvent il se retrouve avec plus qu'il leur en faut pour vivre et certains pensent que c'est là privilège selon la Bible. Certains se rangent dans la catégorie de ce qu'on appelle 'santé et prospérité'. Quand je parle d'autonomie pour les églises en Afrique, quand je parle de rompre le syndrome de la dépendance, je n'endosse pas le concept de la santé et la prospérité. Je ne défends pas la cause de ceux qui veulent recevoir autant qu'ils peuvent et garder autant qu'ils peuvent. Je parle de ceux qui font du royaume de Dieu la plus haute priorité dans leur vie. Et cela veut dire prendre le contrôle de tout ce qu'ils ont et dire, « Ceci appartient à Dieu et il me permet de l'utiliser ».

Andrew Carnegie, un homme américain qui était très riche, a fait une déclaration à cet effet : « Tout ce qu'un homme gagne en surplus et ce dont il a besoin pour vivre est le bien de la communauté plus large ».

Andrew Carnegie n'est pas normalement cité comme un chrétien évangélique auquel nous regardons pour une inspiration concernant la parole de Dieu et le royaume de Dieu. Mais il a défendu ce fait de dédier à la communauté étendue tout ce qu'on reçoit au delà de ces besoins de survie. Les chrétiens peuvent en prendre une leçon. Cela se résume finalement à la question de savoir ce dont on a besoin pour vivre. Quel est notre part raisonnable de bien. Et selon le style de vie que nous avons choisi, nous pourrions dépenser de plus en plus pour soutenir ce style de vie. Mais tout ce qui est de surplus dont on a besoin pour exister appartient à la communauté plus large.

Les gens qui ont le souci de l'ordre suprême doivent connaître cela instinctivement. Ils ont résolu en leurs esprits de poursuivre l'objectif de faire la volonté de Dieu : de fonctionner dans son royaume, dans le façon qu'il veut que nous fonctionnions, dédiant toutes nos ressources dans ce but. Cela inclus le fait de se souvenir que tout ce que je possède appartient à Dieu.

Je peux avoir une voiture, des vêtements, une maison, des choses dans la maison et un compte bancaire. Puis-je dire honnêtement que ces choses m'appartiennent? Je dois dire que toutes ces choses, c'est Dieu qui me les a données et je les dévouerai à sa cause. Donc cette idée de cacher quelque chose comme étant à moi, à utiliser personnellement et non à dédier au royaume – cela n'est pas pour ceux qui ont le souci de l'ordre suprême. Et cependant, une des choses que nous voyons dans église en Afrique c'est que Dieu a béni les chrétiens avec tant de choses qu'ils ne sont pas dévoués pour le royaume de Dieu.

Le Dr. David Barrett est un missiologue et un chercheur qui fournit des informations au mouvement chrétien. Il a fait la déclaration que si les chrétiens en Afrique donnaient juste 2% de leur revenu, ils seraient en mesure de payer toutes leurs factures. Il dit qu'ils seraient en mesure de payer leurs formations de leader, payer leurs pasteurs, construire leurs églises, faire leurs projets de développement et acheter des ordinateurs s'ils en ont besoin. Tout cela avec les 2% du revenu des chrétiens en Afrique.

Je vérifie cela de temps en temps et il y a quelques temps j'ai demandé à un leader de l'église en Afrique de l'Est s'il était d'accord avec l'observation de Barrett, que si les chrétiens en Afrique donnaient juste 2% de leur revenu, ils seraient en mesure de payer toutes leurs factures. Voici sa réponse : « C'est intéressant que vous disiez cela. Nous venons juste de calculer dans notre église que si nos membres donnaient seulement 1% de leurs revenus, nous pourrions payer toutes nos factures avec le 1% du revenu des gens de notre église ». Imaginez ce qui peut arriver dans une église comme celle-ci, si les membres donnaient 10%. Ils recevraient beaucoup plus que ce dont ils ont besoin pour les activités qu'ils entreprennent. En fait, s'ils donnaient autant, il n'y aurait pas de question de savoir s'ils auront de l'argent pour donner pour la mission et envoyer leurs propres gens ailleurs avec l'évangile.

En Tanzanie, j'ai tenu un séminaire il y a quelques temps. Plusieurs dénominations y étaient représenter et en un moment donné, un homme de la Tanzanie a dit, « Et bien, c'est intéressant que vous citiez le Dr. Barrett. Je suis l'administrateur du diocèse de notre église et je viens de calculer que si chaque personne de notre diocèse payait sa dîme, à la fin de l'année, nous aurions une réserve de 100 millions de shilling tanzaniens ». Alors vous vous posez la question 100 millions de shilling tanzaniens, combien ça fait? Je ne suis pas sûr du taux d'échange, mais 100 millions c'est beaucoup dans presque toute monnaie. Ce qui est important c'est que dans l'esprit de cet administrateur, c'était une grande somme d'argent, si chaque personne de son diocèse payait sa dîme.

Ainsi, les gens qui se soucient de l'ordre suprême mettent le royaume de Dieu en avant. Ils font ce que Dieu veut qu'ils fassent. Souvenez-vous des paroles du roi David « Qui sommes-nous que nous puissions donner si généreusement? » Cela ramène tout droit à la question du renouvellement spirituel. La libéralité dans les églises africaines-tout comme ailleurs – est basée sur un cœur rempli de reconnaissance envers Dieu. Et de cette abondance, Dieu reçoit en retour une partie de ce qu'il nous a donné. L'église aura suffisamment pour faire ce que Dieu veut qu'elle fasse quand elle retourne à Dieu une portion de ce que Dieu lui a donné.

Ainsi, ceci nous ramène à ce que je me suis référé à maintes reprises – le besoin de renouvellement spirituel. Ne vous attendez pas à ce que des gens aux cœurs vident découvrent la joie de donner. La joie de donner vient quand les cœurs sont remplis et débordant, et les croyants disent : « C'est un privilège pour nous de rendre à Dieu quelque chose de ce qu'il nous a donné ».

QUESTIONS A DISCUTER
Chapitre 11

1. Dieu a-t-il l'attention sans partage de la plus part des gens dans votre église?
2. Êtes-vous d'accord avec Monsieur Oladipo que les africains sont des donateurs généreux mais pas à église? Discutez les implications.
3. Discutez la relation entre « la joie de donner » et « la loi de la dîme ».
4. Êtes-vous d'accord que Jésus a encouragé les gens à vivre dans une condition de « jubilé perpétuel »? Qu'est-ce que cela signifie?
5. En quelle mesure le royaume de Dieu est-il la plus haute priorité dans la vie de votre église?
6. Êtes-vous d'accord que l'action missionnaire dépend d'une abondance générale d'une église spirituellement énergique?

SUGGESTIONS POUR LECTURE:

Exode 35
Lévitique 25
Nombres 36
I Chroniques 29
Malachie 3
Matthieu 6
2 Corinthiens 8.

CHAPITRE 12

Exploration du Concept de l'Église Autochtone et l'Envoi des Missionnaires

D ans cette leçon, on va explorer deux concepts différents. Le premier s'agit du concept de l'église autochtone et le second les aspects de l'église qui envoie des missionnaires et les relations entre les deux. Je vais commencer par le concept de l'église autochtone. J'ai mentionné dans une leçon précédente que certains missiologues ont des réserves concernant le concept de la triple autonomie de l'église. Le concept de la triple autonomie dit que les églises indigènes sont supposées se soutenir elles-mêmes, se gouverner elles- mêmes, et se propager d'elles-mêmes. Comme je l'ai mentionné dans la leçon sur le développement historique du syndrome de dépendance, ce principe est venu du 19è siècle au cours duquel les missiologues ont été d'accord que ceci devrait être la définition d'une église autochtone.

Si vous êtes intéressés dans la critique du principe de la triple autonomie et d'autres informations sur le sujet, je vous suggère un livre appelé : *Readings in Dynamic Indigeneity* édité par le Dr. Charles Kraft.

La partie spécifique qui traite de la critique du principe de la triple autonomie, ce sont les quelques premiers chapitres et l'un de ceux-ci est écrit par le Dr. Hans Kasdorf. Et c'est un exposé excellent au sujet, pour mettre ça en termes simples, c'est une description excellente montrant comment les missiologues voient ce principe et les raisons pour lesquelles ils ont des réserves. Malgré ces réserves, beaucoup de chefs de missions diraient qu'ils sortent pour établir des églises autonomes, des églises qui se gouvernent elles-mêmes et des églises qui se propagent d'elles-mêmes. En fait, je n'ai jamais entendu un directeur de mission admettre que cela n'était pas son objectif. C'est l'objectif de tout le monde. La question que nous traitons ici est de savoir jusqu'où les églises sont loin de la réalité de pouvoir s'auto-suffir, s'auto-gouverner et s'auto-propager.

En **Chine**, il y a une église, en réalité une dénomination appelée : « L'église patriotique de la triple autonomie ». Cette église rejette l'implication externe et insiste à prendre ses propres décisions. Ils ne veulent pas que quelqu'un leur disent ce qu'ils doivent faire. Ils s'auto-gouvernent et de cette manière ils insistent à exécuter le travail que Dieu leur a donné de faire. Le concept d'église autochtone a un corollaire qui, particulièrement en **Afrique**, est souvent appelé l'église indépendante. Il y a plusieurs manières différentes de voir ce qui fait qu'une église autochtone ou ce qui fait qu'elle est indépendante. Mais voyons le concept des églises indépendantes par rapport à l'Afrique.

Dans la partie de l'Afrique dont nous parlons, l'Afrique de l'Est, l'Afrique du Sud et l'Afrique Centrale, il y a des dizaines de milliers de ces églises. L'autre jour j'ai mentionné comment beaucoup d'entre elles sont rencontrées dans des zones où la terre avait été confisquée du peuple pendant la période coloniale. Le terme indépendant est souvent employé pour d'écrire ces églises qui sont nées d'églises établies par la mission où les leaders ont quitté cette église pour en commencer une autre. Ainsi certaines d'entre elles ont des noms étrangers tels que : « L'église de la nouvelle Jérusalem », « église apostolique » et beaucoup d'autres noms qui caractérisent leur nature indépendante.

Pour la description de ces églises indépendantes, je suggère le livre écrit par David Barrett appelé : *Le Schisme et le Renouvellement en Afrique*. **Les choses suivantes caractérisent certaines des églises africaines indépendantes auxquelles on se réfère comme « Église indépendante d'Afrique ».**

1. Premièrement, elles ont été initiées par des leaders dans des églises établies par des missions où le principe du plafond bas était en pratique. Cela signifie qu'il n'y avait pas de place pour les leaders pour être eux-mêmes. En d'autres termes souvent ils ne se sentaient pas chez eux.

2. Souvent les leaders ont rejeté les éléments étrangers tels que le financement extérieur et particulièrement le contrôle étranger. Elles étaient déterminées à ne pas être contrôlées ou gérées par quiconque de l'extérieur sauf elles-mêmes. Je fais particulièrement référence aux premières étapes des mouvements d'indépendance des églises.

3. Elles étaient souvent dirigées par une personnalité charismatique et je le dis dans les sens d'un individu talentueux qui pensait qu'il avait un rôle prophétique de leader. Il a peut-être pu s'appeler prophète en dirigeant ces gens.

4. Toutes ces églises sont-elles évangéliques? Non, pas du tout. Malheureusement certaines d'entre elles ont des caractéristiques qui ne devraient pas être connus parmi ceux qui s'appellent chrétien. Mais certaines d'entre elles sont évangéliques et certaines ont grandi énormément et font une bonne œuvre dans la société.

5. La seconde génération des églises indépendantes d'Afrique est en train de repenser la position isolationniste qu'elles ont prise au départ. Par exemple, certains leaders d'église indépendante en Afrique commence à se rendre compte qu'il y a des bénéfices à avoir de l'argent venant d'outre-mer. Certaines ont commencé à regarder de façon envieuse au delà de la haie les églises appelées églises principales qui reçoivent de l'argent du conseil œcuménique des églises du Tear Funds, de Pain pour le Monde, d'OXFAM ou d'une autre source quelconque et elles se disent pourquoi ne pouvons-nous pas avoir de cet argent. Les leaders de la seconde génération ne sont toujours pas conscients de ceux dont les leaders de la première génération des églises indépendantes, ont été libérés

de cette mentalité, et ils n'avait rien avoir avec les fonds venant de l'étranger.

Pour les leaders de la seconde génération, c'est un peu plus rassurant de penser en terme d'avoir un soutien parce qu'ils ne savent pas la bataille que les fondateurs premiers ont dû mener.

6. Ces églises indépendantes d'Afrique sont un exemple vivant du fait que les églises peuvent exister avec leurs propres ressources. Maintenant, nous pensons souvent, comme des occidentaux, que des églises en Afrique sont trop pauvres et elles devront être aidées. Le mouvement d'église indépendante est un exemple, un exemple vivant du fait que les églises peuvent exister, une grande quantité des membres d'églises, avec leurs propres bâtiments et leurs propres structures, peuvent exister sans apport de l'extérieur.

7. Cependant, il est vrai que beaucoup d'églises indépendantes africaines ne se sont pas engagées dans l'évangélisation E3, c'est-à-dire l'évangélisation transculturelle qui amène l'évangile au delà de leurs propres frontières. Beaucoup d'entre elles grandissent seulement dans le groupe ethnique dans lequel elles ont démarré. Elles ne sont mêmes pas très bien dans l'évangélisation au niveau E2 qui est d'aller vers les groupes ethniques qui sont similaires aux leurs. Donc ils peuvent grandir parmi le groupe ethnique du leader qui les a commencé. Même l'évangélisation au niveau E2 n'est pas une priorité pour beaucoup entre eux.

Voyons maintenant les églises autochtones qui représentent la société dans laquelle elles sont placées. **Une église autochtone devrait ressembler et sentir comme la société dont elle est partie intégrante.** En d'autres termes, elles ne doivent pas paraître comme quelque chose de culturellement différent ou étranger. Elles doivent transparaître d'autres manières. Elles doivent paraître comme un groupe de gens qui se soucie de la priorité de Dieu dans cette société. Elles doivent avoir une série de priorités qui sont différentes de l'homme d'affaire moyen dans ce monde-ci, qui ne se soucient pas de connaître Dieu. Mais elles ne doivent pas paraître comme une institution culturellement étrangère. Malheureusement beaucoup d'églises établies par la mission ressemblent à une institution étrangère.

Il faut ajouter que les églises autochtones ne sont pas nécessairement des églises qui croissent. Le Docteur McGavran avait l'habitude de dire, par ce qu'il était concerné si des églises croissent et si des nouveaux gens entrent dans le royaume de Dieu, que les églises principales en Amérique du Nord sont aussi autochtones qu'elles peuvent l'être et cependant certaines d'entre elles perdent leurs membres. Ainsi donc être totalement autochtone et ressembler à la société dont on fait partie n'est pas une garantie qu'on soit une église qui grandit.

Certaines églises établies par la mission ont plus de caractéristique autochtone que d'autres. En d'autres termes, certaines églises établies par la mission ressemblent beaucoup à l'église dont elles sont parties. Elles sont très attachées à cette théologie, à la structure de cette église et à sa doctrine. Certaines ne pensent pas à faire les choses autrement. Si l'église qui les a engendrées utilise le vin dans le sacrement de la Sainte Cène, alors la nouvelle église utilisera aussi le vin. De telles églises bien souvent sont un duplicata ou une réplique de l'église qui les a engendrées. D'autres églises établies par la mission ont de la liberté. Elles ont de la liberté de commencer des pratiques qui sont souvent différentes de celle de l'église dont elle fait partie. Donc, des églises établies par la mission varient dans ce sens.

Certaines églises établies par la mission ont un leadership local mais une structure étrangère très coûteuse qui ne peut être supportée par ce leadership.

Certains leaders peuvent être convaincus qu'ils ont besoin d'aide de l'extérieur donc ils vont la chercher. En d'autres termes, il peut y avoir le leadership autochtone mais ils n'ont pas le financement autochtone. Cependant des églises établies par la mission et qui sont réellement indépendantes existent, mais elles semblent être rares parce que beaucoup d'entre elles sont étroitement liées à l'église qui les a engendré. Pensez au fait que les dénominations occidentales ont été formées comme églises indépendantes Les églises dont vous et moi sont issus en tant qu'occidentaux ont été démarrées à l'origine par ceux qui se sont séparés d'autres églises originelles. Cela a été fait de l'effort de commencer une congrégation indépendante.

Le petit groupe a grandi de plus en plus et bientôt il y avait plusieurs congrégations. Ceux d'entre nous qui ont tendance à critiquer les églises indépendantes d'Afrique feraient bien de jeter un coup d'œil sur l'histoire de nos propres églises et se souvenir combien de fois, notre église s'est détaché à partir d'autres dénominations. Cela donne un sens de réalité au fait que le mouvement d'églises indépendantes fait partie de l'histoire et pourrait faire partie de notre propre histoire en tant qu'occidentaux. Je ne pourrais pas passer beaucoup de temps sur toutes ces questions, mais je voudrais vous présenter certaines lignes directrices que j'ai incluses à propos de l'église autochtone.

Une des personnes qui m'ont fortement influencé en missiologie est le professeur Alain Tippett. Il a écrit un petit livre que j'aimerais hautement recommander à quiconque s'intéresse à étudier ces questions par rapport à l'église autochtone. Il est intitulé : *Verdict Theology and Missionary Theory.* C'est une série de leçons qu'il a donnée il y a plusieurs années dans un collège chrétien dans le mi-ouest des Etats-Unis. J'ai employé ce petit livre à plusieurs reprises parce qu'il fait des suggestions très pratiques concernant ce que peuvent faire les missionnaires et les responsables d'églises. Il énumère six autonomies pour décrire la vraie église autochtone.

1. **Le premier : image de soi-même. Est-ce que cette église se voit comme étant le corps de Christ dans une situation locale?** Est-ce qu'elle se voit comme le corps de Christ?

2. **L'Église fonctionne-t-elle d'elle-même?** Contient-elle toutes les fonctions pour pouvoir s'occuper d'elle-même et de faire l'évangélisation?

3. **Est-ce que l'église se définit d'elle-même?** Cette église est-elle autochtone, capable de faire ses propres décisions? Est-ce que cette église est dans un système de soutien de vie qui, s'il est arrêté, provoquerait sa mort? Si ce système de soutien de la vie est critique

à l'existence de l'église, alors il serait difficile de l'appeler l'église autochtone, l'église auto-suffisante ou l'église se gouvernant elle-même.

4. **L'église est-elle autonome? Est-ce qu'elle s'occupe de ses responsabilités financières?** Est-ce qu'elle finance ses propres projets de service? Ou bien dépend-elle de World Vision ou d'autres organisations qui supportent son existence essentielle?

5. **Est-ce que l'église se propage d'elle-même?** A-t-elle son propre programme d'effort missionnaire?

Le Docteur Tippett était membre d'une église en Mélanésie qui est une zone du Pacifique qui inclut les îles Fiji et les îles Solomon, etc. L'église dont il était membre a envoyé des missionnaires en Nouvelle Guinée. Ainsi il savait de premier main que l'église mélanésienne se propageait d'elle-même parce qu'elle envoyait d'elle-même ses propres missionnaires dans d'autres parties du Pacifique.

6. **Est-ce que l'église elle-même donne?** Est-ce qu'elle gère ses propres programmes tels que les hôpitaux, les séminaires, les projets d'aide d'urgence, etc.?

Je recommande de tout cœur le livre par le Dr. Tippett. Il est maintenant sorti de l'imprimerie mais on peut probablement le trouver dans n'importe quelle bonne librairie missionnaire. Il y a tant d'autres bonnes suggestions la dedans concernant la question de savoir comment traiter du problème de la transition vers l'autonomie. Il est particulièrement utile dans le domaine des affaires financières.

Passons à la ligne directive suivante dans laquelle je vais donner trois idéaux à explorer. Beaucoup d'entre nous sont loin en dessous de ces idéaux mais je veux les faire ressortir.

Le premier idéal est de sonder **la question de théologie autochtone.** Malheureusement, beaucoup d'occidentaux croient qu'il y a seulement une sorte de théologie et pour eux c'est la théologie occidentale. Si vous revenez à notre diagramme que nous avons déjà vu sur le milieu exclu que j'ai mentionné dans le premier chapitre, beaucoup de gens qui tiennent à une forme de théologie dogmatique occidentale excluent ce milieu parce qu'ils ne savent qu'en faire. En conséquence ils n'ont pas une démonologie bien formulée ou même une doctrine sur le saint esprit parfois appelé pneumatologie, etc. Leur théologie systématique élimine beaucoup de choses dont il est difficile de traiter particulièrement dans les sociétés animistes où les gens pratiquent le spiritisme. Mais la théologie autochtone est celle qui tient compte de tous ces éléments qui affectent la vie des gens sur la base quotidienne. Si la possession démoniaque est l'une de ces choses alors une théologie autochtone doit s'adresser aux problèmes de possession démoniaque. Comme beaucoup d'occidentaux ne semblent pas être inquiétés par les démons, ils n'ont pas une théologie adéquate qui traite de cela. A propos, il faut dire aussi qu'une théologie autochtone doit avoir à faire à la pensée de l'église.

Deuxièmement, voyons l'importance de la forme **de l'adoration autochtone**. Il s'agit de savoir comment l'église se sente. Ceci s'adresse plus au côté émotionnel de l'église. L'église est-elle un endroit où on se sent chez soi?

Je vis en ce moment en Angleterre et nous entendons beaucoup parler du facteur « se sentir bien ». Les politiciens se soucient du facteur « se sentir bien ». Est-ce que les gens se sentent à l'aise? Si oui, alors ils vont voter pour le gouvernement actuel, etc. Si non, ils sont soupçonneux, et ils ne sont pas sûr s'ils veulent voter. Pouvons-nous poser une question semblable à propos de l'église comme un lieu où on se sent chez soi? Le style d'adoration est ce qui crée une atmosphère dans l'église et détermine si c'est un endroit où on se sent chez soi. Le style de la musique est-il culturellement approprié? Est-ce le genre de musique où on sent qu'on adore Dieu en toute sincérité? Ou est-ce quelque chose d'emprunté de l'extérieur et si différent que cela ne sonne même pas bien à l'oreille et que dire de la langue? La langue parlée dans l'église est-elle locale? Exprime-t-elle les besoins des individus au niveau de leur cœur ou est-ce quelque chose d'emprunté? Beaucoup de gens de ma génération ont passé par la période de temps quand ils ont commencé à se rendre compte que le langage anglais de la version autorisée n'était plus un vocabulaire usité quotidiennement. Ainsi notre génération a changé et a commencé à accepter des nouvelles traductions.

Pourquoi? Parce qu'il y avait quelque chose à propos de cette langue qui faisait qu'elle ressemblait à la langue de quelqu'un d'autre. C'est comme si nous empruntions une langue et nous essayons de donner une signification à des mots que nous n'utilisons plus dans notre vocabulaire. Comment se sentent l'église? Ensuite, **il y a la question de la structure autochtone.** Cela se rapporte à la manière dont l'église travaille. Quelles sont les décisions qu'elle prend? Quelles sont les sources de puissance qui influent sur le système de prise de décision dans l'église? Cette structure convient-elle dans la société dont l'église fait partie?

Le Dr. Tippett avait l'habitude d'utiliser une illustration concernant le conseil de mission qui établissait des églises dans les îles du Pacifique. Quand elles sont allées à Hawaï puisqu'elles ont un arrière plan congrégationaliste, elles ont établi des églises qui avaient une structure congrégationaliste. Mais il dit que ces églises qui sont allées en Afrique de l'Est telles que les Anglicans avaient une structure d'église hiérarchique comprenant des prêtres, des évêques et des archevêques.

Le Dr. Tippett avait l'habitude de dire que les anglicans qui sont partis à l'Afrique de l'est se sont trouvés dans une société structurée de façon similaire à leurs églises. C'était une structure hiérarchique. Ça n'aurait pas été la même chose si les congrégationalistes du conseil de mission américaine y étaient allés. Mais lorsque ces mêmes congrégationalistes sont partis à Hawaï, ils se sont retrouvés dans une société qui était beaucoup semblable à l'approche congrégationaliste qui est leur arrière plan en nouvelle angleterre. Alors le Dr. Tippett pose la question : « Est-ce que la structure de l'église est convenable à la société dont elle fait partie? »

A propos de la structure de l'église, on a continuellement besoin de se poser cette question importante : « Est-ce que cette église établie par la mission peut soutenir la structure qu'elle a hérité? Peut-elle être localement financée? » En bref, souvent les structures étrangères ont besoin de fonds étrangers pour les maintenir. Une autre question sérieuse qu'on doit se poser est celle-ci : « Est-ce que cette structure se prête à être reproduite ailleurs? Ou est-elle si complexe, si lourde, si chère et si étrangère qu'elle ne peut pas reproduire dans l'effort d'évangélisation quelque part dans le monde? »

Une des questions importantes qu'une église a besoin d'examiner est comment elle se voit elle-même et comment les gens la voient. J'ai mentionné ceci auparavant et je veux dire encore quelque chose de très spécifique à ce propos maintenant parce que cela se rapporte beaucoup à la question de savoir si les gens se trouvent à l'aise dans leurs églises. Si, par exemple, les gens se voient comme appartenant à quelqu'un d'autre ou comme étant une église de mission étrangère, cela va affecter la manière dont ils se sentent quand il s'agit d'y amener d'autres personnes.

Il y a quelques temps, j'ai parlé à une femme de l'Ouganda du nord qui m'a dit : « Savez-vous ce que les gens pensent de nous dans notre église? Ils pensent que nous sommes pauvres et ils se posent la question : 'Pourquoi êtes- vous devenus membre d'une église qui dépend de l'argent d'outre-mer?' » Elle a dit que ces gens rejettent ce genre de dépendance qui caractérise notre église. Alors, elle avait deux problèmes à ce point : l'un était la critique qui venait d'autres personnes de sa société. C'était pour elle l'image que la communauté se faisait de l'église. Mais elle avait un autre problème et cela était l'effet que cela avait sur elle et sur d'autres membres de l'église. C'était l'image propre de l'église. Elle a commencé à se rendre compte qu'on les voyait comme de pauvres gens qui dépendaient d'aides extérieures.

Qu'est-ce qu'ils pensent qu'il est, réellement? La communauté pense-t-elle de l'église comme un lieu vers lequel se tourner en temps de crise? Ou, la voit-elle comme quelque chose qui ne leur rapporte rien? Peut-être l'église est un bon endroit si vos enfants ont besoin d'une bonne éducation. Mais les adultes peuvent penser que ce n'est pas un bon endroit pour eux. Est-ce qu'on la conçoit comme étant un lieu pour les gens qui sont faibles ou qui sont pauvres ou qui quémandent de l'assistance d'outre-mer? S'il en est ainsi, probablement elle ne sera pas un endroit considéré comme un lieu où on se sent à l'aise.

Ensuite on peut se poser cette question : « A-t-elle un bon système de reproduction? A-t-elle un système de leadership avec partage, et un mode de ministère de discipolat qui mène les gens dans des positions de leader de sorte qu'ils ont envie de devenir des leaders? Est-ce que l'église se soucie des gens en dehors d'elle-même de sorte que les membres sentent qu'ils sont là pour un but faisant que Dieu les appelle à faire? » C'est là un système reproductif vigoureux.

Maintenant, passons à l'aspect de l'église autochtone envoyant des missionnaires. Pourquoi y a-t-il tant d'églises qui n'ont pas de missionnaire? Pourquoi n'ont-elles pas une société qui leur appartient en propre et qui envoie leurs propres missionnaires? Pourquoi n'ont-elle pas d'institut de formation qui prépare les gens pour les envoyer servir dans l'évangélisation transculturelle? Je vais suggérer un certain nombre de raisons:

Premièrement, peut-être il n'y a pas de vision pour les peuples non atteints. Peut-être que l'évangile n'a pas satisfait aux besoins intérieurs de l'individu et de la société et les gens ne sont pas convaincus que c'est la meilleure chose pour le monde. Ils ne sont tout simplement pas disposés à traverser les barrières, à traverser les continents, à traverser les frontières pour apporter l'évangile à d'autres. Peut-être il n'y a pas de vision. Peut-être il n'y a pas de présence du Saint-Esprit.

Deuxièmement, peut-être il y a la mentalité de la pauvreté. J'ai précédemment parler de la confession de la pauvreté qui signifie que les gens disent simplement nous sommes pauvres, c'est ainsi que nous sommes faits et nous ne pouvons rien faire contre cela. Si nous sentons que nous sommes trop pauvres pour nous supporter nous-mêmes, alors, probablement nous n'allons pas faire un effort vers l'extérieur pour soutenir d'autres. C'est là simplement une autre raison pour laquelle les églises établies par les missions n'établissent pas un bras missionnaire.

Troisièmement, elles ont hérité une structure trop coûteuse qui prend toutes les ressources pour se maintenir et ainsi elles ne peuvent pas se reproduire. J'ai fait référence à cela plusieurs fois déjà.

Quatrièmement, peut-être l'église a adopté une mentalité de maintenance.

Beaucoup d'églises en occident ont adopté la mentalité de maintenance. Elles sentent que leur responsabilité est de maintenir ce qui existe déjà. Et ainsi, le pasteur maintient la communion, le conseil de l'église maintient le bâtiment, quelqu'un d'autre maintient la propriété externe de l'église. Ainsi donc, l'église devient un endroit agréable à visiter chaque week-end pour les services. Mais cette église est dans un mode d'opération de maintenance. Elle ne se soucie pas des gens au delà de ses frontières. Elle ne se soucie pas du mouvement global d'expansion qui veut apporter l'évangile aux peuples non atteints. Elle a un mode de ministère de maintenance.

Cinquièmement, peut-être il n'y a pas d'institut de formation pour préparer les gens dans la formation missionnaire. Elles peuvent avoir des écoles pour l'évangélisation mais non des écoles de formation missionnaire. Les écoles de formation missionnaire préparent non seulement les membres au travail transculturel mais elles apportent de l'inspiration aux églises concernant l'œuvre missionnaire.

Sixièmement, l'église n'a pas d'agence qui envoie des missionnaires. D'abord, elles n'ont pas d'institut de formation et ensuite elles n'ont pas d'agence qui envoie les missionnaires.

Septièmement, peut-être il n'y a pas de mouvement de prière. Il n'y a aucune base de prière dans l'église pour envoyer des missionnaires. Le Dr. J. Edwin Orr nous a souvent rappelé que tous les grands réveils ont été précédés par une période de prière intense. Et, on peut ajouter que tout mouvement missionnaire authentique dans l'église est supporté par une base de prière à travers la dénomination entière.

Que faut-il d'autre pour faire un mouvement missionnaire qui a du succès? C'est le témoignage de ceux qui sont partis, qui ont partagé l'évangile, et qui sont revenus dire : voici ce que Dieu est en train de faire. Il n'y a rien qui fera plus pour le succès d'une église que d'avoir des gens qui donnent leurs témoignages de ce que Dieu est en train de faire en d'autres lieux.

QUESTIONS A DISCUTER
Chapitre 12

1. Votre église ou votre société missionnaire croit-elle au principe de la triple autonomie? Dans quelle mesure pratique-t-elle ce qu'elle croit?

2. Pouvez-vous trouver des exemples d'églises indigènes authentiques établies par la mission?

3. Quelle est l'image que les gens de votre assemblée se font d'eux-mêmes ou de leur dénomination?

4. Que pensent les non chrétiens de votre communauté à propos de votre église?

5. Dans quelle mesure les dénominations occidentales sont le résultat des mouvements malsains vers l'indépendance? Que peut-on faire pour améliorer les relations de telle dénomination?

6. Dans quelle mesure la musique dans votre église est-elle réellement autochtone? La musique du 16è siècle peut-elle être considérée comme autochtone dans les sociétés d'aujourd'hui? Votre église a-t-elle un système de reproduction vigoureux pour produire des leaders? Pour faire œuvre d'envoie de missionnaires?

LECTURE SUGGEREE

Allen, Roland. *The Spontaneous Expansion of the Church*. Grand Rapids : Wm B Eerdmans, 1992.

Barrett, David. *Schism and Renewal in Africa*. Nairobi : Oxford University Press, 1968.

Hodges, Melvin L. *On the Mission Field : The Indigenous Church*. Chicago: Moody Press, 1953.

Kraft, Charles H., ed. *Readings in Dynamic Indigeneity.*Pasadena : Wm Carey Library, 1979.

Tippett, Alan R. *Verdict Theology in Missionary Theory.* Pasadena : Wm Carey Library, 1973.

CHAPITRE 13

Aspects de la Conversion dans un Contexte Africain

À présent, dans les 3 leçons qui vont suivre, 13, 14 et 15, j'aimerais examiner plus en profondeur certaines questions qui ont fait surfacedans des chapitres précédents dans cette série.

La première se rapporte à la nature de la conversion chrétienne. J'ai mentionné dans le premier chapitre que nous allions voir brièvement seulement les cercles concentriques dans cette leçon, et que j'y reviendrais plus tard pour un examen plus approfondi. C'est ici la leçon sur cette étude approfondie.

J'aimerais commencer avec une déclaration plutôt générale d'un missiologue qui a travaillé en Afrique de l'Est pendant des années. Et écoutez bien cette description du Christianisme africain. Je pourrais ajouter que beaucoup de leaders d'églises africains auxquels j'ai parlé ne seraient pas en désaccord avec ce qu'il dit. Quelques-uns peuvent sentir que c'est une critique injuste, mais le plupart des leaders de l'église africaine qui sont sincère seront en accord avec lui. Donc écoutez bien.

> « Pendant les 100 dernières années écoulées, la religion traditionnelle africaine est visiblement descendue en dessous de la surface de la vie sociale moderne en Afrique. Mais ce qui reste en surface en fait est le bout de l'iceberg. De façon remarquable, au baptême le chrétien africain répudie peu de son ancienne

apparence non chrétienne. Il peut être obligé de tourner dos à certaines pratiques traditionnelles que l'église a condamné dans ce domaine à tort ou à raison. Mais il ne lui est pas demandé de récuser une philosophie religieuse. En conséquence, il retourne avec une aisance remarquable aux pratiques interdites quand l'occasion se présente. La conversion au christianisme est pour lui simplement une affaire de gain, un plus pour lequel il a opté. C'est une superposition à sa culture religieuse. Hormis les condamnations superficielles, le christianisme a vraiment peu à dire concernant la religion traditionnelle dans le sens de jugement sérieux ou de valeur. En conséquence, le chrétien Africain opère avec deux systèmes de pensée à la fois et tous les deux sont proches l'un de l'autre. » (Aylward Shorter, Théologie Chrétienne Africaine : Adaptation ou Incarnation. (1977 : 10)

Maintenant, revenons à notre exemple des cercles concentriques. Cet auteur, Aylward Shorter, attire notre attention sur ce qui se passe quand il y a conversion chrétienne. J'ai mentionné auparavant qu'il y a différents niveaux auxquels la conversion s'opère. Au niveau extérieur il y a d'évidence quelque chose qui se passe. On y voit une évidence des choses qui se passent dans la société. Mais il y a beaucoup plus que ce qui se voit à la surface. Prenons par exemple la polygamie. Vous allez dans un village africain et vous voyez les enfants courir par ci, par là. Vous demandez pourquoi il y a tant d'enfants, et en vous informant, vous découvrez qu'un homme peut avoir plusieurs femmes. Chacune d'elles peut avoir 3, 4, 5 enfants, ou plus. Ainsi, la conduite (second niveau) derrière le nombre d'enfants est celui d'un polygame. Si vous avancez d'un pas, vous pouvez trouver dans cette société des rituels de fertilité qui incitent les femmes à avoir des enfants. Ces rituels sont particulièrement conçus pour aider les femmes stériles à avoir des enfants.

Vous faites encore un pas en avant, et vous voyez qu'il y a un système de valeurs dans cette société particulière, qu'on pourrait appeler humanisme. Il y a quelques années, le Dr Kenneth Kaunda, l'ex-Président de la Zambie, a écrit un petit livre appelé *Un Humaniste en Afrique*. Le concept de l'humanisme est que la société s'occupe de tout le monde : veuves, orphelins, sans emplois, les malades, les vieillards, tous. Ainsi le thème de l'humanisme parcourt toute la société, et il y a beaucoup d'autres choses qui en sont affectées. Ensuite, tout au centre, il y a une présupposition fondamentale qui mène tout ce processus et est derrière la polygamie et le nombre d'enfants que nous voyons aux bordures extérieures. Cela est fondamental, tout autant que le fait qu'un homme croit pour vivre longtemps, un homme doit avoir beaucoup d'enfants qui vont faire survivre sa mémoire. Ainsi, s'il continue à vivre dans la mémoire de ses enfants et d'autres personnes dans la société, c'est là sa conception de la vie éternelle. C'est ce que je veux dire par la présupposition fondamentale au centre des cercles concentriques.

Comme je l'ai dit auparavant, vous pouvez analyser beaucoup de choses dans la société. Ce serait intéressant de parcourir votre propre ville pour regarder les différentes choses qu'on voit et faire des investigations sur la conduite, les rituels et les présuppositions derrière ce que vous voyez. Ce que le Dr. Shorter dit, c'est que pour les chrétiens africains, beaucoup parmi eux n'ont pas une expérience spirituelle profonde qui remplace ces présuppositions au centre de ces cercles. Ce que les chrétiens africains ont, c'est un christianisme qui est une superposition qui leur permet d'avoir simultanément deux systèmes de religions. L'un d'eux est la source ultime de puissance en face de la possession démoniaque ou en face de la malédiction. On l'emploi pour faire face à une maladie fatale, la mort d'un enfant, ou quelque chose de semblable. L'autre est une option (celui donné par l'église), les africains l'utilisent pour chercher un emploi, l'éducation, une visite outre-mer, etc....parce que l'église offre ces choses.

Comme je l'ai dit plus tôt, il y a beaucoup d'individus en Afrique qui ont été transformés au niveau profond. Nous ne devons pas le nier. Mais quand on en vient à la question de développer un mouvement qui envoie des missionnaires, cela ne se construit pas sur des individus isolés qui sont vraiment convertis. Cela est construit sur une assemblée ou une dénomination qui reçoit de l'énergie du Saint-Esprit, d'où découle le mouvement missionnaire.

Nous reconnaissons tous qu'une église, étant occidentale ou non occidentale, ne devient pas une église envoyant des missionnaires quand seulement quelques individus de l'assemblée sont vraiment convertis. Une église missionnaire, c'est une église où l'assemblé entière ou la dénomination entière sent que le mouvement missionnaire lui appartient. Ils donnent leurs biens à l'église, afin que, de l'abondance, l'œuvre de l'église soit soutenue.

Alors, qu'est-ce que c'est cette conversion chrétienne marginale? Il y a des aspects qu'il vaut la peine de noter.

Savez-vous que le confucianisme a virtuellement disparu de la scène dans la génération passée? Depuis que le communisme est arrivé en Chine, c'est à peine si on entend encore parler du confucianisme. Peut-être il est juste de dire que le confucianisme n'était pas tenu comme une religion profondément ancrée au centre des cercles, qu'on ne pouvait pas abandonner. Non, plutôt, il a été abandonné quand quelque chose d'autre est venu. Quand les communistes sont venus avec une nouvelle philosophie et une nouvelle langue (le Mandarin), etc., le confucianisme a été mis de côté en faveur du nouveau.

Savez-vous qu'entre 1968 et 1978 en Indonésie, 2 millions de musulmans sont devenus chrétiens? Nous n'avons jamais entendu parler d'une chose semblable en Afrique du Nord. Nous savons que les conversions en Afrique du Nord, n'ont pas été de l'ordre de milliers, peut-être seulement de centaines. Avec toute la résistance au christianisme en Afrique du Nord, comment pouvons-nous expliquer le fait qu'en Indonésie, deux millions de musulmans sont devenus chrétiens dans une période de 10 ans, 1968-1978?

Évidemment il y a plusieurs facteurs tels que la révolution, l'effusion de sang et le désillusionnement qui ont marqué cette période de dix ans. Mais en fait, on doit reconnaître que l'Islam, qui a été abandonné, était un islam du type superficiel, il n'était pas profondément enraciné. Il n'était pas tenu par des gens pieux qui prient cinq fois par jour et qui font un pèlerinage annuel à la Mecque. C'était un islam d'une forme plus ou moins populaire, comme le christianisme nominal. Et quand quelque chose de meilleur s'est présentée, quand les gens se sont rendus compte qu'il y a quelque chose dans le christianisme, que le christianisme ait une puissance, alors, cette autre forme de christianisme a été abandonnée.

Le catholicisme vit la même expérience dans des pays comme l'Amérique Latine où beaucoup de catholiques romains ont abandonné leur forme de religion nominale pour le christianisme évangélique. C'est pourquoi les évangéliques croissent si rapidement en Amérique du Sud et en Amérique Centrale. Plus tard j'en viendrai à certains problèmes qui sont liés à cela, mais il suffit de dire que quand la religion est tenue seulement marginalement, alors quelque chose d'autre peut venir la remplacer. C'est un danger pour le Christianisme en Afrique et ailleurs.

Alors, quels sont certains des obstacles au christianisme authentique?

L'un de ceux dont on entend parler fréquemment est le problème de la « **croyance facile** » En d'autres termes, il est trop facile d'entrer dans le Royaume de Dieu, ils n'ont pas besoin d'abandonner toutes les choses qu'ils faisaient par le passé parce que c'est facile, on peut devenir chrétien sans sacrifier tout ce qu'on faisait par le passé.

Deuxièmement, il y a **le problème de suivre deux religions à la fois**. Cela revient à dire « Je suis chrétien » mais en même temps on s'attache aux premières choses dont j'ai déjà parlé. C'est de chercher à servir deux maîtres.

Troisièmement il y a **le problème de la motivation**. Pourquoi décide-t-on de devenir chrétien? Peut-être la motivation de devenir chrétien n'est pas en rapport avec l'acceptation de Jésus comme Seigneur et Sauveur. Peut-être la motivation se rapporte aux extra dont j'ai parlé il y a un moment, comme l'emploi, l'apprentissage de l'anglais, la scolarisation, le voyage, etc. Cet élément représente une confusion de ce que le Christianisme offre. Si les gens le perçoivent comme un endroit où on apprend l'anglais, ou de trouver un travail ou quelque chose comme ça. Puis, le résultat est la confusion quand les gens se convertissent au Christianisme avec une mauvaise motivation.

Parfois l'attraction au christianisme, la motivation de devenir chrétien, se rapporte à ce qu'on puisse appeler les bénéfices secondaires de la communauté. Le Dr. McGavran avait l'habitude d'appeler cela « le coup de main culturel ». Je parle de choses telles que le relèvement du niveau de vie par association au christianisme. Peut-être il n'y a pas eu de changement profond du tout, et la motivation est aussi simple qu'une association avec un projet de développement, ou par trouver un travail, ou de recevoir une meilleure éducation, qui aide a trouver un meilleur emploi, etc. Toutes ces choses peuvent être des obstacles à une vraie conversion au christianisme.

Ensuite il y a *le problème des conceptions conflictuelles du monde*. C'est avant tout le problème du dualisme que j'ai mentionné auparavant. Dans la prochaine leçon je tenterai de traiter de ces conceptions disparates. Il suffit de dire qu'à ce point, il y a un conflit entre deux conceptions du monde quand une personne tient simultanément la conception occidentale chrétienne du monde et le paradigme animiste de son ancienne religion. Nous parlerons de ce phénomène dans la prochaine leçon.

Quelles sont certaines implications de cette conversion chrétienne marginale?

Pensez à l'Afrique comme un lieu où beaucoup tiennent au christianisme de façon marginale. Je veux encore préciser que cela n'est pas vrai seulement pour l'Afrique. En Angleterre il y a beaucoup de gens convertis de façon marginale. C'est pourquoi, selon certaines estimations, moins de 5% de la population fréquente les églises. Il y a beaucoup de gens en Angleterre qui se disent chrétiens qui n'ont qu'une relation marginale avec l'église et peut-être ils sont convertis de façon marginale, s'ils sont convertis.

Quelles sont certaines implications de cette conversion chrétienne marginale?

Premièrement est **l'accroissement notable des églises indépendantes** est en rapport avec la nature de la conversion chrétienne. Je crois que beaucoup de ceux qui fréquentaient ces 10.000 églises n'étaient pas satisfaits par Christ au centre des cercles concentriques. Dans certains cas, ils ont quitté pour rechercher quelque chose de plus réel. Ils cherchaient quelque chose de culturellement approprié et ayant de la puissance. S'ils n'ont pas trouvé cela dans l'église fondée par la mission, ils se sont mis à la recherche.

Une autre implication est que **l'ancien paradigme pourrait être encore l'autorité finale.** Peu importe toutes les autres bonnes choses qui se passent à l'église, en fin de compte, l'ancien paradigme est peut-être celui qui prévaut. Par exemple quand quelqu'un tombe malade, les étapes à suivre pour les malades condamnés, ou si on est dans le processus de résoudre un conflit, par exemple quand une famille a fait du mal envers une autre famille, et ils règlent les problèmes parmi les gens marginalement convertis, les chrétiens dans le village ont peut-être peu à dire concernant la manière de prendre les décisions, parce que l'autorité finale sera l'ancien paradigme. La bonne nouvelle de l'évangile est qu'il peut y avoir une autre manière de résoudre les problèmes, d'établir les relations ou de résoudre les conflits. Notre Bible nous dit comment les choses devraient se faire. Les gens convertis marginalement peuvent ne pas pouvoir profiter des avantages de la foi chrétienne.

Une autre implication de la conversion marginale est que **la question du fatalisme n'est jamais complètement rèsolue.** J'ai mentionné deux sortes de fatalisms : Le fatalisme occidentale qui dit : « Ces gens sont pauvres et le seront pour toujours. Nous ferons bien de les aider ». Mais j'ai aussi mentionné le fatalisme non occidental. Parmi les gens marginalement convertis, le concept du fatalisme est plutôt bien connu, qui dit : « Nous sommes pauvres, c'est notre destinée, nous resterons toujours pauvres, vous feriez bien de nous aider ». Parmi les gens marginalement converti, cela rend difficile les prises de décisions au niveau local, et rend beaucoup d'autres choses virtuellement impossibles. Cela, c'est parce qu'ils ne peuvent pas dire avec une ferme conviction que Dieu nous a appelés à ceci ou cela par notre foi totale en Lui parce que leurs racines dans la foi ne sont pas fortes. Peut-être ils tiennent à la notion qu'ils sont victimes plutôt que des vainqueurs et ils pourraient même conclure qu'ils seront victimes pour toujours. Tout cela indique le besoin d'une conversion chrétienne claire.

Une autre implication est que ceux qui tiennent au paradigme de deux religions, ce dualisme que j'ai mentionné auparavant, ne seront

probablement pas des missionnaires enthousiastes de l'évangile pour le porter ailleurs. Pouvez-vous vous imaginer des gens marginalement convertis, qui sortent, et qui disent aux gens dans le reste du monde:« Nous avons trouvé que ceci était vrai, et vous pouvez en bénéficier. Si vous apprenez à connaître Jésus comme Seigneur et Sauveur comme nous l'avons fait, il va résoudre les problèmes auxquels vous faites face et réduire au silence les démons ». En fait, si telle n'a pas été leur expérience, alors il n'est pas probable qu'ils aillent raconter cela à d'autres.

Et puis la cinquième implication de la conversion marginale est que **les gens ne sentiront pas vraisemblablement que l'église mérite leur revenu**. En d'autres termes, les gens marginalement convertis ne seront probablement pas des donateurs généreux au panier de l'église. Après tout, peut-être leur expérience chrétienne n'est pas réelle et a peu de valeur pour eux. Mais quand les gens se sont sincèrement convertis, ils donnent à l'église en reconnaissance de ce que Dieu a fait pour eux.

J'ai mentionné déjà un homme d'affaires à Lusaka, qui a apporté 100.000 kwacha à l'église à la suite de sa conversion. Il n'a probablement pas fait cela à la légère. Il est possible que quelqu'un vienne donner une forte somme d'argent à l'église pour un mauvais motif. Mais je suggère que quelqu'un qui vient pour dire merci à Dieu pour son expérience du salut a été probablement sincèrement converti. Tout cela pour insister sur le fait que ceux qui sont marginalement convertis ne pourront probablement pas donner généreusement à l'église.

Je vais maintenant donner quelques exemples de personnes qui laissent voir une conversion marginale.

Je connais bien personnellement un responsable chrétien en Afrique Centrale qui est tombé malade. Après avoir servi dans l'église pendant plusieurs années, il était atteint d'une maladie incurable et les médecins lui ont dit qu'on ne pouvait plus rien faire pour lui. Bien qu'il ait servi l'église pendant 35 ans comme pasteur ordonné, il a décidé de se rendre au village d'un guérisseur traditionnel. Il s'avéra que le traitement n'était pas seulement de la médecine traditionnelle, mais de quelqu'un qui pratiquait la manipulation des esprits, quelqu'un de son église a dit. Il a vécu là les quelques derniers mois de sa vie.

Quelques mois plus tard, en faisant une recherche sur cette affaire, j'ai découvert le témoignage chrétien de ce leader d'église. Environ 10 ans avant sa mort, il a assisté à un séminaire au cours duquel un anthropologue dirigeait une session, entre autres, sur la nature de la conversion chrétienne. L'anthropologue décrivait ce que voulait dire la conversion chrétienne. Au cours de la session, cet homme qui avait servi l'église pour si longtemps a fait la déclaration suivante : « Ce que vous dites à propos de la conversion sincère me touche profondément, car je dois confesser que je ne me suis pas converti de cette manière. Mes valeurs africaines profondes n'ont pas changé. J'ai été simplement un européen par imitation de façade. Je n'ai pas appris à écouter le Saint-Esprit. Mais j'ai été formé à écouter très attentivement ce que le missionnaire veut. »

Cette déclaration reflète le dualisme avec lequel cette église vivait. Il écoutait les missionnaires quand ils ont dit quelque choses mais la pratique locale traditionnelle qu'il connaissait, et qu'il l'écoutait, était l'autorité finale.

Malheureusement il y a beaucoup de chrétiens comme celui-ci en Afrique. Souvenez-vous que si une église doit avoir un mouvement missionnaire dynamique, elle aura besoin de décider en elle-même qui a l'autorité finale : l'Esprit, ou les esprits.

Le Professeur Tippett décrit pour nous ce qui doit être fait pour résoudre le problème. Il nous confirme que l'alternative à la conversion marginale c'est l'intronisation de Christ au centre du cercle.

L'intronisation de Christ au centre du cercle, et comment cela se fait-il? Le Dr. Tippett dit que cela arrive quand il y a une sérieuse rencontre avec les puissances qui existent, qui mettent les puissances précédentes de côté et l'intronisation de Christ au centre. C'est ce qu'il appelle « la rencontre des puissances » qui aboutit parfois à un 'mouvement de peuple'. Ces deux choses sont légèrement différentes. Si vous n'êtes pas familiers avec elles, veuillez les voir dans le Glossaire, et vous verrez la distinction dont je parle entre « la rencontre des puissances » et un « mouvement de peuple. »

Une rencontre des puissances est en rapport avec le temps où un peuple dit : nous avons fini avec cette manière de faire les décisions et nous faisons de notre relation avec Christ LE paradigme selon lequel nous allons marcher. Le concept d'un mouvement de peuple est que plus d'une personne le fait à la fois. Une des tragédies du mouvement chrétien dans la partie de l'Afrique dont je parle est que les occidentaux ont souvent promu la conversion individuelle. Dans nos prédications nous avons encouragé les gens à « se mettre debout pour Christ en tant qu'individus malgré tout ce que les autres peuvent dire, et si nécessaire, de se déplacer et aller à telle station de mission parce que c'est là un lieu sûr pour vivre sa vie. » On supposait qu'on ne pouvait pas vivre la vie chrétienne dans le village où le spiritisme est présent et où les démons rôdent.

Le Dr. Tippett nous rappelle que la solution n'est pas de créer la station missionnaire comme un asile mais de porter l'évangile de Christ tout au milieu du village où le vieux paradigme est encore de règle. C'est là que l'on cherche le consensus des gens selon lequel les temps ont changé. L'évangile est pleinement expliqué avant d'inviter quiconque à se convertir. Ensuite, dans un mouvement de peuple, le peuple est invité à faire la décision en même temps, pour étendre le royaume de Dieu au village, de sorte que le village devient un endroit sûr pour vivre.

Pour ceux d'entre vous qui s'intéressent à ceci, il y a un excellent chapitre dans le livre du Dr. Tippett, intitulé, « Le mouvement de peuples dans la Polynésie du Sud ». Dans le chapitre 7 il décrit comment fonctionner un mouvement de peuple et son implication. Il y a une ramification de ce concept dans la société occidentale aussi. Malheureusement nous avons promu la venue individuelle à Christ comme expérience la plus élevée. Le Dr. Tippett nous rappelle que ce serait plus complet si nous promouvions la venue de la famille entière à Christ - père, mère, et enfants prenant la décision de venir ensemble à Christ. De cette manière la famille entière tient debout contre la puissance de Satan comme une groupe au lieu d'un individu. C'est le corollaire occidental du concept du mouvement de peuple.

Permettez-moi de finir en indiquant quelques **dangers d'un paradigme partiellement transféré.** Quels sont certains des dangers?

1. **Il y a un danger pour les gens qui sont seulement marginalement convertis à ne pas détruire les objets sacrés qui les ont aidé dans leur ancienne manière de vivre.** Ceci est très important surtout si les gens gardent des idoles sur leurs étagères ou sous leurs lits, ou en un endroit sûr, pour pouvoir les utiliser en temps de besoin.

   Je me rappelle d'un homme en Afrique du Sud qui m'a raconté une expérience dans sa famille qui était hindou auparavant. Comme vous le savez probablement, la possession démoniaque dans l'hindouisme peut être un problème sérieux. Il décrivait en tant que Pasteur, comment certaines familles prenaient simplement les idoles, les enveloppaient dans du papier, et les mettaient dans des boîtes sous le lit. Ils le faisaient parce que, il se pourrait qu'ils en aient besoin un jour. Il connaissait le danger d'une telle pratique. Une fois qu'on s'est débarrassé de l'ancien paradigme, ces objets sacrés doivent être détruits. Et comme le Dr. Tippett vous le décrira, si vous lisez ce chapitre auquel je viens de me référer, comment le fait de brûler les fétiches était le signe que l'ancien système était révolu. Cela demandait de détruire les anciens objets de puissance, que ce soit des pierres, des bâtons, des plumes ou des pattes de lapin, etc., n'importe quels objets de puissance ont été détruits.

2. **Il y a un danger à ne pas changer l'ancienne manière de résoudre les problèmes.** Pour les chrétiens marginalement convertis, ceci est un problème sérieux. Quand cela arrive, l'ancienne manière de résoudre les problèmes, de prendre les décisions est introduite dans l'église. C'est pour s'opposer à la promotion d'un leader ici, ou une autre personne là-bas, etc. et l'ancienne manière d'utiliser les puissances pour conter une personne avec laquelle on est en désaccord. Si ce problème n'est pas résolu, si cela n'est pas écarté, alors la résolution des problèmes par des relations interpersonnelles

ou interfamiliales ne changera pas, et les gens marginalement convertis ne peuvent pas faire ce changement.

Et puis finalement le danger est que ce **christianisme ne sera pas accepté comme un mode de vie pour lequel il vaut la peine de vivre et de mourir,** surtout pas pour en devenir missionnaire, si les anciens paradigmes ne changent pas.

QUESTIONS A DISCUTER
Chapitre 13

1. Réfléchissez sur votre expérience personnelle de conversion. A quel niveau a-t-elle eu son origine? Un changement a-t-il eu lieu plus tard au centre des cercles?
2. Jusqu'où le problème de la croyance facile est-il sérieux dans les églises aujourd'hui?
3. Décrivez le rôle des esprits chez les praticiens de la médecine traditionnelle.
4. À quel niveau les médecins chrétiens doivent-ils s'impliquer dans les problèmes spirituels derrière certaines maladies?
5. Quel rôle les mouvements de peuples et la rencontre des puissances ont dans l'évangélisation missionnaire aujourd'hui?
6. Les chrétiens nés de nouveau sont-ils plus ou moins susceptibles de donner généreusement à leurs églises?

LECTURE SUGGEREE

Ademeyo, Tokunboh. *Salvation in African Tradition.* Nairobi : Evangel Publishing House, 1979.

Mbiti, John S. *African Religions and Philosophy.* London : Heinemann,1969.

Tippett, Alan. *People Movements in Southern Polynesia.*Chicago : Moody Press, 1971.

CHAPITRE 14

Points de Vue Conflictuels de la Conception du Monde et Autonomie de l'Église

J e vais tenter de décrire quelque chose de la différence entre les conceptions du monde dont nous avons parlé, pour montrer comment cela est en rapport avec le problème de la dépendance. L'une des raisons pour lesquelles l'église est incapable de tenir d'elle même c'est que ce conflit entre les deux conceptions du monde n'a pas été résolu. Voyons donc quelques croyances avec lesquelles les missionnaires commencent et comment elles diffèrent des croyances de ceux parmi lesquels ils travaillent.

L'une d'elle se rapporte à la manière de prendre les décisions. Les occidentaux aiment bien prendre des décisions individuelles sans autre forme de consultation. Ils sont souvent tout a fait prêts à assumer les responsabilités pour ces décisions. C'est là un concept plutôt étranger parmi beaucoup de peuples dans les églises établies par les missions dans la partie de l'Afrique dont nous parlons.

Les prises de décisions dans une société africaine locale ne se fait fréquemment pas par l'individu, mais par le groupe. Il y a longtemps que j'ai appris que quand je dois aller parler à quelqu'un de quelque chose, je ne dois pas le faire seul. Chaque fois que cela est possible, je dois prendre quelqu'un avec moi. Pendant que nous nous asseyons pour parler, il y a deux personnes pour écouter et se souvenir de ce qui a été dit.

Dans le contexte de la prise de décision elle même, les occidentaux aiment voter et dire par exemple, que 51% des gens veulent quelque chose, par conséquent on fera cela. Et parfois en Angleterre et Amérique du Nord, par exemple, nous avons des élections ou des référendums et quelqu'un gagne par un pourcent, peut-être 51% et l'autre 49% et on déclare un victoire majeure.

Ce type de prise de décision est inconnu dans une société qui opère par consensus. Dans une situation de consensus, une majorité de 51% seulement ne suffirait pas pour décider d'une question. Il y aurait une discussion du début à la fin jusqu'à ce qu'on arrive à un consensus.

Cela est dû en partie au fait que nous avons des conceptions différentes du monde. Les occidentaux voient le monde comme des individus, les non occidentaux, beaucoup d'entre eux comme les Chinois, les Africains, et d'autres peuples, voient le monde comme une famille. Une des manières d'exprimer la différence est que « L'homme est un individu », ou « L'homme est une famille ».

Il y a un petit livre intitulé *Primal Vision* par John V. Taylor. Dans ce livre il décrit le concept comme « l'homme en tant que famille ». C'était une grande révélation pour moi quand j'ai commencé à comprendre le processus africain de prise de décision par consensus. C'était tellement différant de tout ce que j'avais vécu et ce avec quoi j'avais grandi en tant qu'individu dans une société occidentale.

A moins qu'on arrive à comprendre ces deux manières différentes de prendre des décisions, il en résultera beaucoup de problèmes dans l'établissement d'églises dites autochtones.

Une autre présupposition qui doit être considéré, c'est la présupposition occidentale concernant la place de la technologie dans notre vie et dans notre travail. Les occidentaux sont fermes sur l'importance de la technologie pour faire un meilleur travail et un travail plus efficace dans tout ce qu'ils entreprennent. Cette préoccupation avec l'efficacité est souvent en conflit avec ceux qui disent que la technologie, ou une nouvelle manière de faire les choses est loin d'être aussi importante que la préservation des rapports avec ceux qui sont engagés dans le processus. Ainsi, d'un coté vous avez l'introduction de la technologie à tout prix, peu importe celui qui sera offensé, et de l'autre, la préservation soigneuse des rapports afin que rien ne se passe mal et que personne ne soit exclue. Pensez à nouveau à cette idée de consensus, se soucier de la minorité qui a un sentiment différent, les avoir avec soi et discuter le problème jusqu'à arriver à un consensus. Tout cela reflète les deux différentes manières de faire les décisions.

La compréhension occidentale de la technologie a beaucoup de ramifications. Nous sommes formés dans les universités qui sont orientés scientifiquement. Malheureusement cela signifie que nous pensons que c'est là le moyen supérieur de traiter les choses dans la vie. C'est pourquoi les missionnaires partent de l'Amérique du Nord pour un endroit comme l'Afrique Centrale, arrivent dans une localité qui leur est assignée, et dès le lendemain, se mettent à enseigner.

Comment quelqu'un de l'Occident qui n'a jamais eu même une position de responsabilité dans son propre pays, vient récemment de terminer ses études universitaires, se retrouve au cœur de l'Afrique et obtient un travail d'enseignant qui commence le lendemain de son arrivée? Peut-être cette personne n'a jamais eu de formation transculturelle, de formation dans l'animisme, ou du spiritisme ou dans beaucoup d'autres choses dont j'ai parlé, et soudainement, le voici debout devant les gens, ayant la parole. Et que va-t-il dire? Il dira aux gens la seule chose qu'il sait : sa compréhension occidentale et scientifique de la technologie et comment les décisions sont prises, etc. Il pourrait même aller jusqu'à dire comment les décisions sont prises dans sa propre église et promouvoir cela comme le comment faire des choses.

Voyez-vous ce que je veux dire? Il y a un élément d'arrogance en nous de penser que nous pouvons passer du monde occidental dans l'autre monde et devenir automatiquement des enseignants. Je crains ceci pour cette raison très sérieuse en rapport avec le syndrome de la dépendance. Quand cela arrive, quand une personne se meut si facilement d'un monde à l'autre et automatiquement on le prend pour un expert, quelque chose arrive aux gens de cet autre monde. Et qu'est-ce qui leur arrive? Tout d'un coup, ils sentent que cette personne est étrangère, elle est blanche, elle représente l'argent. Dans ces circonstances, beaucoup ont conclu que leurs idées ne doivent pas être bonnes. « Par conséquent, je dois écouter ce qu'ils ont à dire. » Dans un sens, il y a quelque chose qui meurt dans un tel individu.

« Je ne vaux pas grand chose, ces gens connaissent plus que moi. Ils savent même comment mettre des gens sur la lune. Dieu les a béni, voyez combien d'argent ils ont. Dieu les a béni, voyez quelle éducation ils ont, Dieu les a béni, et moi, je ne vaux pas grand chose. »

Considérez de nouveau la partie de l'Afrique dont je parle. Vous verrez une partie du monde qui a été bombardée à maintes et maintes reprises avec le concept de la supériorité de l'extérieur. Si les autochtones ont conclu qu'ils n'ont pas beaucoup de dons et qu'ils ne sont pas bien éduqués, et qu'ils connaissent peu de sciences et que leur manière de faire les décisions n'est pas bonne, ils se rebiffent de plus en plus et dissent : « Eh bien c'est ce que nous sommes et nous ne changerons jamais. Quelle autre alternative y a-t-il? »

Il y a une alternative pour quelqu'un qui a de l'humilité, que Dieu a appelé dans cette situation, c'est de dire : « Frères et sœurs, j'aimerais apprendre de vous, j'aimerais voir comment vous faites les choses, j'aimerais que vous me disiez qui est vraiment le Christ et ce qu'il vaut pour vous, et j'aimerais vous encourager à être tout ce que Dieu voudrait que vous soyez. »

Je n'ai pas mentionné World Mission Associates jusqu'ici. Mais maintenant je vais vous dire quelle est notre philosophie. Notre philosophie est ceci:

« Dieu dans sa providence a placé des gens comme vous et moi partout dans le monde, pour accomplir son dessein. Notre responsabilité chrétienne est de nous découvrir et de nous encourager mutuellement pour devenir tout ce qu'il veut que nous soyons. »

Que signifie cela dans le contexte de ce que je dis maintenant? Cela veut dire que quand Dieu me conduit en Zambie ou au Malawi, ou en un autre lieu semblable, je trouve qu'il a toujours là-bas des gens que je dois simplement encourager à être tout ce qu'**IL** voudrait qu'ils soient. Il les a placé là-bas pour un but.

Il y a quelques temps, je roulais dans le train dans la campagne en Tanzanie. C'était un voyage de nuit vers la Tanzanie Occidentale. Alors que le soleil se levait le matin, nous traversions la campagne, et je regardais par la fenêtre et j'ai vu un homme qui marchait sur une piste au flanc d'une colline. Je me dis alors : Dieu, dans sa providence a placé cet homme là-bas, et il se déplace d'un village à un autre. Mais Dieu dans sa providence l'a placé là-bas et désire qu'il soit tout ce qu'Il voudrait qu'il soit pour Dieu. Je me dis : Ne serait-ce pas merveilleux si je pouvais monter sur la colline et marcher avec lui et dire : « Frère, comment ça va? Connais-tu le Seigneur Jésus et ce que Dieu veut que tu fasses ici? »

Voyez-vous? Je devrais l'encourager à être tout ce que Dieu veut qu'il soit. Je ne peux pas aller à sa place et faire ce qu'il est appelé à faire là-bas. Ce n'est pas la nature du mouvement chrétien. Je ne peux pas aller être et faire ce que les autres sont appelés à être et à faire.

Je dis donc que dans ce conflit des conceptions du monde, les Occidentaux souvent montre d'une attitude de supériorité. Comme si Dieu dans sa providence nous a placé comme occidentaux pour être des sauveurs du monde et leur apporter cette nouvelle merveilleuse de la technologie, ainsi de suite. Je dis qu'il y a une autre alternative, et les missionnaires occidentaux doivent la trouver.

Une autre supposition représentée par ces deux conceptions du monde différentes, est de savoir si et comment le monde doit être dominé. Ou alors le monde est-il simplement un lieu qui nous domine? Les Occidentaux abordent cette question avec l'assomption que le monde peut être dominé. Une des choses qui nous a convaincu, tout le long du chemin, était la découverte scientifique que nous pouvons vaincre des choses comme les maladies. Tenez, par exemple, dans les années 1950, quand le Dr. Jonas Salk a découvert le vaccin de la polio. Nous sommes devenus convaincus que si seulement nous avions suffisamment de connaissance, nous pourrions vaincre toutes les maladies du monde. Et bien que nous n'avions pas de solution au cancer à ce stade, nos cœurs étaient exaltés quand le Dr. Salk a fait cette découverte. Nous étions alors sur le point d'envoyer des gens dans l'espace - sur la lune même. C'était a peu près en ce moment que le Président Eisenhower a introduit les mathématiques à grande échelle dans l'enseignement en Amérique du Nord parce qu'il voulait rattraper les Russes. La pensée scientifique occidentale avait le vent en poupe. Nous avancions et nous contrôlions de plus en plus le monde autour de nous.

De l'autre coté, le monde que nous occidentaux rencontrions en Afrique Centrale et ailleurs était le monde qui acceptait que les gens sont victimes, qu'ils sont dominés et il n'y a rien qu'on puisse faire. On est victime des circonstances. On est victime des mauvais esprits, de la possession démoniaque et il en est ainsi, c'est tout. Cette conception selon laquelle nous sommes pauvres et ne pouvons rien faire pour nous en sortir nous mêmes, c'est la conception d'être victime. Maintenant, mettez cela en contraste avec la personne qui dit : « Je vais me lever, je vais le réaliser, je vais gagner de l'argent ». Voici mes objectifs, je peux le faire, je veux le faire, je vais le faire. » Ces deux conceptions sont en conflit. La différence est au niveau de ceux qui peuvent contrôler les circonstances et ceux qui ne le peuvent pas.

Certaines suppositions étrangères, quand on les accepte, peuvent affecter de façon adverse les systèmes de valeur locaux. Cela est critique par rapport à ce que nous disons parce que dans cette combinaison de savoir faire vient la question de savoir jusqu'où on doit tenir au passé et combien on doit abandonner. Et pour accomplir, peut-être je dois sacrifier quelque chose que je tiens à cœur. Je vous donne un ou deux exemples de ce dont je parle.

L'intégrité personnelle varie de lieu en lieu. Un leader d'église peut être engagé à tenir la boîte lourde dont j'ai parlé auparavant, et ne pas la laisser tomber. Peut-être il le fait par crainte que sa réputation va en souffrir aux yeux de ceux qui ont construit la boite en premier. Ce faisant, il peut se trouver victime de compromis, parce qu'il n'ose pas simplement déclarer que cette chose ne peut être soutenue.

Il y a quelques années je voyageais avec des leaders d'église, et nous étions trois à l'avant de la camionnette. Nous voyagions sur une longue distance et j'étais assis entre l'évêque et son assistant qui conduisait le véhicule. Avant de nous mettre en route, nous avons contourné certaines maisons, et nous avons trouvé environ une douzaine de personnes qui attendaient le bus. Nous avons su qu'ils allaient à la même destination que nous, donc ils ont été invités à monter à bord. Ils se sont mis à l'arrière du véhicule, et nous sommes parti.

Après environ une heure de voyage, nous sommes arrivés à une barrière de police. Nous nous sommes arrêtés, et la police a demandé dans son langage habituel : « Où allez-vous? » L'évêque a répondu : « Nous allons à telle ville ».

« Qu'est-ce que vous allez y faire? » L'évêque a répondu : « Nous allons pour une réunion ». L'agent a demandé : « Et qui sont ces gens à l'arrière du véhicule? » L'évêque a répondu : « Ce sont nos gens et nous allons ensemble à la réunion. » L'agent a dit : « Bien, continuez ».

Après avoir quitté là, j'ai demandé à l'évêque « À propos, Monseigneur, ces gens sont-ils des nôtres et vont-ils à notre réunion? » Il a répondu : « Non ».

« Mais c'est ce que vous avez dit à l'agent de police » Il a dit : « Je sais que je n'aurais pas dû dire cela. J'ai décidé que je ne ferai plus cela à l'avenir ».

Qu'est-ce qui n'allait pas avec la déclaration de l'évêque? D'abord c'était une infraction à la loi dans le pays. Si vous n'avez pas un permis de conduire pour taxi ou pour bus pour transporter des passagers, vous n'avez pas le droit de le faire. Pourquoi l'évêque les transportait alors? Parce que, en toute honnêteté, me dit-il, nous n'avons pas d'argent pour acheter du carburant pour le retour.

Alors, j'ai commencé à penser à ce qui arrive à un système de valeurs où la structure à maintenir est si chère que les responsables d'églises font de telles choses pour la maintenir. Un tel conflit aboutit à la compromission dans le système des valeurs pour maintenir le système étranger établi.

J'ai parlé avec un autre pasteur en Afrique du Sud, il m'a raconté son histoire. « Je ne peux pas joindre les bouts dans mon église. Je ne gagne pas assez d'argent. Ma femme travaille, mais nous ne gagnons pas assez pour nous maintenir, et je refuse de faire ce que certains de mes autres amis ont fait. J'ai des amis pasteurs qui ne reçoivent pas assez d'argent de leurs églises, alors ils emploient des femmes qui préparent de la bière et la vendent pour avoir de l'argent et augmenter leur revenu ».

Ainsi le pasteur se trouve en train de compromettre sa profession en allant faire des affaires de vente de bière pour se soutenir dans le pastorat. Voyez-vous ce conflit des conceptions, cette idée que le système ne produit pas, alors on trouve qu'on doit faire des compromis. Et les missionnaires qui ne comprennent pas la dynamique ne peuvent pas apprécier les implications. Le mieux que certains d'entre nous peuvent faire est simplement de condamner. Et cela est à peine le mieux à faire.

Maintenant, prenons un autre domaine et voyons *ce domaine de la science* juste un instant, pour voir un petit peu comment cela se rapporte à ce que nous disons.

J'ai appris cette leçon d'un anthropologue chrétien du nom de Dr. Don Jacobs. Il y a plusieurs années Dr. Jacobs nous a présenté les deux mondes différents dans lesquels nous vivons d'une manière ou d'une autre.

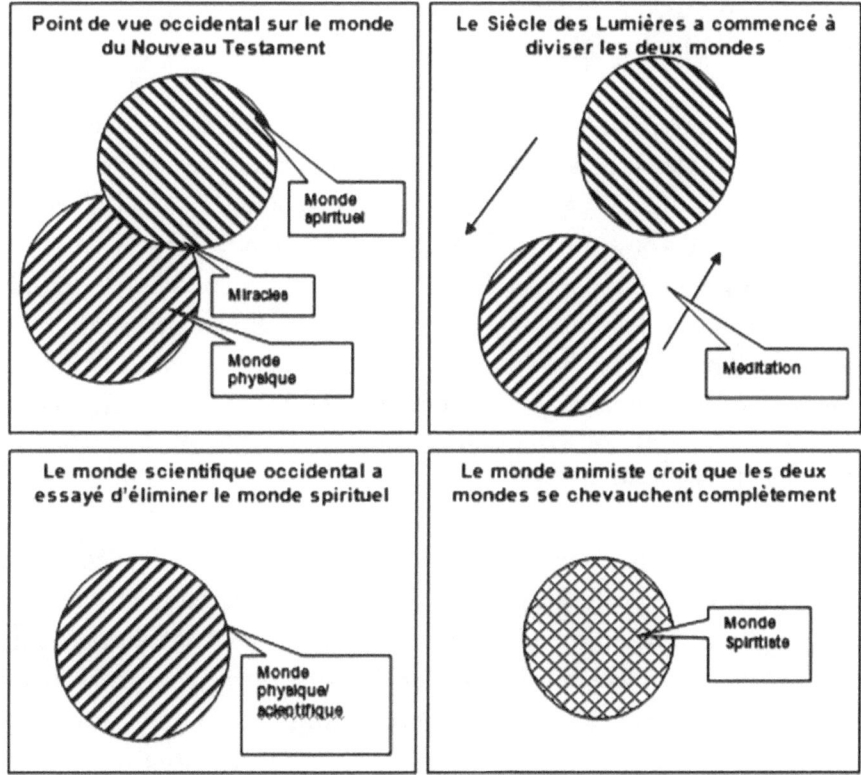

Il a décrit l'un comme le monde physique, et l'autre comme le monde spirituel. Comme vous le voyez dans ce graphique, j'ai mis ces deux mondes ensembles, le monde spirituel, et le monde physique. Là où ces deux mondes se superposent pour un occidental comme moi-même, le Dr. Jacobs dit que c'était là notre compréhension du nouveau testament. À cause de la manière dont nous envisageons le nouveau testament, nous avons dit qu'il y a des événements physiques et il y a des événements spirituels, et là où les deux se rencontrent, c'est là que les miracles se produisent. Nous avons appris que c'est à ce point que Jésus a guéri les gens par exemple. Ensuite est venu le siècle des lumières, quand la science venait d'elle-même et ces deux mondes se sont séparés. Le monde spirituel et le monde physique, deux choses distinctes et différentes. A ce moment il est devenu possible d'aller et venir entre les deux mondes en se donnant une expérience de dévotion ou par la méditation. On pouvait entrer dans le monde spirituel et y rester un moment, ensuite revenir au monde physique. Ainsi les deux mondes existaient côte à côte, mais ne se touchaient pas nécessairement. C'était l'aube du monde scientifique pendant le siècle des lumières.

Maintenant nous passons au monde prochain qui est le monde dans lequel j'ai grandi dans les années 50. Ceci peut être décrit comme étant purement le monde scientifique. Je fréquentais l'école secondaire quand le vaccin de Salk a été découvert, quand il y avait une grande poussée en avant des sciences pour rattraper les Russes. Certains ont considéré le monde et ont conclu que de toute façon, Dieu était mort. En allant à l'église, j'ai vu les deux mondes se superposer, et allant au lycée, je voyais le monde scientifique, le monde du « Dieu est mort ». Ensuite Dieu m'a appelé comme missionnaire en Afrique et là, j'ai rencontré des gens qui voyaient le monde de façon toute différente.

A quoi ressemblait leur monde? Leur monde était une complète superposition du spirituel au-dessus du physique. Ils n'avaient pas deux mondes. Ils avaient un monde physique qui avait des caractéristiques du monde spirituel et vice-versa. Par exemple, une pierre pouvait avoir un esprit, une rivière pouvait avoir un esprit, un arbre pouvait avoir un esprit, les ancêtres avaient des esprits. On ne coupait pas un arbre simplement pour avoir du bois. On regardait l'arbre et on se demandait : Y a-t-il uneraison spirituelle pour la présence de cet arbre ici, et peut-être pour laquelle il ne faut pas le couper? Tout dans la vie amenait ces deux mondes à se rejoindre. C'est une manière unifiée de voir le monde. Une conception solitaire du monde. Ce n'était pas le spirituel et le séculier comme je l'ai connu quand j'étais jeune. Donc j'étais missionnaire du monde scientifique avant tout, allant dans le monde animiste ou les gens voyaient le monde d'une manière très différente.

Voyez de nouveau les graphiques. La superposition où nous admettons que des miracles pourraient se produire, les mondes séparés où la science fait chemin seule, le monde scientifique qui a éliminé le spirituel, et ensuite je me trouve pris dans un monde où les gens n'ont pas deux mondes différents.

Permettez-moi de faire quelques observations sur cela.

1. Comme occidentaux, nous avons envisagé ceci comme un choix entre deux choses. Nous avons de la difficulté à envisager une conception du monde comme une cosmologie ou comme une conception globale qui tient tout pour sacré et séculier à la fois. Cette conception du monde n'a tout simplement pas de sens pour nous. Pour nous, l'une est juste, l'autre fausse. C'est pourquoi un professeur de sciences peut sortir d'une université occidentale et commencer à enseigner immédiatement parce qu'il n'a pas besoin de prendre en considération ce qu'il y a dans cet autre monde. Dans notre pensée occidentale, nous avons éliminé cet autre monde.

2. Les non Occidentaux qui tiennent le point de vue animiste que j'ai décrit, **voient souvent le christianisme comme un plus à ce qu'ils croient**. Ils pourraient fonctionner avec leur propre paradigme initial, et ils pourraient faire usage du christianisme quand il leur convient, mais il se pourrait qu'ils fassent leurs décisions selon leur conception originelle.

3. Une observation critique pour le sujet de la dépendance est que lorsqu'on tient ce point de vue unifié du monde, cela signifie que certaines choses peuvent être faites, et d'autres ne le peuvent pas du tout. Par exemple, on n'a pas la liberté de piétiner brutalement la tradition, l'histoire, les relations familiales, etc., sans prendre en considération les implications. Donc cette question de traiter avec les esprits veut dire qu'avant de prendre des décisions, concernant ceci ou cela, nous prenons en considération la conception plus large du monde dont nous sommes issus. Le missionnaire qui ne comprend pas cela va mouvoir de son monde scientifique à ce monde, et il va bafouer ces choses sans se rendre compte de ce qu'il est en train de piétiner. Il ne se rend pas compte des relations qu'il est en train de briser à droite et à gauche. Et quand cela se fait il faut un recours à l'humilité dont j'ai parlé plus tôt, quand on se rend dans une telle société.

Il n'y a probablement aucun domaine où cela est plus important que dans la médecine. La médecine occidentale est presque exclusivement basée sur l'approche scientifique pour résoudre les problèmes de maladie. C'est de là que vient la théorie de germes. Les occidentaux ont tout juste besoin de découvrir la cause du problème. « Qu'est-ce qui cause cela, et comment est-ce que cela se passe. » Au même moment, quelqu'un du monde non occidental ne se pose pas la question de savoir qu'est-ce qui a causé le mal ou comment il est arrivé. Il se demande : « POURQUOI » cela est arrivé. Qui en est la cause et pourquoi? Même si c'est une maladie grave qu'on peut voir, peut-être un accident de voiture, et nous pouvons constater que quelqu'un a été grièvement blessé et plus tard il est décédé suite à l'accident. Nous savons la cause et le comment. Les freins ont lâché, ou bien il y a eu une autre défaillance. Mais la personne dans le monde non-occidental se demande : Pourquoi c'est arrivé? Qui a causé cela, et pourquoi c'est arrivé?

De même dans la question de guérison, ce n'est pas une question de « quoi » ou de « comment », mais de qui et pourquoi. Cela veut dire que ce n'est pas la théorie du germe, mais la théorie de l'esprit de la maladie. La théorie de l'esprit de la maladie veut dire qu'on se pose la question : « Qu'est-ce qui se passe au fond? » « Qui a causé ce problème et pourquoi ceci se produit? » Et une fois que vous pouvez répondre à cette question, peut-être vous pouvez comprendre comment la guérison peut s'opérer.

Heureusement, je suis heureux de le dire, que les praticiens de la médecine occidentale commencent à se rendre compte de plus en plus que les maladies sont causées par ce à quoi on fait référence comme des maladies « psychosomatiques ». En d'autres termes, les praticiens occidentaux de la médecine disent maintenant que 50% de ceux qui sont dans les hôpitaux - certaines estimations vont jusqu'à 80% ou 90%, y sont pour des raisons psychosomatiques. En d'autres termes, la théorie de l'esprit de la maladie gagne du terrain dans la médecine occidentale. Nous n'avons pas le temps d'aller dans toutes les ramifications à ce sujet, mais imaginez quelqu'un qui va de l'approche purement scientifique - la théorie du germe - dans une situation où les gens tiennent la théorie de l'esprit de la maladie et qui essaient de pratiquer la médecine. C'est pourquoi je dis que dans le monde de la médecine, le conflit entre les deux mondes est aussi grand que dans n'importe quel autre domaine.

Y a-t-il une solution à ce dilemme?

Je vous donne la bonne nouvelle. La bonne nouvelle, c'est que le Mouvement Pentecôtistes qui prend au sérieux le monde des esprits, a une meilleure chance de traiter des problèmes de possession démoniaque, etc., là où le spiritisme est actif, et où les relations doivent être préservées. Les charismatiques et les pentecôtistes qui prennent au sérieux le monde des esprits auront un plus grand succès que ceux qui balaient simplement la question du revers de la main et défendent leur point de vue scientifique.

S'il y a des gens parmi vous qui s'intéressent au sujet, je vous suggère de vous procurer l'un des livres que le Dr. Charles Kraft a écrit récemment. Il a écrit plusieurs volumes. L'un d'eux s'appelle *Defeating Dark Angels (Vaincre les Anges de Ténèbres)*. Ce livre montre qu'il y a une solution spirituelle à ce problème. Souvenez-vous, au moyen du renouvellement spirituel, en prenant au sérieux l'œuvre du Saint-Esprit, nous pouvons apprendre quelque chose des charismatiques et des pentecôtistes.

QUESTIONS A DISCUTER
Chapitre 14

1. Dans quelle mesure êtes-vous un décideur individuel ou corporatif? Croyez-vous que la prise de décision par consensus est valable?
2. Pouvez-vous penser et trouver des exemples où la technologie non occidentale est tout à fait appropriée comme la technologie occidentale?

3. Dans quelle mesure croyez-vous que les systèmes de valeurs africains ont souffert de dommages à long terme de la colonisation et de l'apartheid?

4. Dans quelle mesure la conception scientifique occidentale du monde a-t-elle influencé votre expérience de la conversion?

5. Discutez vos points de vue de l'impact dudit « siècle des lumières » sur le christianisme occidental.

LECTURES SUGGEREES

Kraft, Charles H. *Christianity with Power*. Ann Harbor, MI : Vine Books, 1989.

Kraft, Charles H. *Defeating Dark Angels*. Ann Harbor, MI : Vine Books, 1992.

Voir aussi les lectures suggérées pour le chapitre 13.

CHAPITRE 15

Ethnicité et Implantation d'Églises Transculturelles: Pourquoi la Dépendance se Développe

J'aimerais poser une question. La question d'ethnicité et d'implantation d'églises pourrait bien être l'un des sujets par rapport à cette question de dépendance et d'autonomie. On va l'examiner en profondeur. La question avec laquelle je commence est : Pourquoi beaucoup de sociétés missionnaires occidentales ont des difficultés à implanter des églises transculturelles autosuffisantes?

Une des raisons possibles que je suggère, c'est que beaucoup de sociétés missionnaires occidentales cherchent à préserver l'identité de la dénomination qu'ils représentent. Et dans la mesure de leur succès à le faire, à cette même mesure les églises qu'elles implantent ne seront pas autochtones.

Je reconnais que c'est une déclaration plutôt forte, donc je me hâte d'expliquer ce que je veux dire. D'abord, si vous pensez à une église autochtone qui ressemble et qui agit comme la société dont elle fait partie, l'alternative est d'avoir une église qui ressemble et qui agit comme la société dont ses missionnaires sont venus.

Commençons avec quelques définitions. Vous pouvez voir ces définitions dans le glossaire, mais permettez-moi de vous décrire ce que je veux dire par une église ethnique.

Quand j'emploie le terme « église ethnique », je me réfère à une église qui a un nom ethnique dans son appellation : l'Église Presbytérienne Écossaise, l'Église Anglicane, l'Église Néerlandaise Reformée, l'Église Luthérienne Allemande, l'Église Luthérienne Américaine, etc. Il y a beaucoup d'autres églises qui n'ont pas nécessairement un tel nom ethnique dans leur appellation, mais ce sont aussi des églises ethniques. Parmi elles, l'Église Mennonite par exemple qui est étroitement liée à ses origines allemandes, ou l'Église des Frères en Christ, à laquelle j'appartiens. Non, je ne dois pas dire « à laquelle j'appartiens. » Je suis venu au Seigneur à travers l'Église des Frères en Christ. Je suis reconnaissant au Seigneur chaque jour pour mon expérience du salut au moyen de cette église. Cependant, je classerais cette église comme une église ethnique à cause des origines allemandes de beaucoup de ses membres.

Quand ces églises ethniques que je décris vont implanter des églises de façon transculturelle, beaucoup d'entre elles essaient de préserver l'identité de la dénomination dont elles font partie. Et ce que je dis c'est que dans la mesure où elles réussissent à préserver cette identité, dans cette même mesure l'église qu'elles implantent ne sera vraisemblablement pas autochtone dans la société où elle est implantée.

Revoyons le concept de l'église autochtone. Qu'est-ce que c'est? C'est une église qui a des racines profondes dans sa propre culture. C'est une église qui se voit comme le corps de Christ DANS CETTE SOCIETE. Cela a à faire à sa propre image. C'est une église qui est vue dans cette société comme une institution locale légitime à laquelle ils se sentent libre d'appartenir. Cela reflète son image de communauté.

Considérez un moment l'église ethnique qui est une simple réplique de l'église qui envoie ou de la société de mission qui l'a démarrée. Voyez les caractéristiques de cette église. Si vous trouvez l'église locale très semblable à l'église qui l'a envoyée, elle sera moins visible comme une église autochtone.

Je vais maintenant donner quelques caractéristiques de ce que j'appelle une église non autochtone parce qu'ils ressemblent trop l'église qui l'a implanté. Souvent ces églises sont caractérisées comme des églises qui empruntent.

Elles empruntent la langue, elles empruntent la structure d'église, elles empruntent la théologie ou la doctrine. Presque chaque fondateur d'église pense que la doctrine que lui ou elle enseigne représente la vraie doctrine biblique. En réalité, à cause des origines ethniques d'une personne, sa doctrine ou théologie biblique peut être bien différente de la théologie ou de la doctrine biblique de quelqu'un d'autre. Presque chacun pense que les caractéristiques ethniques de son église ont une base théologique, qu'elles viennent directement de la Bible et peuvent être défendues même si elles sont différentes de celles de quelqu'un d'autre. Il n'est pas inhabituel de trouver que les deux pensent qu'elles sont théologiquement correctes.

Malheureusement les églises ethniques qui implantent des églises autochtones implantent souvent des églises dépendantes, des églises qui ont besoin de différentes formes d'assistance pour exister. Cela est particulièrement vrai dans le domaine de la construction d'édifices d'églises. Avez-vous jamais remarqué que quand les bâtiments d'églises sont construits avec des fonds de l'étranger, elles ont souvent la forme d'église mère? Par exemple, allez en Afrique de l'Est et voyez les églises construites par les orthodoxes grecques. Vous noterez que les structures des pierres ressemblent beaucoup aux églises grecques ailleurs. Vous verrez une autre chose similaire dans d'autres dénominations. Un bâtiment d'église pourrait avoir une estrade divisée par exemple, particulièrement dans le domaine de la construction d'édifices d'églises.

Les églises dépendantes implantées par des sociétés missionnaires d'outre-mer, ne sont pas souvent libres de faire des décisions parce que les décisions qu'elles prennent doivent être acceptables pour l'église mère. Par exemple on dit, « C'est comment l'église Moravian fait ça chez nous. » Ou bien, « C'est comme ça les Mennonites le font chez nous. » Donc une église peut ne pas être autochtone simplement parce qu'elle n'est pas libre de ses décisions. Elle doit vérifier avec une autre pour voir si elle est théologiquement ou ecclésiastiquement correcte.

Si une église non autochtone a une expérience de foi empruntée, il se pourrait qu'elle ne réponde pas aux besoins profonds dans la société ou elle est située. Et on en a déjà parlé, donc je ne prends pas beaucoup de temps avec ça ici.

Et quand cela est vrai, il se peut que les membres n'aient pas une expérience profondément satisfaisante, et de tels gens sont rarement candidats à reproduire leur église quelque part ailleurs. Il y a un élément presque amusant à cela. Il y a des églises ethniques en Amérique du Nord qui chantent des hymnes qui viennent du vieux terroir, peut-être de l'Allemagne, de la Hollande par exemple. Ainsi en Amérique, on a des églises ethniques, et dans quelques églises ethniques, elles empruntent la musique pas seulement de la Hollande et de l'Allemagne, mais même dans certaines églises, on emprunte le style d'habillement porté en Allemagne il y a 400 ans. Et ils s'habillent comme ça jusqu'à présent parce que c'est la façon le plus spirituelle. Ce qu'ils font c'est de reproduire ce qu'ils connaissent : les allemands ou les néerlandais s'habillaient comme ça il y a 400 ans. Ils amènent cette musique, par exemple, et ils chantent des hymnes, qui sont très compliqués avec des mélodies du vieux terroir, et quelques-uns sont difficile à chanter. Et on peut sentir, quand on assiste au culte, comment c'est difficile à chanter par les expressions des gens. On peut voir qu'ils ne chantent pas avec joie au Seigneur. Ils chantent avec peine parce qu'ils gardent cette musique d'une autre génération. Ce n'est pas la fin de cette histoire. À propos, la bonne nouvelle est que, dans le culte contemporain, plusieurs de ces mélodies du vieux terroir, qui sont difficile à chanter, sont en train d'être replacer par la musique contemporaine, qui fait sentir à l'aise à l'église. Ça c'est la bonne nouvelle.

Cependant, l'inconvénient est que la musique qui était venue du vieux terroir au nouveau monde, ou bien l'Amérique du Nord, a maintenant été portée au reste du monde. Ainsi vous trouverez les gens dans les églises qui ont été commencé par des sociétés missionnaires ethniques, ils enseignent aux gens à chanter des cantiques sur des airs allemands, au lieu d'une musique qui vient de leur propre culture et origine. J'ai fait référence tantôt à un recueil qui avait 200 cantiques dont 186 étaient empruntés. En fait, beaucoup parmi ces 186 n'étaient pas empruntés de l'Amérique du Nord, ils étaient empruntés de l'Europe, transportés en Amérique, ensuite en Afrique.

Imaginez-vous un moment que des gens en Afrique qui portent la bonne nouvelle de l'évangile aux d'autres parties du monde. Vont-ils, ou devraient-ils prendre ces mélodies allemandes avec eux? Vous pouvez voir qu'à un certain niveau ce cycle de l'emprunt des caractéristiques ethniques étrangères doit être brisé.

Un des meilleurs exemples du brisement de ce cycle dont j'ai entendu parler est une église commencée par la SIM en Éthiopie du Sud. Cette église a grandi jusqu'à des centaines de milliers de membres. J'ai appris que dans les premiers jours quand ils avaient 250 millions de membres, ils avaient seulement un seul air de musique, et tous les chants dans l'église étaient chantés sur le même air, on m'a dit. Considérez l'alternative de reproduire des morceaux de musique étrangère l'un après l'autre. Le problème dont je parle est souvent composé parce que les autochtones peuvent utiliser une gamme de cinq notes et la musique importée peut être chantée sur une gamme de huit notes. Cela devient dissonant. Dans certains cas il n'est permis d'utiliser aucune musique locale connue parce qu'elle représente ce que ceux du dehors considèrent comme païen et non spirituelle.

Quand la structure ecclésiale est un emprunt, elle est souvent chère, trop chère à entretenir, encore plus pour la léguer. Les églises non autochtones qui sont des extensions de l'église ethnique ont souvent l'image communautaire et l'image communautaire est que c'est une institution étrangère.

Nous pouvons parler de ceci de plusieurs manières. Par exemple les églises non autochtones dépendent de l'hymnologie de quelqu'un d'autre, de la doctrine de quelqu'un d'autre, de la langue, de la vision de quelqu'un d'autre. Je connais une église qui a commencé une évangélisation transculturelle parce que le missionnaire l'a dit. La vision du départ en mission n'est pas née au niveau local. Elle est née parce que le missionnaire a dit que c'est la prochaine chose à faire. Cela veut dire que l'église locale ne se propageait pas d'elle-même. La marque d'une église autochtone est de se propager elle-même.

Quelle est l'alternative à cela? L'alternative est que le Saint-Esprit remplisse les membres de l'église locale au point qu'ils aient le désir de porter la Bonne Nouvelle à quelqu'un d'autre. On peut la suggérer, mais ce ne sera pas la vision de quelqu'un d'autre.

Comment donc des planteurs d'églises transculturelles peuvent-ils éviter d'introduire un système non autochtone? *Cela nous conduit à une question missiologique très pratique : comment est-ce qu'on décide de ce qui est une partie essentielle de son expérience chrétienne?* En d'autres termes qu'est-ce qui est un élément légitime de la foi chrétienne, et qu'est-ce qui est simplement culturel?

Si vous jetez un coup d'œil sur le schéma au desous, vous verrez que j'ai une liste de nombres du côté droit, et une liste de nombres du côté gauche. A gauche j'ai montré 10 caractéristiques, il pourrait y en être 1000 ou plus. Ceux qui sont à gauche représentent les caractéristiques de l'église mère. Parcourons la liste de haut en bas et regardons quelques exemples.

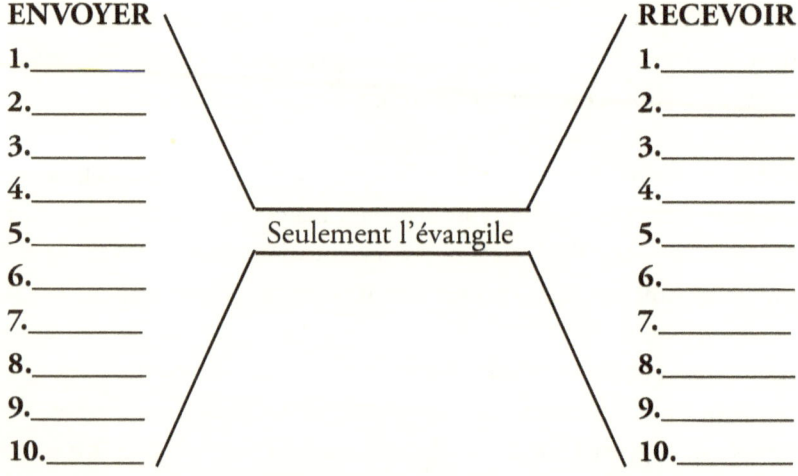

L'élément 1 pourrait être le genre de vêtements que les membres de l'église portent. L'élément 2 pourrait être le genre de choses qu'ils utilisent quand ils mangent leurs repas : couteaux, fourchettes, ou baguettes, etc. L'élément 3 pourrait être la langue qu'ils utilisent quand ils parlent, l'élément 4, la structure de leur parenté. L'élément 5 peut se rapporter à une des doctrines de l'église. L'élément 6 peut être à propos du baptême, et l'élément 7 peut être à propos de l'eucharistie ou la forme de communion utilisée dans l'église. Ainsi va la liste. Vous mettez 1000 choses différentes sur la liste qui appartiennent à la société qui envoie l'évangile.

Le défi pour toute personne qui part pour faire un travail transculturel, c'est de parcourir cette liste, examiner un élément après l'autre et se poser une question très importante. **Cet élément est-il essentiel pour l'évangile chrétien ou pas?** Prenons le numéro 1 par exemple, le genre de vêtements que je porte. Je suis arrivé à croire que ma tenue vestimentaire ne devrait pas être un facteur déterminant pour savoir si quelqu'un est chrétien ou pas, à l'exception du concept de la modestie. Peut-être même la modestie a des définitions large selon la partie du monde dans laquelle l'individu se trouve. Ensuite, le deuxième élément à examiner est la manière dont nous mangeons. Mangeons-nous avec nos doigts comme beaucoup le font dans le monde non occidental? Ou bien nous mangeons avec des couteaux et des fourchettes ou des baguettes. Ainsi, il y a des décisions à faire, en nous posant toujours la question si oui ou non cet élément se rapporte à ma compréhension du christianisme, ou simplement à ma culture. Même le culte du dimanche matin à 11h dans certaines sociétés doit être évalué en termes de christianisme ou de culture.

Cela peut être la question de venir à Christ et de l'accepter comme Seigneur et Sauveur. Il y a des questions importantes telles qu'être né de nouveau, ou être rempli du Saint-Esprit, ou certaines formes de baptême et de Sainte Cène. Ainsi, en parcourant la liste de haut en bas, vous pouvez éliminer 995 de ces choses comme étant culturelles, mais 5 d'entre elles peuvent être reconnues comme essentielles au christianisme. Ce sont ces 5 essentielles qui doivent m'accompagner à travers le petit couloir pendant que je transmets l'évangile de façon transculturelle. Et le reste, je dois le laisser derrière moi autant que possible.

Je dois admettre qu'il est souvent impossible de laisser derrière beaucoup de ces choses culturelles. Mon problème n'est pas avec celui qui trouve difficile de laisser ces choses. Mon problème est avec celui qui pense qu'il n'est pas <u>important</u> de laisser derrière aucune de ces choses. J'ai également un problème avec la personne qui n'est même pas au courant de la liste culturelle et essaie d'emporter tout à travers le couloir.

Maintenant allons au côté droit de mon schéma. Cette liste représente ceux qui doivent recevoir l'évangile. Jetons un coup d'œil sur leur société. Eux aussi ont une liste culturelle bien développée. Le No 1 est leur manière de s'habiller. Le No 2 est leur manière de manger, par exemple avec des couteaux, des fourchettes, des baguettes ou des doigts. Le No 3 est peut-être en rapport avec leurs cérémonies de mariage. Les No 4, 5, 6 et 7 représentent beaucoup d'autres choses relatives à leur religion et leur société. Ils ont aussi une multitude de choses en rapport avec leur culture. La question est donc, combien de ces choses sont simplement culturelles et peuvent rester, doivent rester, après qu'ils soient venus à la foi chrétienne?

Malheureusement, les missionnaires occidentaux voient cette liste de la culture qui reçoit et décident de la rejeter en bloc, disant que les 1000 choses de ce côté doivent être remplacées. En fait, en tant qu'occidentaux, nous avons souvent conclu que si les gens veulent connaître l'évangile chrétien, ils doivent simplement passer de notre côté et imiter les 1000 choses que nous nous faisons. Alors nous pensons qu'ils peuvent être maintenant chrétiens comme nous. Quand les églises ethniques occidentales implantent des églises de façon transculturelle, c'est trop souvent là ce qui arrive.

J'ai partagé ceci une fois dans une conférence missionnaire, ou j'enseignais, et un ancien missionnaire a levé le doigt et a dit : « J'étais un missionnaire au Japon, » et il a dit : « nous n'avons pas demandé aux gens de venir de la gauche et nous imiter dans la droite. Nous les avons aspirés vers l'arrière dans le couloir ».

Cela peut sembler une blague, mais c'est une description correcte de ce qui arrive souvent. Il voulait dire que trop souvent nous avons éliminé beaucoup de bonnes choses qui auraient dû demeurer dans la culture réceptrice. Avant qu'ils n'est pu sortir du couloir à l'arrière, ils étaient presque comme nous parce qu'ils avaient mis de côté beaucoup de leurs traits distinctifs.

Des églises nouvellement implantées, qui sont des répliques des églises mères, se sont vues refuser le privilège de retenir des choses qui les rendent uniques. Je crois que c'est là une affaire sérieuse parce que cela frustre les gens du privilège de conserver des choses qui sont bonnes pour leur société.

Considérez par exemple à quoi je me referais auparavant à propos de système de valeurs. Si nous condamnons la plupart des choses dans la colonne de droite, nous pourrions être en train de condamner certaines des choses même que Dieu a mises en place pour la survie de cette société. Pensez au mot « culture » : qu'est-ce que c'est? La culture, c'est toutes ces choses sur cette liste, ces 1000 choses, qui font d'une société ce qu'elle est. Ma feuille n'est pas assez longue, donc je vous montre 10 seulement. Considérez comme mille choses différentes. Considérez comme un système complet de faire des décisions, d'accomplir des projets, de prendre soin des gens, de donner aux autres, etc. Si nous condamnons ou détruisons tout simplement ces choses, peut-être nous sommes en train de détruire la colle qui fait que cette société tient ensemble. C'est là la définition de la culture. Qu'est-ce que c'est la culture? La culture est la colle qui tient la société ensemble. Quand nous menaçons cette colle essentielle, qui tient la société ensemble, nous semons les germes de la destruction de cette société.

Cela reflète notre attitude envers des choses telles que l'éducation. Par exemple, un anthropologue célèbre a dit ceci : « Quand vous enseignez aux enfants que les valeurs auxquelles tiennent leurs parents sont invalides, vous semez le germe de la dissolution de cette société. » Imaginez-vous quelqu'un qui enseigne aux enfants que les points de vue de leurs parents ne valent rien. Qui de nous voudrait que quelqu'un vienne dans notre société pour leur dire que leur foi en Christ n'est pas valable et qu'ils doivent l'abandonner? Nous le prendrions sérieusement à partie!

Mais en tant que missionnaires, nous sommes enclins à aller dans une société et dire aux enfants et aux jeunes que ce que croient leurs parents est erroné. Ensuite nous encourageons les enfants à connaître Christ et à tenir ferme dans leur nouvelle foi malgré ce que disent leurs parents. Dans ce procédé, nous enfonçons un coin entre les parents et les enfants. Quelle est l'alternative?

J'ai fait référence à l'alternative auparavant à propos **du mouvement de peuple, la décision « multi individuelle »,** un autre mot que vous pouvez voir dans le glossaire si vous ne le connaissez pas. La décision « multi individuelle » veut dire que les enfants ne prendront pas de décision pour

Christ en dépit de l'opinion de leurs parents. Les parents vont évaluer si le fait d'embrasser la foi chrétienne leur va. La famille fera une décision ensemble. Et quand cela se passe, ça se rapproche du respect des 1000 choses dans la colonne de droite dans mon schéma.

Il y a des choses dans cette colonne de droite qui doivent être abandonnées, si par exemple les gens du côté droit pratiquent le culte des idoles, la possession démoniaque, des sacrifices des enfants et les pratiques semblables. Peut-être il y a 5 ou 6 choses parmi les 1000 qu'il faudra abandonner parce qu'elles ne sont pas compatibles avec Jésus et son enseignement, ou alors elles ne sont pas compatibles avec le concept du Dieu unique avec aucun autre Dieu à côté de lui. Ces choses là doivent être abandonnées. Mais cela ne veut pas dire qu'il faut abandonner toute la liste dans la colonne de droite du schéma.

Vous connaissez la bonne nouvelle concernant le sacrifice des enfants, n'est-ce pas? Le Professeur Tippett avait l'habitude de dire que si vous devez exercer un ministère dans une société où l'on fait des sacrifices, vous savez qu'on y pratique certains genres de sacrifices, la bonne nouvelle de l'évangile est que les choses n'ont plus besoin de se passer ainsi. Il dit :

« Si vous trouvez des gens qui sacrifient leurs enfants, c'est l'infanticide, ou les sacrifices des enfants pour plaire à Dieu. Vous pouvez aller vers eux avec la bonne nouvelle de l'évangile et vous pouvez leur dire, » il nous disait : « Vous pouvez regarder dans notre histoire et vous pouvez dire : 'Au temps d'Abraham et d'Isaac, cette pratique était courante. En fait, l'un de nos ancêtres (Abraham) a reçu l'ordre d'aller à la montagne et y sacrifier son propre fils; et juste quand il a levé le couteau, Dieu est intervenu et a dit : « Arrête. Je change la règle. Vous n'avez plus besoin de faire cela. » Rappelez-vous, cet homme allait faire ce sacrifice parce que Dieu le lui avait ordonné. Mais cette fois, Dieu dit : « Prends un mouton à sa place ». Et ainsi, pendant beaucoup d'années Dieu était satisfait avec le sang de mouton comme sacrifice pour le péché.

Mais il est venu le temps où Dieu a dit : « Je ne suis plus satisfait avec le sang de mouton. Je vais donner un autre sacrifice humain, mais qui est divin ». Et c'était Jésus. Le sang de ce sacrifice a été offert sur la croix de Christ, et ce sacrifice a été fait une fois pour toutes. Ce sacrifice sera fini et on n'aura plus besoin d'aucun sacrifice encore.' Ça c'est la bonne nouvelle pour les gens qui sacrifient des enfants. »

Le Dr. Tippett continue de dire : « Et où est-ce que vous apprenez cette nouvelle? Vous le trouvez dans le livre des Hébreux. » Il demandait à un traducteur de la Bible : Avez-vous déjà traduit le livre des Hébreux? Il répond :

« Mais c'est un livre très difficile. Je ne peux pas le traduire à présent. Je vais le laisser en dernier lieu. » Je me rappelle entendre le Dr. Tippett répondre :

« Si vous demeurez dans une société qui fait des sacrifices, vous devez traduire le livre des Hébreux plus tôt parce que c'est peut-être exactement l'histoire qu'ils ont besoin d'entendre. Le livre des Hébreux pourrait être le livre le plus utile dans le Nouveau Testament dont ils ont besoin pour comprendre que Christ a été sacrifié une fois pour toutes. »

Maintenant pour revenir au schéma, nous avons la société qui envoie, et la société qui reçoit. Je ne crois pas un instant que je peux me défaire de 995 des choses qui font partie de ma culture. Mais je dois être conscient du fait que beaucoup des 995 choses pourraient être un obstacle à la prédication de l'évangile. Plus encore, je pourrais faire des dégâts en entrant dans une nouvelle culture si je transporte trop de mon propre bagage culturel avec moi.

Je voudrais parcourir quelques **suggestions pour l'implantation d'églises trans-culturelles.**

1. **Préserver l'identité culturelle d'une église qui envoie des missionnaires est fallacieux dans l'implantation d'églises transculturelles.** C'est en perdant sa vie qu'on la conserve. Une église ethnique qui pense qu'elle va perdre sa vie a moins de se reproduire de la même manière dans une autre société a une mauvaise compréhension de l'implantation transculturelle

d'églises, parce qu'en Matthieu 10:39, il est dit que c'est en perdant sa vie qu'on la conserve.

2. Certaines sociétés missionnaires qui mettent ensemble des gens de différentes dénominations (je les appelle des « **sociétés missionnaires inter-ethniques** ») peuvent avoir une meilleure chance de démarrer une église autochtone plutôt que les églises ethniques qui fonctionnent séparément.

    Par exemple si des missionnaires des Églises Mennonites, de l'Église des Frères et de l'Église Méthodiste joignaient leurs forces à celles de quelques croyants des églises Presbytériennes, de l'Église Reformée et de l'Église Anglicane, pour faire l'implantation églises dans certains lieux comme l'Afrique de l'Ouest, cela serait semblable à la SIM Internationale. Dans ce cas, la SIM n'a pas commencé une église semblable à l'Église Écossaise Presbytérienne, à l'Église Mennonite, Baptiste ou Reformé Néerlandaise. Ils ont implanté ce qu'ils ont appelé Église Évangélique de l'Afrique de l'Ouest. La SIM est ce que j'appelle « une société missionnaire inter-ethnique », ayant commencé une église en Afrique de l'Ouest sans relation directe avec aucune des dénominations représentées dans la SIM. C'est une des manières de s'éloigner de l'orientation ethnique des églises qui envoient des missionnaires. J'ai cependant quelque chose à dire à laquelle il faut faire attention. Une société missionnaire inter-ethnique peut aussi développer une sous culture théologique qui est aussi problématique que dans les églises ethniques desquelles ils sont peut-être venus. Bien sur cela doit être évité parce que cela peut avoir le même effet sur l'implantation transculturelle d'églises comme dans une église liée à une ethnie.

3. **Il est très important que l'implantation transculturelle d'églises ne soit pas laissée aux mains des loyalistes de dénominations.** Les loyalistes de dénominations sont des préservateurs d'identité. Ils ont souvent l'esprit de maintenance, et les églises qu'ils implantent ont probablement peu de chance de devenir des églises autochtones

dans les sociétés réceptrices si elles sont implantées par des gens dont l'objectif premier est de préserver une identité.

J'ai une fois suggéré à un responsable de mission que lorsque sa société ouvrirait un nouveau champ en Amérique Latine, il pourrait considérer de se joindre à une autre dénomination qui allait dans le même pays. Sa réponse? « Mais nous voulons préserver nos particularités ». Je vous rappelle que vos particularités sont souvent culturelles et non théologiques ou bibliques de nature.

4. **Les directeurs de missions devraient considérer la formation des missionnaires dans des institutions inter-ethniques** plutôt que dans les écoles et collèges de dénominations. Je suggère cela parce que les institutions de formation de dénominations ont tendance à être des lieux où des efforts conscients sont déployés pour préserver l'identité. Un missionnaire qui étudie dans une école de formation d'une autre dénomination aura une expérience précieuse transculturelle qui pourrait être utile dans l'apprentissage du christianisme multi-culturel.

Ce diagramme en desous montre comment la SIM en Afrique de l'Ouest est partie pour implanter l'Église Évangélique de l'Afrique de l'Ouest qui a son tour a créé la Société Missionnaire Évangélique qui maintenant implante d'autres églises en d'autres lieux. C'est le schéma des églises qui créent des agences missionnaires, qui à leurs tours démarrent des églises qui créent leurs propres agences missionnaires. En résumé, c'est ma conviction, et la conviction de beaucoup de leaders des églises africaines auxquels j'ai établi un rapport pendant ces dernières années, que l'autosuffisance africaine n'est pas seulement possible pour les églises, mais absolument essentielle pour l'avenir du mouvement chrétien sur ce continent.

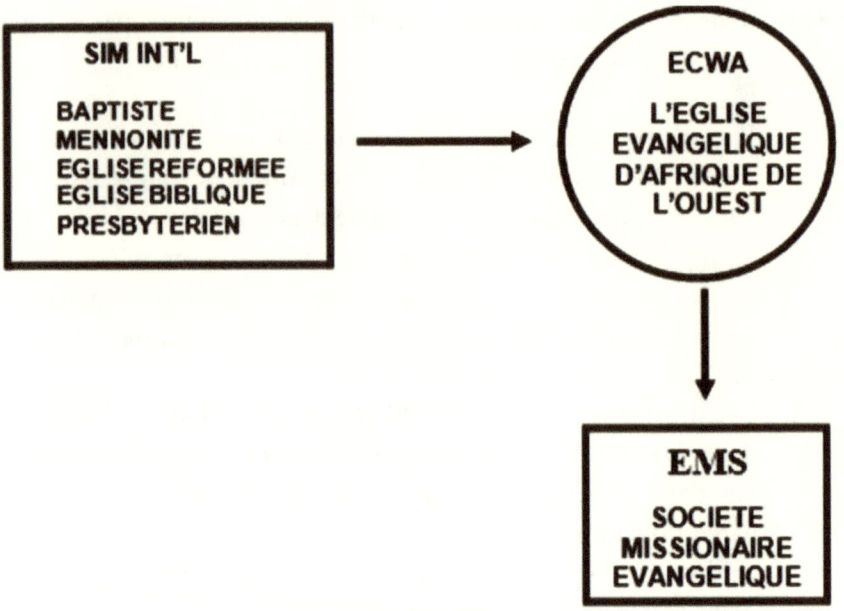

QUESTIONS A DISCUTER
Chapitre 15

1. Dans quelle mesure votre église a-t-elle des caractéristiques ethniques?

2. Dans quelle mesure votre église a-t-elle emprunté sa langue, sa théologie ou sa structure?

3. La musique dans votre église est-elle autochtone? Une nouvelle musique est-elle en train d'être composée par les gens de votre société?

4. Votre église est-elle capable de faire face à toutes ses dépenses par la libéralité de ses croyants?

5. Comment les gens peuvent-ils avoir des points de vue très différents et croire qu'ils sont tous conformes à la Bible? Dans quelle mesure certaines théologies sont-elles culturelles et non bibliques?

6. Une identité néotestamentaire est-elle possible ou désirable? Quelle parties de l'identité néotestmentaire sont-elles transmissibles aujourd'hui et lesquelles ne le sont pas?

7. Les sociétés missionnaires inter-ethniques sont-elles valables? Sont-elles utiles lorsqu'on essaie d'éviter la dépendance théologique?

LECTURE SUGGEREE

Heibert, Paul. *Anthropological Insights for Missionaries.* Grand Rapids : Baker, 1985

Kraft, Charles H. *Christianity in Culture : A Study in Dynamic Biblical Theologizing in Cross-Cultural Perspective.* Maryknoll : Orbis Books, 1979.

Luzebetak, Louis J. *The Church and Cultures.* South Pasadena : William Carey Library, 1970.

Heibert, Paul. *Anthropological Insights for Missionaries.* Grand Rapids : Baker, 1985

(Plus des dizaines d'autres livres qu'on vous demandera de lire dans un bon programme de formation missionnaire transculturelle)

CHAPITRE 16

Le Rôle des Hommes / Femmes d'Affaires dans l'Autosuffisance de l'Église

Tout d'abord, la mobilisation des hommes d'affaires dans l'église, les hommes comme les femmes, est l'un des facteurs les plus importants pour faire la transition de la dépendance à l'autonomie. Une transition réussie demande un changement de mentalité à la fois des responsables d'églises et des hommes et femmes dans les affaires si le changement doit réussir. Je vais faire quelques observations à ce sujet.

D'abord, il y a souvent une méfiance dans la communauté des hommes d'affaires à l'égard de l'église. Les hommes d'affaires ont souvent le sentiment que l'église est administrée avec une mauvaise gestion et des principes économiques médiocres. Cela arrive quand les hommes d'affaires regardent l'église comme une communauté mendiante. Cela affecte l'image de l'église dans la communauté. Les incroyants, en regardant l'église et en constatant que c'est une institution mal gérée qui quémande pour sa survie même, n'ont pas de respect pour l'église et parfois ne respectent pas son message. Dans des leçons précédentes j'ai traité du concept de l'image de l'église dans la communauté. Il suffira de dire qu'une des choses dont on doit se préoccuper avant tout est la manière dont les hommes d'affaires perçoivent l'église.

Parfois cependant, les hommes d'affaires chrétiens souffrent de la même mentalité que les leaders d'églises. Il est intéressant parfois de noter que quand les hommes d'affaires entrent dans les rouages des conseils ou comités d'églises, ils semblent laisser de coté la mentalité qu'ils utilisent normalement dans les affaires. On dirait qu'ils prennent la mentalité non lucrative. C'est comme si, quand ils entrent par la porte de l'église, eux aussi ont l'esprit d'une organisation de bienfaisance, et semblent laisser derrière eux les principes d'autosuffisance. Pourquoi cela? Qu'est-ce qui se passe dans ce processus? Pourquoi les hommes et les femmes d'affaires, qui ne vont jamais considérer devenir mendiants dans leur existence dans les affaires, entrent dans une réunion de comité d'église, et commencent à penser en termes de chercher de l'argent à l'étranger pour leur église?

En Afrique de l'Est il y a une grande institution dont le Conseil Administratif cherchait comment susciter des fonds. Ils ont initié un certain nombre d'activités locales pour collecter de l'argent dans la communauté et cela avançait bien. Tout à coup, ils ont reçu un don important. Je crois que je l'ai mentionné dans une leçon précédente. Ils ont reçu un don important d'outre-mer. Quand ce don est arrivé, les hommes d'affaires se sont regardés et ont dit : « Pourquoi travaillons-nous si dur pour susciter des fonds localement quand ces fonds viennent si facilement de l'extérieur? » Si un don important comme ça est si facile à trouver, pourquoi travaillons- nous si dur? Souvenez-vous, ces mêmes hommes d'affaires ne rêveraient pas de faire cela dans leurs propres entreprises. Malheureusement, cela n'est pas rare dans une église ou dans une institution de charité.

La question est alors : Les églises en Afrique, les membres des églises en Afrique, ont-ils l'argent pour faire ce que Dieu leur demande de faire?

Je me réfère à quelque chose que j'ai dite dans des leçons précédentes. C'est une citation de David Barrett qui dit que si les chrétiens en Afrique donnaient seulement 2% de leur revenu, ils paieraient toutes leurs factures. Ils pourraient payer pour leurs formations de pasteurs, les salaires de leurs pasteurs, construire leurs églises, faire leurs projets de développement et acheter des ordinateurs s'ils en ont besoin - tout cela dans les 2% du revenu des chrétiens en Afrique. Donc, voilà une indication que l'argent est là. J'ai parlé à un leader d'église et il m'a dit qu'il a calculé que dans leur église, si les membres donnaient seulement 1% de leur revenu, ils pourraient payer toutes leurs factures - avec juste 1% de leur revenu.

Avec un air d'humeur, en Angleterre il y a quelques temps quelqu'un a calculé et trouvé que dans une congrégation au Sud de l'Angleterre, si chaque personne dans cette église perdait son emploi et devenait chômeur, puis recevait des subsides du gouvernement, s'ils payaient la dîme de ces allocations, le revenu de église se serait accru de 65%!

Tout cela indique le fait que l'église peut avoir plus de ressources disponibles au niveau de ses membres qu'on ne le croit. Alors, pourquoi église ne donne-t-elle pas une portion raisonnable de son revenu pour soutenir ce que Dieu lui demande de faire?

À la question : « l'église a-t-elle l'argent », un administrateur qui assistait en Tanzanie a un séminaire que nous avons tenu à Dar Es-Salaam il y a quelques années a dit qu'il avait fait un calcul dans son diocèse en tant qu'administrateur d'église et a trouvé que si chacun payait sa dîme à église,

10% de leur revenu, à la fin de l'année ils auraient 100 millions de shillings Tanzaniens en reste après avoir payé toutes les factures de l'église. Vous vous demandez combien valent 100 millions de shillings tanzaniens. Je n'ai pas vérifié le taux d'échange, mais pour cet administrateur, 100 millions de shillings tanzaniens représentaient beaucoup d'argent, et pour moi aussi, c'est beaucoup. C'est une indication des ressources parfois disponibles si les gens veulent généreusement donner à l'église comme le leur demande le Seigneur.

Il y a quelques temps j'ai entendu parler d'une rencontre sur le développement économique à Washington DC. Les hommes d'affaire chrétiens se rencontraient pour discuter de divers aspects de l'économie du Tiers Monde et ce qu'ils peuvent faire par rapport aux conditions globales en tant que chrétiens. A leur grande surprise 11 chrétiens hommes d'affaires tanzaniens étaient présents à la réunion, complètement à leur propre charge pour participer aux discussions. Cela indique que église dans cette partie de l'Afrique a de l'argent pour faire des choses s'ils décident de le faire. Certains étaient surpris qu'ils n'étaient pas subventionnés, ils ont payé, eux-mêmes, pour aller à cette réunion à Washington.

Une autre observation que nous devons prendre en compte, l'agrandissement du fossé entre ceux qui possèdent, et ceux qui ne possèdent pas.

Ce fossé est particulièrement distinct entre les hémisphères Nord et Sud. Cependant, ce n'est pas uniquement entre le Nord et le Sud. **Il y a un fossé grandissant entre l'élite et beaucoup de gens ordinaires dans la société dans l'hémisphère Sud.** Il vous suffit de voyager entre l'Afrique de l'Est, l'Afrique Centrale et l'Afrique du Sud, et d'observer le style de vie que certains chrétiens africains ont adopté. Le fossé entre ceux qui ont, et ceux qui n'ont pas, devient très apparent.

Dieu ne nous permet pas d'amasser incessamment pour notre propre bénéfice. J'ai parlé du concept du jubilé perpétuel et du commandement de Jésus de prendre soin de ceux qui sont dans le besoin. L'accumulation de trésors sur la terre ne devait pas caractériser les chrétiens qui ont le souci de l'accomplissement de l'Ordre Suprême. Andrew Carnegie était l'un des hommes les plus riches en Amérique du Nord. Il a une fois declare : « Tout ce qu'un homme peut gagner au-delà de la subsistance personnelle appartient en réalité à la communauté plus large à laquelle il appartient ». En d'autres termes, il disait que si on considère combien il a accumulé, tout ce qu'il a accumulé au-delà de ses besoins de la subsistance personnelle, appartenaient à la communauté, ça doit faire du bien aux autres. Les chrétiens doivent se souvenir de cela.

Il y a quelques temps, j'ai rencontré un homme d'affaires qui était président du Comité de Mission de sa congrégation. Et sa congrégation soutenait environ 100 missionnaires. 100 missionnaires soutenus par une congrégation. Et il était président du comité. Quand il a donné son témoignage, c'était a peu près ceci : « Nous avons des missionnaires qui vivent dans des maisons très ordinaires en beaucoup d'endroits. Bien que j'aie les moyens de vivre dans une maison bien meilleure, j'ai décidé que je ne vivrai pas dans une maison qui est meilleure que les maisons dans lesquelles nos missionnaires vivent. » En d'autres termes, il pratiquait le concept du jubilé perpétuel. Il n'accumulait pas pour lui-même. Il pensait au fait que ce qu'il gagnait était au bénéfice des autres.

Voilà quelques suggestions très pratiques sur cette question des hommes d'affaires et l'autosuffisance des églises.

1.   Les leaders d'églises doivent restructurer l'église de manière à ce que les membres et la communauté ne soient pas dans la confusion concernant son but. Un des problèmes dans les églises établies par la mission en Afrique est que le concept « d'affaires » et « d'église » est devenu confus dans la cible. Les églises gèrent des magasins, des fermes, des projets de développement, des hôpitaux, et des écoles. Les communautés qui observent, et même parfois les membres d'église, ne sont pas toujours au clair quant à ce que l'église est réellement supposée être. J'ai tenté de traiter cette question dans le chapitre 7. J'ai montré certains pièges des entreprises gérées par les églises, qu'elles marchent ou qu'elles ne marchent pas, elles ont le même résultat. En d'autres termes, si les églises gèrent des entreprises qui réussissent et qu'elles gagnent beaucoup d'argent, les membres vont croiser les bras et laisser l'entreprise produire le revenu de l'église. Les gens concluent dans ce cas qu'ils n'ont pas besoin de donner des offrandes. Alors, qu'est-ce qui se passe quand l'entreprise fait faillite? Supposons par exemple que l'église se mette à fonctionner sur un découvert. Après un certains temps, les membres de l'église regardent le découvert avec amertume et ils se demandent pourquoi ils doivent donner leurs offrandes pour couvrir une entreprise d'église mal gérée. Dans ces situations une entreprise gérée par église peut être contre-productive et avoir un effet néfaste sur église.

      L'église a besoin de compter avec une restructuration. Qu'est-ce qui se passe quand une église veut avancer vers l'autosuffisance? J'ai donné certaines suggestions dans un chapitre précédent concernant la manière dont une église s'est restructurée et a séparé les activités de l'église en plusieurs choses distinctes. Elle a mis les activités telles que la prédication, l'implantation d'églises, l'administration, le pastorat, la formation des disciples, et la formation des leaders sous la responsabilité du clergé. De l'autre côté, ils ont mis les maisons d'accueil, les cliniques, et d'autres entreprises de l'église sous la gestion des hommes d'affaires. Cette restructuration avait un sens pour les hommes d'affaires. En fait les leaders de l'église étaient assez sages pour se tourner vers les hommes d'affaires et leur demander de gérer les entreprises de l'église. Je suggère que c'est ce genre de chose qui doit se passer si les hommes d'affaires pourront avoir du respect pour l'église dans sa manière de gérer les choses.

Dans trop d'églises établies par la mission, toutes les choses sont sous le même parapluie, et les leaders d'églises sont responsables de tout. Les évêques et les modérateurs et d'autres responsables d'églises sont submergés avec la gestion des entreprises. Ils ne devraient pas avoir à faire cela.

2. **Les hommes d'affaires et les leaders d'églises doivent reconnaître qu'ils ont besoin les uns les autres.** Ils peuvent faire ensemble les stratégies et pourvoir à ce qu'il faut pour communiquer la Bonne Nouvelle. Ensemble ils peuvent le faire. Malheureusement souvent il y a une différence d'opinion entre les gens d'églises et les hommes d'affaires dans la communauté. C'est pourquoi certains hommes d'affaires se tiennent à l'écart de l'église. Ils ne comprennent pas comment l'église fonctionne. Ils n'aiment pas la manière dont l'église travaille. Les hommes d'affaires et les leaders d'églises ont besoin de commencer à se voir comme des équipiers travaillant pour le même objectif et essayant d'accomplir le même but. Ils peuvent avoir des rôles différents, mais ils doivent avoir le même objectif: partager l'amour de Christ avec un monde souffrant.

3. **Les hommes d'affaires et les leaders d'églises ont tous besoin de promouvoir le renouveau spirituel.** Cette une chose très importante pour les hommes d'affaires et les leaders d'églises. Cela peut vouloir dire, confesser leurs hostilités les uns envers les autres, confesser leur manque de confiance et leur manque de coopération. Si vous deviez revoir le Réveil de l'Afrique de l'Est, dont j'ai donné quelques illustrations, une des choses qui s'est produite a été le rapprochement de gens qui ont dit : « Nous ne

vous avons pas fait confiance, et évidemment vous ne nous avez pas fait confiance. Commençons à marcher ensemble à la lumière de Christ ». Quand les hommes d'affaires et les leaders d'églises veulent faire cela, alors le désillusionnement par rapport à l'église deviendra une affaire du passé.

Les hommes d'affaires ne devraient pas baisser les bras avec l'église. Ils devraient aider à la diriger pour qu'elle devienne une communauté croyante plus large où elle a un rôle prophétique dynamique à remplir, et non pas simplement dans la petite communauté dans laquelle Dieu l'a placée. L'église peut et devrait avoir un rôle dans la société plus large comme la nation toute entière par exemple. Nous savons tous que l'église africaine a le potentiel de pourvoir au leadership et l'encouragement des gens, pas seulement dans leurs communautés de proximité, mais dans leurs nations et même sur la scène mondiale.

Le renouveau spirituel peut mener les hommes d'affaires à retourner à Dieu volontairement et avec joie quelque chose de ce que Dieu leur a donné. C'est le sens du renouveau spirituel, je ne le dirai pas assez.

4. **Les responsables d'églises doivent montrer qu'ils sont consacrés, qu'ils sont des bergers qui travaillent laborieusement comme responsables du troupeau.** Parfois la communauté des hommes d'affaires voient les leaders d'églises comme des gens qui ne sont pas pleinement employés et n'étant pas occupés et diligents. La plupart des hommes d'affaires gagnent leur argent au prix de la diligence et la prise de décisions sages. Ils connaissent ce que ça leur coûte de faire moins que cela. Ils savent qu'ils ne feront pas de bénéfices s'ils n'étaient pas diligents. Ils savent aussi qu'ils ne peuvent pas toujours aller quémander de l'argent à d'autres. Ils ne survivraient pas et ils le savent instinctivement. Les leaders églises doivent aussi apprendre cette leçon.

Les responsables d'églises ne doivent pas tomber dans cette pensée qu'ils méritent d'être récompensés pour quelque chose de moins que le service ultime à leurs peuples. Dans Ézéchiel 34, un avertissement sévère est donné aux bergers par le Seigneur. Il leur est dit comment ils doivent servir et quelle doit être leur responsabilité. Pour que les leaders d'églises aient le respect de la communauté des hommes d'affaires, ils doivent faire preuve à la fois d'engagement spirituel et de labeur dur.

5. **Les hommes d'affaires doivent s'assurer qu'il y a une justice économique dans la manière d'acquérir leurs biens.** Les chrétiens ne doivent pas se trouver dans des affaires de profiter de quelqu'un d'autre dans la manière de gagner leur vie. Malheureusement, ce n'est pas toujours le cas même parmi les membres d'églises. Certains hommes d'affaires, femme inclus, ont des standards douteux comment ils gagnent leur argent. Dans beaucoup de sociétés africaines, quand quelqu'un acquiert des biens de façon frauduleuse, il s'en suit un ressentiment. En fait une des définitions du péché dans la société africaine c'est la rupture des relations. Et une des manières dont les relations se rompent, c'est quand quelqu'un gagne de plus en plus au détriment des autres membres de la famille et le résultat est un ressentiment. Les hommes d'affaires chrétiens devraient donner l'exemple, à savoir comment éviter cela.

Les hommes d'affaires chrétiens peuvent être à l'avant garde pour montrer comment vivre selon les principes de Dieu. Ils peuvent donner un exemple dans la communauté en évitant l'injustice dans la manière dont ils emploient les gens, et ils peuvent lancer le défi à d'autres hommes d'affaires pour faire de même.

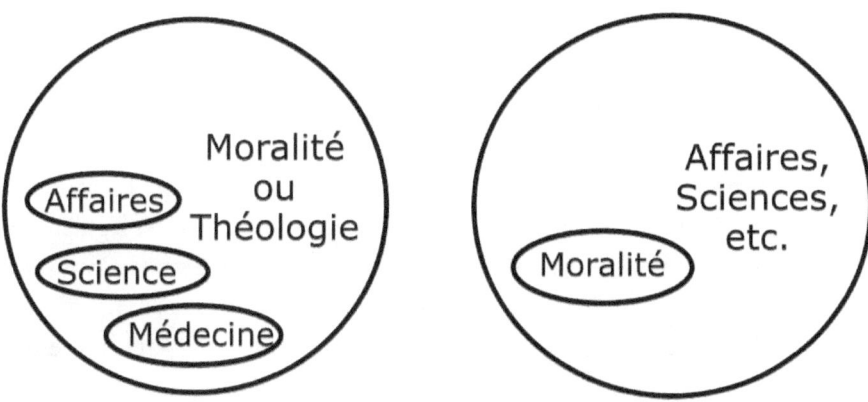

Maintenant, quelle est la grande tentation des hommes d'affaires? **La tentation est de faire du Royaume de Dieu une priorité secondaire par rapport à leur gain personnel.** En d'autres termes le gain personnel deviendra la priorité supérieure et le Royaume de Dieu inférieure.

Le Dr. Heibert nous rappelle qu'il y a plusieurs manières d'envisager les affaires, la science, la médecine, la loi, l'éducation, etc. Si nous faisons de la science, des affaires le premier cadre de référence, (en d'autres termes le grand cercle), nous mettons la moralité dans le petit cercle, et alors la moralité est trop faible pour juger les affaires, la science, la loi, ou la médecine. L'alternative est d'inverser l'ordre et mettre la moralité ou la théologie dans le grand cercle et la faire juger les affaires, la science, la loi ou la médecine.

Qu'est-ce qui arrive quand on fait ainsi? Par exemple, supposez un moment que la science est dans le grand cercle. La science est le cadre prioritaire de référence. Il nous est possible de faire des armes atomiques, il nous est possible de faire des avortements, mais notre moralité est trop faible pour nous dire que cela n'a pas de commune mesure avec ce que Dieu demande. Dans le monde des affaires, si le cadre prioritaire de référence est les affaires, alors nous pouvons gagner autant d'argent que possible, même au détriment d'autres personnes, parce que notre moralité ou notre théologie est trop faible pour juger l'activité commerciale.

Pensez-y en termes de loi. Il peut y avoir des insuffisances que nous pouvons exploiter à notre avantage. Si le cadre de référence primordial est la loi, nous allons chercher des échappatoires. Si le cadre primordial de référence est la moralité et la théologie, cela va juger et déterminer si ce que nous faisons est juste. La moralité peut nous aider à juger et savoir, même si une chose est légalement possible, si elle est aussi moralement défendable. Donc les hommes d'affaires chrétiens doivent s'assurer que leur cadre primordial de référence est le Royaume de Dieu, que c'est là le paradigme qui les gouverne.

L'une des conséquences les plus graves de changer ce cadre prioritaire de référence, c'est que les hommes d'affaires ne gagneront pas toujours autant d'argent qu'auparavant. Une des questions qu'on me pose souvent à propos de cette question d'autosuffisance est celle-ci : « Alors, qu'est-ce que les chrétiens riches doivent faire de leur argent? » Vous vous souvenez que nous avons traité de cette question dans la leçon 4. J'ai commencé par demander aux chrétiens de revoir d'abord comment ils ont gagné leur argent, car si quelqu'un d'autre gagne de moins en moins alors que nous nous gagnons de plus en plus, alors donner en retour à la société par bienfaisance n'est pas la solution.

6. **Église doit tenir haut les exigences de Dieu devant les hommes d'affaires, et les responsables d'églises doivent donner le modèle à cet égard.** Si les responsables d'églises cherchent désespérément de l'argent parce que leurs églises fonctionnent sur des découverts, ils deviennent désespérés. Ils peuvent être tentés de faire des choses qu'ils ne doivent pas faire. Ils commencent à s'engager des pratiques douteuses qui sont condamnées par les écritures. Cela donne un mauvais exemple aux hommes d'affaires dans l'église et dans la communauté.

7. **Les hommes d'affaires peuvent aider les personnes sans emploi au moyen de choses telles que des fonds de roulement.** C'est là une occasion unique pour les gens dans les affaires de faire quelque chose de très pratique dans une communauté. Et comme je l'ai déjà

dit, un homme d'affaires n'a même pas besoin d'être chrétien pour se rendre compte qu'une personne sans emploi n'est pas bonne pour la société. Donc même les non-chrétiens dans une communauté peuvent être inclus dans un tel projet. Mais souvenez-vous que même dans la mise en place de telles choses comme des fonds de roulement pour aider les sans emploi, les ressources locales sont toujours préférables aux ressources de l'étranger. Je vais vous donner un exemple de ce que je dis.

Il y a quelques temps une société a été mise en place en Afrique de l'Est pour aider les chômeurs à trouver un emploi. Elle a été créée par des hommes d'affaires avec leur propre argent. Ils ont prêté une petite somme, comme 400 shillings kenyans. En ces jours-là avec le taux d'échange, cela suffisait pour acheter une bicyclette. Quand la personne trouvait un emploi, elle remboursait le prêt. L'argent était ensuite prêté à quelqu'un d'autre. Dans certains cas, la personne qui remboursait la somme pouvait avoir encore un prêt. Cette société a très bien marché. Beaucoup de gens ont obtenu des emplois dans le processus, et le fonds de roulement a bien fonctionné. Les fonds entraient et sortaient. Le plan avait un taux de remboursement de 90%.

Ensuite, malheureusement, quelqu'un a décidé que la société avait besoin de plus d'argent en espèces. Ils ont apporté 500.000 dollars pour les ajouter aux fonds de roulement existant. Il est triste de dire que cette grande somme du financement étranger est allé dans la communauté et n'est pas revenu.

Malheureusement, des sommes importantes de ce genre venant de l'extérieur ne sont pas suivies avec la même vigilance que les fonds locaux. Je veux dire que lorsque les hommes d'affaires investissent leurs fonds localement, ils gèrent leurs fonds de roulement avec un œil plus vigilant. Il est vrai que les fonds locaux peuvent être mal utilisés, mais il est plus probable que de grandes sommes venant de l'extérieur seront plus mal utilisées que les fonds locaux.

8. **Les hommes d'affaires devraient considérer avoir un ministère prophétique sur les questions économiques importantes.** Une des raisons pour lesquelles cette réunion sur l'économie s'est tenue à Washington DC, était pour donner aux hommes d'affaires chrétiens de s'exprimer sur les questions économiques auxquels le monde fait face. Les hommes d'affaires qui ont à cœur l'Ordre Suprême se rendent compte que la propagation de l'évangile est leur opportunité primaire, leur défi primaire. Mais pour faire aussi quelque chose à propos de ce que le Dr. Arthur Glasser appelle le mandat culturel, il y a quelque chose à faire concernant l'injustice et la pauvreté. Tout cela fait partie également de notre responsabilité chrétienne. D'abord, le mandat de l'évangélisation, ensuite, le mandat de la culture.

Ainsi, les hommes d'affaires occidentaux et non-occidentaux peuvent se retrouver, s'asseoir et parler des problèmes économiques dans le monde, et devenir une grande force bienfaisante. Ils peuvent lutter contre l'injustice économique. Ensemble, ils peuvent faire une différence.

Les hommes d'affaires locaux peuvent aider à promouvoir l'autosuffisance par des actions communautaires pour briser la dépendance. Ils peuvent aller aussi au-delà de la communauté locale. Ils peuvent influencer les leaders de la nation et même le monde à un niveau plus large. Les hommes d'affaires chrétiens qui ont des responsabilités nationales peuvent parler aux politiciens et avoir un impact sur leur pays. Quand les hommes d'affaires chrétiens décident de le faire, ils peuvent avoir un impact sur la société.

Il y a quelques temps, un des plus grands magazines d'économie en Amérique du Nord a écrit une histoire concernant les chrétiens évangéliques en Amérique du Sud. Ils ont montré ce qui se passait comme résultat des activités des hommes d'affaires chrétiens en Amérique du Sud. Ils peuvent faire une différence.

QUESTIONS A DISCUTER
Chapitre 16

1. De quelles manières pensez-vous que les hommes d'affaires et les leaders d'églises ont besoin de trouver de meilleures voies de coopération?
2. Êtes-vous d'accord que les hommes d'affaires changent parfois leur mentalité quand ils prennent des décisions concernant l'église ou d'autres organisations non-lucratives? Discutez.
3. Selon vous, quelle est la raison pour laquelle il y a un fossé grandissant entre les pauvres et les riches dans notre monde?
4. Qu'est-ce que les hommes d'affaires et les leaders d'églises peuvent apprendre les uns des autres?
5. Qu'est-ce qu'un leader d'église peut faire pour montrer qu'il a un ministère digne d'un salaire?
6. Comment les hommes d'affaires et les leaders d'églises peuvent-ils développer une voix prophétique à l'endroit du gouvernement et de la communauté séculière plus large?

LECTURES SUGGEREES

Greenleaf, Robert K. *Servant Leadership : A Journey into the Nature of Legitimate Power and Greatness.* New York : Paulist Press, 1977.

GLOSSAIRE DES TERMES SPECIAUX UTILISES DANS CES LEÇONS

Les définitions ci-après sont données pour aider ceux qui ne connaissent pas le vocabulaire spécial utilisé dans les études de mission ou, ce qui est souvent appelé missiologie. Les définitions ne sont pas conçues pour être hautement techniques. Les mots qui sont soulignés, sont définis ailleurs dans le glossaire.

AFRONTEMENT DES PUISSANCES : L'exemple le plus connu d'affrontement de puissances dans les Ecritures est l'histoire d'Elie et les prophètes de Baal sur le mont Carmel. Le phénomène se passe quand il y a une démonstration de la puissance de Dieu parmi « des puissances ». Il peut être vue dans le film « Enfant de la Paix » (l'histoire racontée par Don Richardson) quand une pierre spéciale fut passée de main à main pour démontrer que ses pouvoirs magiques étaient anéantis.

ANIMISME : Utilisé pour décrire la conception de ceux qui croient que les « esprits » habitent toutes choses : les personnes (y compris les ancêtres), les pierres, le vent, les arbres, les fleuves, etc.

APARTHEID : Décrit la politique du soi, disant « développement séparé » que le gouvernement d'Afrique du Sud a utilisé pour justifier la domination des blancs minoritaires. Les aspects de cette politique étaient évidents pendant plusieurs centaines d'années, mais elle a été formellement adoptée comme politique gouvernementale seulement au milieu du vingtième siècle. Le gouvernement de l'Afrique du Sud a officiellement aboli l'apartheid comme politique officielle au début des années 1990 quand le pays est devenu une démocratie multiraciale et multipartite.

AUTOCHTONE : Ces choses qui appartiennent au peuple dont elles font partie. Les pratiques non-autochtones sont celles qui ont été importées ou empruntées de l'extérieur.

AUTONOMIE : Comme utilisé dans ces leçons, ce terme se réfère au mouvement chrétien qui cherche des ressources locales plutôt que des ressources extérieures pour faire ce que Dieu appelle son peuple à faire. Cela ne veut PAS dire que les gens ne dépendent pas de Dieu.

CARACTERE AUTOCHTONE : Décrit l'état de ce qui est originaire d'un lieu, ou ce qui appartient et est utilisé dans la localité.

CERCLES CONCENTRIQUES : Des cercles dans d'autres cercles sont appelés cercles concentriques.

CHANGEMENT DE PARADIGME : Se prononce « para-dime ». Un paradigme est un cadre dans lequel nous moulons des idées que nous tenons pour valides. Le paradigme permet d'ordonner notre compréhension du monde. Lorsque quelqu'un opère un changement majeur de sa conception du monde, on appelle cela « changement de paradigme ». Le changement de paradigme le plus profond pour le chrétien est l'expérience de la conversion.

COLONIALISME : Décrit l'esprit avec lequel les pays en Europe, Amérique du Nord et ailleurs ont pris l'initiative de posséder ou de « coloniser » beaucoup d'endroits dans d'autres parties du monde. Il comprenait très souvent le fait d'imposer les pratiques de gouvernement et d'affaires qui profitaient à ceux qui faisaient la colonisation. En faveur des colonisateurs, il faut dire que le processus a fourni de l'emploi et des infrastructures à travers la construction de routes, la communication, les systèmes d'éducation occidentaux, et d'autres choses qui profitent jusqu'à présent aux pays appelés aujourd'hui le Tiers Monde.

CONVERSION CHRETIENNE MARGINALE : Le terme utilisé pour décrire ceux qui sont engagés d'une manière minime envers le christianisme.

Ces personnes sont très vulnérables pour se tourner vers une autre religion et revenir à leur ancienne religion.

COSMOLOGIE : Un autre mot pour « la vision du monde » Elle décrit comment les gens voient et interprètent le monde autour d'eux.

CREDIT POUR LE FOND DE ROULEMENT : Se réfère à l'établissement de micro crédits qui sont gérés pour le bénéfice des personnes qui ont besoin d'aide pour démarrer un commerce. On suppose que contrairement aux dons, ces fonds seront remboursés, et ensuite réutilisés au profit d'autres personnes.

CROISSANCE DE L'EGLISE : Ce terme signifie différentes choses pour différentes personnes qui l'utilisent. Comme utilisé dans cette série, ce terme fait référence au mouvement qui a commencé dans les années 1960 surtout sous l'inspiration du Dr Donald A. McGavran. Il fait référence à une compréhension sous toutes ses forms, de la croissance et de la propagation du mouvement chrétien.

DECISION MULTI-INDIVIDUELLE : Un terme utilisé pour décrire plusieurs membres d'une famille ou de la grande famille qui décident de devenir chrétiens en même temps. Elle est différente de la conversion de groupe en ce que les individus ont un choix si toutefois ils doivent se joindre au processus ou non.

DEPENDANCE : La plupart du temps, utilisé pour décrire ceux qui sont incapables de prendre soin d'eux-mêmes dans la société. Il s'agit des petits enfants, des personnes handicapées (mentalement et physiquement), des vieilles personnes, etc. Cependant, comme utilisé dans ces leçons, le terme fait référence à ceux qui permettent à quelqu'un d'autre de les soutenir financièrement et parfois, administrativement.

DIME : Basée sur le concept biblique qui dit de donner à Dieu 10% de ce qu'une personne gagne. Pour une utilisation biblique du terme, voir Lévitique 27:30 et Malachie 3:8.

DIVINATION : Décrit la façon par laquelle un praticien de la religion traditionnelle détermine comment quelque chose va se passer dans le futur.

ECHAFAUDAGE : Terme utilisé par Dr. McGavran pour décrire les sociétés missionnaires par rapport aux églises qu'elles fondent. Il a dit que les sociétés missionnaires ne sont pas destinées à rester pour toujours, mais elles doivent plutôt être démantelées.

ETHNICITE : Les caractéristiques d'un groupe ethnique ou de peuple donné.

EVANGELISATION : Par rapport au but de cette étude, l'évangélisation se passe quand l'évangile est présenté de manière à ce que ceux qui l'entendent sont capables de prendre une décision intelligente, un 'oui' ou un 'non', concernant Jésus comme Seigneur et Sauveur.

EVANGELISATION E-0 : Utilisée pour décrire le ministère parmi les membres d'église qui sont nominaux. Il n'y a pas d'augmentation des membres d'église quand ils viennent à Christ parce que leurs noms se trouvent déjà dans les registres de l'église.

EVANGELISATION E-1 : Utilisée pour décrire le ministère parmi les non-croyants qui sont dans le même groupe culturel que ceux qui font l'évangélisation.

EVANGELISATION E-2 : Utilisée pour décrire le ministère parmi les non-croyants qui sont culturellement « des voisins proches ». Ils peuvent parler une langue apparentée bien qu'ils ne puissent pas se comprendre mutuellement. Un exemple serait les allemands, les français, les anglais et les espagnols qui ont un arrière plan culturel similaire, bien qu'ils ne soient pas en mesure de se comprendre au plan linguistique.

EVANGELISATION E-3 : Utilisée pour décrire le ministère parmi les non-croyants qui sont très différents de notre groupe culturel. Leur langue, coutumes et conception du monde nous sont complètement étrangers. Ces personnes sont nos voisines culturellement éloignées.

EXPATRIE : Techniquement, ce terme fait référence à toute personne en dehors de son propre pays. Il est fréquemment utilisé pour décrire les missionnaires qui ne sont pas des citoyens des pays dans lesquels ils servent.

FATALISME : C'est l'attitude négative qui croit qu'il n'y a pas de solution à un problème ou pas de voie de sortie à un dilemme.

FENETRE 10/40 : La zone située entre le 10e degré et le 40e degré au dessus de l'équateur et s'étendant sur l'Afrique du Nord, Le Moyen Orient, l'Asie du Sud et une grande partie de l'Asie de l'Est. On estime que 97% des personnes vivant dans cette zone n'ont pas été <u>évangélisées</u>.

HARAMBEE : Un évènement social en Afrique de l'Est dans lequel les participants établissent un objectif pour susciter des fonds pour un projet d'église, de famille ou de la communauté. C'est un essai pour faire de la libéralité un événement social de réjouissance comprenant très souvent un esprit de compétition amicale dans l'achat et la vente d'objets donnés tels que des fruits, des légumes ou de la nourriture préparée.

HERBORISTE : Une personne qui donne des remèdes traditionnels pour les maladies. Une telle personne pratique la pharmacopée (soins à partir de plantes ou d'arbres) et peut pratiquer le <u>spiritisme</u> ou pas.

IMAGE DE LA COMMUNAUTE : Comment les gens dans la communauté voient l'église.

IMAGE DE SOI-MEME : comment nous nous voyons, ou comment une église se voit elle-même.

JUBILE : Le concept biblique qu'on trouve dans Lévitique aux chapitres 25 et 27 et Nombres 36. C'était un système établi dans la société pour la redistribution périodique de la richesse. Il comprend le fait de retourner la terre aux premiers propriétaires, la libération d'esclaves et le pardon de dettes.

JUBILE PERPETUEL : Utilisé parfois pour décrire ce que Jésus avait en tête quand il disait : « N'amassez pas des trésors sur la terre » (Marc 10:21).

Cela incluait le fait d'aider ceux qui se trouvent dans le besoin, reconnaître que c'est mieux de donner que de recevoir (Actes 20:35). En un mot, il ne permet pas l'accumulation des grandes richesses.

LIBER ALITE DE LA MAISON DU TRESOR : Le concept de libéralité qui insiste que les dîmes (surtout) et les offrandes doivent être apportées d'abord à l'église ou « à la maison du trésor ». Quand ceci est fait, les dons ou offrandes peuvent être donnés à d'autres organisations. Le concept est basé sur Malachie 3:8.

MILIEU EXCLU : Ce terme est utilisé pour décrire un domaine important de la vie connu par plusieurs spiritistes ou animistes. C'est le monde des esprits, le monde des guérisseurs, des démons, etc. qui se situe entre nous et le Dieu Très Haut et Jésus qui marche avec nous jour après jour.

MINISTERE PROPHETIQUE : Comme utilisé dans ces leçons, ce terme se réfère au fait de s'exprimer sur des questions importantes que les communautés et leurs gouvernements ont besoin d'entendre. On peut le voir comme l'annonce d'un message public à l'intention des officiels publics et d'autres personnes qui doivent l'entendre. Le terme n'est pas utilisé ici dans le sens de prédire des évènements qu'une personne pense devoir arriver.

MISSIOLOGIE : Terme utilisé pour décrire les études de mission transculturelles. Il a été pour la première fois utilisé par des missionnaires catholiques mais est rentré dans le langage commun des Protestants dans la dernière moitié du vingtième siècle.

MOBILISER : Fait référence au concept d'encourager et d'équiper les gens pour qu'ils deviennent actifs dans l'évangélisation ou dans une activité missionnaire.

MOUVEMENT DE PEUPLE : Se réfère à l'expérience de la conversion de plus d'une personne à la fois – généralement une famille ou un clan. Ce n'est pas la même chose qu'un mouvement de masse dans lequel quelques membres d'une société peuvent se sentir contraints à un accord. Le terme est plutôt bien défini comme une « décision multi-individuelle » – une possibilité réelle dans les sociétés où les décisions collectives sont très souvent prises après consultation. Pour une bonne description du concept de mouvements de peuple, voir le chapitre 7 dans *People Movements in Southern Polynesia* par Alan R. Tippet.

ORGANISATIONS PARA-ECCLESIASTIQUES : les organisations chrétiennes qui ne sont pas directement liées à une seule église ou dénomination. On pourrait les appeler des organisations non-dénominationnelles ou, parfois, des organisations inter-dénominationnelles. Des exemples d'organisations para-écclésiastiques sont les sociétés bibliques, World Vision, la Ligue pour la Lecture de la Bible, Campus pour Christ et beaucoup d'autres. Ce terme n'est pas utilisé pour décrire une institution, comme un institut biblique ou un hôpital, qui est directement sous le dépendance d'une église ou d'une dénomination.

PRESUPPOSITIONS FONDAMENTALES DE LA VIE : les suppositions que tout le monde a, mais qui sont souvent difficiles à identifier ou définir. Elles déterminent comment nous prenons des décisions sous l'impulsion du moment. Il est souvent plus facile pour quelqu'un d'autre d'identifier les présuppositions fondamentales d'une personne que l'individu lui-même.

PRINCIPE DES TROIS AUTONOMIES : Utilisé pour décrire les églises indigènes ou indépendantes qui se tiennent sur leurs propres pieds. De telles églises sont très souvent décrites comme étant autonomes, autogouvernées, et se propageant d'elles-mêmes.

RELIGION TRADITIONNELLE AFRICAINE : La principale religion du spiritiste ou de l'animiste. Le praticien formel est un spécialiste dans la guérison, la divination, et pour donner une direction à ceux qui dépendent de lui. Ce pratiquant peut être un herboriste ou pas.

RESTRUCTURATION : Le terme utilisé pour décrire le changement de la structure de l'église pour qu'elle devienne compatible avec la société dans laquelle l'église est située.

REVEIL : Un réveil spirituel parmi les croyants, tel que le Réveil en Afrique de l'Est.

REVEIL SPIRITUEL : Dr. J. Edwin Orr, le chercheur célèbre sur les réveils, a utilisé ce terme pour décrire ce qui se passe parmi les masses de non-croyants quand elles sont apprêtées pour un changement spirituel. Il a réservé l'utilisation du terme réveil pour un réveil qui se passe chez les croyants.

SCHISME : Se réfère à la division des églises en groupes ou factions. Beaucoup d'églises indépendantes africaines sont issues de tels schismes.

SOCIETES MISSIONNAIRES INTER-ETHNIQUES : Utilisé pour décrire les sociétés missionnaires ayant des missionnaires provenant de plusieurs églises qui coopèrent dans la propagation de l'Evangile. De telles sociétés peuvent avoir des missionnaires venant de dénominations luthériennes allemandes, de l'Eglise Reformée hollandaise, anglicane, et baptiste américaine.

SPIRITISME : Similaire à l'animisme, la croyance qu'un esprit réside en toute chose.

SYSTEME DE TICKETS : Un système utilisé pour enregistrer le don régulier des membres d'église. C'était très souvent un petit montant comparé au revenu de l'individu en Afrique Australe. Le système a été commencé par John Wesley et existe toujours dans certaines parties de l'Afrique et ailleurs.

TECHNOLOGIE APPROPRIEE : Utilisée pour décrire les façons de faire les choses qui sont appropriées pour la société dans laquelle elles sont placées. Une technologie inappropriée est souvent trop coûteuse ou trop complexe pour ceux qui sont supposés bénéficier de son utilisation.

THEORIE DE L'ESPRIT DE LA MALADIE : Contrairement à la théorie de germes, la théorie de l'esprit de la maladie dit qu'il y a une raison spirituelle derrière la plupart, sinon de toutes les maladies. Ceci est tenu pour vrai, même quand la médecine occidentale donne une explication scientifique bien étayée de la maladie.

THEORIE DU GERME DE LA MALADIE : Utilisée pour décrire la compréhension occidentale selon laquelle la maladie est causée normalement par les bactéries ou les germes. Ceci conduit les occidentaux à chercher la cause de « Quoi » et de « Quand » qui se trouve derrière les maladies. Les non-occidentaux cherchent très souvent les raisons de « Qui » et de « Pourquoi » de la maladie.

UNITE HOMOGENE : Utilisée pour décrire un groupe de peuple ayant des caractéristiques communes. Ils peuvent parler la même langue, participer à la même profession ou avoir un arrière plan culture similaire.

VISION DU MONDE : Utilisé pour décrire comment les gens voient et cherchent à interpréter le monde autour d'eux. Un synonyme : la cosmologie.